国家出版基金项目
NATIONAL PUBLICATION FOUNDATION

"十四五"
国家重点出版物
出版规划项目

建设金融强国丛书
主编　张晓晶

科技金融

彭文生　等／著

SPM 南方传媒 | 广东经济出版社
·广州·

图书在版编目（CIP）数据
科技金融 / 彭文生等著．-- 广州：广东经济出版社，
2025. 4. --（建设金融强国丛书）. -- ISBN 978-7-5454-9548-5
Ⅰ. F832
中国国家版本馆 CIP 数据核字第 2024DB8914 号

策　　划：刘卫平　刘亚平
责任编辑：梁雪莹　刘亚平
责任校对：向秋萍　朱敏红
责任技编：陆俊帆
封面设计：奇文雲海 CHIVAL design

科技金融
KEJI JINRONG

出 版 人：刘卫平
出版发行：广东经济出版社（广州市水荫路 11 号 11 ~ 12 楼）
印　　刷：广州市豪威彩色印务有限公司
（广州市增城区宁西街新和南路 4 号一楼 106 房）

开　　本：730 mm × 1020 mm　1/16　　印　　张：21.75
版　　次：2025 年 4 月第 1 版　　印　　次：2025 年 4 月第 1 次
书　　号：ISBN 978-7-5454-9548-5　　字　　数：313 千字
定　　价：78.00 元

发行电话：（020）87393830
如发现印装质量问题，请与本社联系，本社负责调换

建设金融强国丛书
编辑委员会

本书作者[1]

总负责人：彭文生

第一章：彭文生

宏观篇

第二章：彭文生　周子彭　熊督闻

第三章：赵　扬　戴　戎　伍曼玮

第四章：李彤玥　谢　超　洪灿辉　尹学钰

市场篇

第五章：吴云杰　谢　超　曲博文

第六章：李　根　谢　超　李　瑾　曲博文

第七章：姚泽宇　周东平　樊　优　井雨洁

第八章：赵　扬　徐　磊　刘　刚　伍曼玮

第九章：谢　超　李　根　吴云杰

[1]　本书作者均来自中金研究院、中金公司研究部。

总　序

2023年召开的中央金融工作会议提出了加快建设金融强国的宏伟目标。这是以习近平同志为核心的党中央深刻把握国际国内形势变化，立足两个大局，着眼于党和国家事业的长远发展所作出的重大战略部署。当前和今后一个时期的金融工作都要围绕加快建设金融强国这个目标来展开。

纵观公元1500年以来的大国兴衰史，金融在各国的现代化进程中发挥了不可或缺的关键支撑作用。“金融活，经济活；金融稳，经济稳。”作为国民经济的血脉，金融通过发挥资源动员、资源配置、交易媒介、风险管理、价格发现和支付清算等核心功能，为实体经济的发展创造稳定、安全、有活力的货币金融环境。同时也要注意到，金融强国应建立在强大的经济基础之上。“经济兴，金融兴；经济强，金融强。”实体经济是金融的根基，经济的繁荣和强盛为金融的强大提供坚实的物质基础。

当今世界，百年未有之大变局加速演进，大国博弈日趋激烈。俄乌冲突爆发之后出现的一系列对俄金融制裁事件清晰表明，金融是大国博弈的必争之地，金融对强国建设的作用更加凸显。如果一个国家的金融血脉受制于人，甚至被人“卡脖子”，势必导致经济与金融之间的循环不畅，那么该国的现代化进程就有可能迟滞甚至中断。

中国共产党在长期的革命和建设过程中高度重视金融工作。新中国成立70多年来，特别是改革开放40多年来，我国金融改革发展稳定各项工作取得历史性成就，金融业总体规模位居世界前列，金融体制改革沿着市场化法治化方向阔步前行，同时也牢牢守住了不发生系统性金融风险底线，助力创造“两大奇迹”，有力支撑了中国式现代化建设大局。

立足当下，面向未来，我国已进入新发展阶段，中国共产党正带领全国人民朝着全面建成社会主义现代化强国的宏伟目标前进。坚持高质量发展这个新时代的硬道理，推动我国经济实现质的有效提升和量的合理增长，是推进强国建设的必由之路，也为优化金融服务指明了方向和目标。金融乃国之重器，关系中国式现代化建设全局。加快推动金融高质量发展，进而实现我国金融由大到强的历史性转变，是以中国式现代化推进强国建设、民族复兴伟业的必然要求。金融强国建设是一项复杂的系统工程，绝不是轻轻松松、敲锣打鼓就能完成的。在加快建设金融强国的新征程上，我们必须保持历史耐心和战略定力，长期努力，久久为功，蹄疾步稳地做好金融改革发展稳定各项工作。

第一，加快建设金融强国，必须坚持守正创新，在坚定不移走中国特色金融发展之路的前提下不断深化金融体制改革。一方面，作为中国特色金融发展之路基本要义的“八个坚持”，是党和人民推动金融创新发展的经验总结和智慧结晶，必须长期坚持。另一方面，金融强国建设对金融体制改革提出许多新要求新任务，必须牢记金融服务实体经济的初心使命，根据生产力发展要求和金融强国建设要求，不断深化金融体制改革，建立与新质生产力发展相适应的新型生产关系，为金融强国建设提供强大动力。

第二，加快建设金融强国，必须坚持以高质量发展为主题。当前，我国金融发展的基本特征是“大而不强”，说到底就是金融发展质量不高，不能充分满足实体经济和人民群众的金融服务需要。必须坚持经济和金融“一盘棋”思想，统筹推进经济和金融高质量发展，在做好科技金融、绿色金融、普惠金融、养老金融、数字金融五篇大文章的过程中不断增强我国金融的适应性、竞争力和普惠性，逐步从金融大国迈向金融强国。

第三，加快建设金融强国，必须在确保国家金融安全的前提下稳步推进。安全是发展的前提，发展是安全的保障，二者辩证统一，必须把金融发展和金融安全统一到金融强国建设全局中加以系统谋划，系统把握金融发展与金融安全之间的内在关系。一方面，要树立底线思维，增强忧患意识，为推动高质量发展创造安定的环境和稳定的预期；另一方面，要在实现金融稳定的前提下推动经济增长，优化要素禀赋结构，改变力量对比，实现主动安全、动态安全。

在中国式现代化进程中，加快建设金融强国是一项前无古人的伟大事业，需要调动一切积极因素来加以推进，需要一系列主客观条件的支撑和保障。其中，金融强国理论研究的作用不可低估。正如恩格斯所说，“一个民族要想站在科学的最高峰，就一刻也不能没有理论思维”。对金融强国开展系统深入的理论研究，有助于全面总结全球范围内金融强国建设的经验教训，探究我国金融强国建设的历史逻辑、理论逻辑和实践逻辑，为加快建设金融强国提供学理支撑和理论先导。

基于上述考量，我们邀请多位国内一流金融学者，共同编写这套“建设金融强国丛书”，力图对金融强国建设问题进行多层面、多维度的理论透视，激发更多金融学人投身金融强国理论研究，为以金融高质量发展助力强国建设、民族复兴伟业作出积极贡献。

本套丛书由七部专著构成，可以用“1+6”（即“1个总论+6个分论”）来概括。

作为总论的《建设中国特色金融强国》一书由中国社会科学院金融研究所张晓晶、董昀撰写，力图从历史、理论和现实三个维度开展研究，为理解中国特色金融强国建设搭建“四梁八柱”。

在6个分论当中，中金公司彭文生等撰写的《科技金融》，复旦大学陈诗一、李志青、黄明撰写的《绿色金融》，中央财经大学李建军、彭俞超和首都经济贸易大学马思超撰写的《普惠金融》，西南财经大学林义等撰写的《养老金融》，北京大学黄益平、黄卓、谢绚丽撰写的《数字金融》等五部著作围绕做好金融五篇大文章这个总题目展开，深入探讨以做好五篇大文章推动金融高质量发展和金融强国建设的一系列关键问题，涉及相关理论基础、现状、目标、路径、方法等方面。西南财经大学王擎等撰写的《大国金融安全》则从统筹发展和安全的战略视角，系统探讨维护国家金融安全的若干重大理论和现实问题，致力探寻为金融强国建设提供可靠安全屏障的战略路径。

建设金融强国是一项极具开拓性和探索性的事业，需要我们在实践中持续探索。同样，推进中国特色金融强国理论建设、建构中国自主的金融学知识体系，也绝非一朝一夕可以完成的工作，亦需要我们持之以恒地推进。从这个意义上讲，“建设金融强国丛书”的编写和出版只是一个开始。我们恳切期望得到广大同行和各界朋友的批评指正。

張曉晶

2024年11月

推荐序1

切实做好科技金融这篇大文章

金融是国民经济的血脉，也是国家核心竞争力的重要组成部分。习近平总书记在2023年中央金融工作会议上指出，“当前和今后一个时期，做好金融工作必须坚持和加强党的全面领导”“以加快建设金融强国为目标，以推进金融高质量发展为主题”[1]，这为新时代新征程金融发展指明了方向。2023年中央金融工作会议还提出，“做好科技金融、绿色金融、普惠金融、养老金融、数字金融五篇大文章”。当今世界，科技创新已经成为提高综合国力的关键支撑。金融是国之重器，肩负着服务科技第一生产力和创新第一动力的艰巨使命。

回顾人类历史，科技发展离不开金融的支持。在中国古代，宋朝发明了世界上最早的纸币交子，对当时的技术创新和经济繁荣起到了推动作用。从世界范围看，资本的快速积累和有效融通对科技进步转化为工业革命不可或缺，金融革命成为工业革命的重要助力。在此过程中，金融业不断通过吸纳科技创新成果并推动自我革命，提高内生活力和服务实体经济的效率，极大地促进了经济社会发展。

以现代商业银行为特征的第一次金融革命为第一次工业革命提供了资金支持。第一次工业革命兴起于18世纪后期的英国，主要技术变革是蒸汽机、纺织机械和焦炉冶铁技术的发明和应用。进入18世纪，城市化水平提高、劳动力成本上升和能源价格低廉使各类可节约劳动力成本的新发明、新技术在英国应运而生。工商业发展

[1] 中共中央党史和文献研究院.习近平关于金融工作论述摘编[M].北京：中央文献出版社，2024.

推动银行体系扩张，为第一次工业革命的全面兴起提供了大量资金支持。银行体系的蓬勃发展促进了英国统一信贷市场的形成，缓和了工业地区的资金短缺问题。工业革命和金融革命相互促进，推动了英国经济增长和国民财富积累。

以现代投资银行为特征的第二次金融革命为第二次工业革命重构了资本基石。在第二次工业革命中，内燃机的应用和汽车、航空业的发展重塑了美国工业体系。随着经济扩张和技术进步，大规模基础设施建设及其融资需求刺激了美国资本市场和投资银行业务的发展。19世纪下半叶，铁路债券、铁路股票和南北战争期间发行的联邦政府债券活跃于美国的资本市场，一系列融资需求推动美国证券市场空前发展，一批兼营或专营投资银行业务的金融机构就此诞生。资本市场的发展为美国科技成果向经济增长的转换提供了催化剂，美国工业产值迅速扩张。一方面，资本市场为工业和基础设施建设筹集了大量资金；另一方面，资本市场进行的并购交易优化了产业和市场结构，出现了通用电气、通用汽车、美孚石油、杜邦等世界级企业。这些并购改变了美国的产业结构，产生了规模经济效应，为美国跨国企业在全球的扩张奠定了基础。

以创业投资体系为特征的第三次金融革命为第三次工业革命缔造了新的推动力量。20世纪下半叶，原子能、计算机、生物工程等新兴产业快速发展。与之相伴相生的是以风险投资为核心的创业投资体系，这一体系萌芽于20世纪40年代中期的美国，在70年代中后期进入高速发展阶段。1974—2014年，全美有1339家上市公司成立，其中556家获得了风险投资的支持。与风投产业兴起并行的是纳斯达克股票交易市场的设立与发展，此举进一步拓宽了创投基金的退出渠道，苹果、微软、亚马逊等科技公司均在纳斯达克上市。创业投资体系与产业革新的相互交融，为美国经济发展作出了重要贡献。

第四次工业革命业已在全球范围内展开，赋予了金融业新的历史使命。第四次工业革命存在交叉性、复合性创新等突出特征，涉及不同领域和行业。2024年6月，习近平总书记在全国科技大会、国家科学技术奖励大会、两院院士大会上指出，“当前，新一轮科技革命和产业变革深入发展。科学研究向极宏观拓展、向极微观深入、向极端条件迈进、向极综合交叉发力，不断突破人类认知边界。技术创新进入前所未有的密集活跃期，人工智能、量子技术、生物技术等前沿技术集中涌现，引发链式变革”。

发展科技金融是建设科技强国的有力支撑。金融服务与不同行业的新兴技术、商业模式存在结合点。做好科技金融这篇大文章，就是要以“科技创新”为主要服务对象，以“金融创新赋能科技创新”为主要动力机制，面向不同类型和处于不同发展阶段的科技企业的差异化需求，为科技创新及其产业化提供广渠道、多层次、全覆盖、可持续的金融服务。

发展科技金融也是建设金融强国的重要抓手。2023年中央金融工作会议鲜明提出加快建设金融强国的目标，作为现代经济的血脉，金融要发挥优化资金配置的关键作用，把更多金融资源配置到扩大需求、改善供给的重点领域和关键环节。发展科技金融，是以金融赋能科技创新、推进金融高质量发展，加快建设金融强国的重要举措。深化金融供给侧结构性改革，以金融体系结构调整优化为重点，优化融资结构和金融机构体系、市场体系、产品体系，能够激发资本要素活力，为科技创新提供有力支持，同时还能为防范化解金融风险提供金融工具及制度安排，助力加快建设金融强国。

做好科技金融这篇大文章，需要着重在以下五个方面切实发力。

一是推动有效市场和有为政府更好结合。建立健全支持科技金融发展的制度体系，健全政策工具传导精准直达机制，强化政策工具对科技型中小企业融资的引导作用，提升政府资金的引导功能和激励作用，提高财政激励保障政策实效。要处理好风险防控与创新发展的关系，切实提高金融监管的有效性。

二是发挥银行业金融机构的重要作用。银行机构是科技企业融资的重要渠道。要鼓励银行根据不同发展阶段科技企业的需求，有针对性地提供覆盖企业全生命周期的多元化金融服务。在持续优化银行科技金融产品体系供给的同时，也要依据资本监管规定的基本原则，合理细化相关要求，加强对国家科技发展战略重点方向和项目的支持。

三是充分释放资本市场的催化效用。要尊重资本市场发展规律，立足我国实际，借鉴国际先进经验，完善资本市场支持科技创新的体制机制。需优化科技企业的债券融资机制，鼓励符合条件的企业发行“双创”专项债务融资工具。畅通科技企业的上市融资渠道，对优质科技企业进行孵化培育和分类支持，发挥区域性股权市场的积极作用。加快科创基金体系建设，优化创投基金营商环境，拓宽创投基金募资渠道。

四是构建良好的科技金融生态环境。推动基础设施和标准化建设，大力加强知识产权交易、信用信息系统等基础设施建设，引导各类金融业态标准化、精准化支持科技型企业发展。加快建设专业化的科技金融服务体系，积极支持技术转移、科技咨询、技术评估、知识产权服务等中介机构发展，为科技企业的投融资活动提供专业化服务。

五是发挥数字金融的重要作用。以大数据应用破解科技企业征信难题，以新一代信息技术和支付技术推进数据归集、数据共享与数据分析，以数字化风控体系提升金融风险识别及处置能力，将数字金融对整个体系的提质增效作用更好地发挥出来。

发展科技金融不仅需要理论探索，也需要结合实践经验。《科技金融》一书深入浅出地阐述了科技金融的理论体系，同时紧密结合我国实际，分析当前我国科技金融领域存在的问题。书中对境内外资本市场、私募股权市场、投资者保护等主题进行了全面探讨，为推动我国科技金融发展提供了有益借鉴。无论是金融专业人士，还是对科技金融感兴趣的读者，都能在这本书中获得宝贵的启示和思考。

陈雨露
南开大学校长
南开大学国家创新与金融研究院院长

科技金融助力新质生产力发展

科技兴则民族兴，科技强则国家强，以习近平同志为核心的党中央高度重视科技创新工作。《深化科技体制改革实施方案》《国家创新驱动发展战略纲要》《关于全面加强基础科学研究的若干意见》等一系列重要文件相继出台，完善了我国科技事业发展的顶层设计。在强有力的政策支持下，我国科技事业取得了长足进步，基础前沿研究实现新突破，在量子科技、生命科学、物质科学、空间科学等领域取得一批重大原创成果，战略高技术领域迎来新跨越，嫦娥、天宫、天问、蛟龙、悟空、墨子等一批标志性高技术成果竞相涌现。我国在部分前沿科技领域也正式进入并跑、领跑阶段。

科技是基础，产业是载体，科技创新只有与产业创新相结合，落地为现实产品，才能够真正转化为现实生产力，推动经济增长和社会生活水平提高。习近平总书记高度重视科技创新的产业化落地，作出了“疏通应用基础研究和产业化连接的快车道，促进创新链和产业链精准对接，加快科研成果从样品到产品再到商品的转化，把科技成果充分应用到现代化事业中去”[1]的重要指示。

从科技创新促进产业发展的角度看，我国既有光伏、新能源汽车等具备显著竞争优势的产业，需要加速引领式创新；也有芯片、大飞机、高端机床等少数仍相对落后的产业，需要加速追赶式创新。过去几年，在“卡脖子”领域链主企业的带领

[1] 习近平.在中国科学院第十九次院士大会、中国工程院第十四次院士大会上的讲话[M]//习近平.论科技自立自强.北京：中央文献出版社，2023.

下，我国追赶世界先进水平的步伐明显加快。展望未来，百年未有之大变局下，具有原创性、颠覆性的引领式创新将会越发重要。过去一百多年的国际竞争史也表明，如果一个国家缺乏足够的引领式创新能力，将无法跳出“落后—追赶—再次落后—再次追赶”的循环，不利于国际竞争优势的持续提升。这意味着从长远来看，在逐步破解技术落后领域“卡脖子”风险的同时，我国需要更加重视提升各领域的引领式创新能力，通过原创性、颠覆性技术赋能各行各业的发展，全面提升各产业的技术领先性和不可替代性，这是我国应对外部竞争压力、实现高质量发展的必经之路。

金融是国民经济的血脉，科技创新和产业创新的融合发展离不开金融的支持。2023年中央金融工作会议正式确定了加快建设金融强国的发展目标，并将科技金融放在了金融五篇大文章首位，这意味着未来金融需要更多地为中国创新发展提供服务。通常而言，为创新活动提供资金支持，存在财政、银行、资本市场三种方式。研究表明，科学研究的正外部性强，社会资本参与意愿往往不足，因而需要财政发挥更大作用；银行资金具有规模大但风险偏好相对较低的特点，其更有能力和意愿为科技成果成功转化后的规模化生产阶段提供支持；资本市场的生态效应与筛选效应，能够包容不同领域、不同技术路线的引领式创新活动，更有能力支持风险较高、不确定性较强的引领式创新。

换言之，资本市场是促进引领式创新活动的主战场，这也是2023年中央金融工作会议提出“优化融资结构，更好发挥资本市场枢纽功能”的宏观背景。过去几年，中国AI风投由领先变为了落后，新增独角兽企业数量增长乏力，背后的原因比较复杂，中国资本市场面临一系列困难和挑战是不容忽视的因素。本书对相关问题进行了深入分析，有助于我们找到症结所在，进而助力中国资本市场更好地发挥科技金融职能、促进科技创新。

需要强调的是，发挥资本市场枢纽功能并不意味着要忽视财政及银行的作用，而是需要以资本市场为纽带，联结协调好财政和银行，为科技创新、科技成果转化为产业创新和规模化生产阶段的创新，提供覆盖全流程、各阶段的资金支持，以形成“科技—产业—金融”的良性循环；通过科学研究来探索前沿技术方向，借助中国产业链优势将前沿科技创新转化为能够有效推动新产业、新模式、新动能的产业创新，进而助力国家实现创新驱动与高质量发展。

证券公司作为资本市场的重要参与者，是投资者与融资者、金融与实体间的桥梁，助力资本市场建设、促进科技创新也是证券公司承担社会责任、服务国家战略的应有之义。作为国内领先的证券公司，中金公司始终秉持“植根中国，融通世界”的理念，积极为中国科技创新贡献中金力量。目前，中金公司已经形成了成熟的“投资+投行+研究”的业务协同机制，通过直投基金、母基金等方式为未上市优质科创企业提供资金支持，助力战略性新兴产业、前沿科技、专精特新企业等优质科创企业上市融资，持续追踪优质科创上市公司并提供基本面研究、并购交易、市值管理等综合金融服务，从而建立起覆盖科创企业全生命周期、涵盖股权市场与股票市场的多层次科创服务体系。

做好研究也是中金公司服务金融强国建设目标的重要一环。过去几年，中金公司发布了《创新：不灭的火炬》《大国产业链》《AI经济学》等专题报告，积极为中国创新发展贡献中金智慧。本书是中金公司研究团队有关科技金融问题的最新探索，系统覆盖了与中国创新发展高度相关的私募股权市场、A股市场、港股等境外市场及投资者保护等多个方面，将理论研究与中金公司的业务实践经验做了很好的结合，希望能够对读者思考如何建设有效的科技金融体系有所帮助。

陈　亮

中金公司党委书记、董事长、管理委员会主席

目　录

CONTENTS

Chapter 1

第一章

从规模经济看科技金融

党的二十届三中全会提出构建支持全面创新体制机制，包括构建同科技创新相适应的科技金融体制。2023年中央金融工作会议提出“做好科技金融、绿色金融、普惠金融、养老金融、数字金融五篇大文章”，科技金融排在首位。如何思考金融在支持和促进科技创新中的作用？一个视角是规模经济效应。

回顾经济发展的历史，规模经济是经济增长和效率提升的载体。制造业的规模经济效应很直观，比如随着汽车产量的增加，汽车生产的单位成本下降。在同等技术条件下，生产规模的扩大在一段时间内可能带来资本的边际收益递增或不变，但这样的规模经济效应有限。如果没有技术进步，投资的边际收益就会递减，也就无法为经济发展提供持续的增长动能，这也是不少人认为中国经济增长需要减少对投资依赖的原因。规模经济效应在科技创新中更是关键力量，在供给侧，人力和资本规模有利于分担研发成本；在需求侧，大市场带来的回报会激励创新。中国经济面临人口老龄化和金融周期下行凸显的债务和房地产问题，我们需要重视规模优势作为经济增长的潜力所在。美国的经济规模比中国大，但人口没有中国多；印度的人口现在和中国大体相当，但经济规模远小于中国。尤其中国受过高等教育的人口数量超过2亿，比印度和美国的总和还多，是支持创新发展的人力资本。

金融服务实体经济的关键之一是支持和促进科技创新与产业创新，同时金融业本身也有规模扩大带来单位成本下降的一面。是不是金融的规模越大，支持科技创新的能力就越强？规模经济又将如何有效赋能科技金融，从而更好地服务于科技强国和金融强国建设？这些问题值得我们深入思考和探讨。

第一节

从规模经济到创新经济：关注正外部性

过去30年，全球创新和技术进步可简要概括为“创新的G2模式”。在这一模式下，美国处在科技创新的前沿，中国的大市场和生产体系能够快速降低从前沿创新到商业应用的转化成本。这一模式对合作双方均有利，美国的企业（比如苹果和特斯拉）借助中国的制造业体系和大市场实现产业化和规模化，由此产生的利润支持更多的前沿创新；中国企业则通过深度参与全球产业链，在“干中学”中不断积累经验、提升能力，实现了技术追赶。从结果来看，G2模式也促进了全球范围内的技术扩散和产业升级，为其他国家带来了更高效的创新成果和更低成本的工业产品，从而提升了全球整体福祉。

在新的地缘政治格局下，全球创新的G2模式正在发生变化。中国面临两个方面的挑战。一是供给侧的“卡脖子”压力，主要是美国等西方国家在先进科技领域采取了一系列针对中国的限制措施。以半导体行业为例，半导体生产分为设计、设备、代工和封测等不同环节，尽管荷兰在光刻机、台积电在半导体代工方面占据的绝对优势受到普遍关注，但从整个垂直整合制造来看，美国产业界的毛利率是全球最高的，这意味着其整体技术具有不可替代性。这使得美国有能力向其他贸易伙伴施压，迫使它们加入美国的地缘经济竞争行为。

二是需求侧的“去中心化”压力，美国等西方国家试图减少对中国这一全球最大的制造业中心的依赖。2000年，全球三大制造业产成品出口中心是美国、德国与日本；到了2019年，中国发展成为全球最大的制造业产成品出口中心。根据亚洲开发银行的最新数据，中国的制造业中心地位在新冠疫情发生后进一步上升，但过去两年有所下降，反映了美国等西方国家“去风险化”“去中心化”的作用效果（见图1-1）。

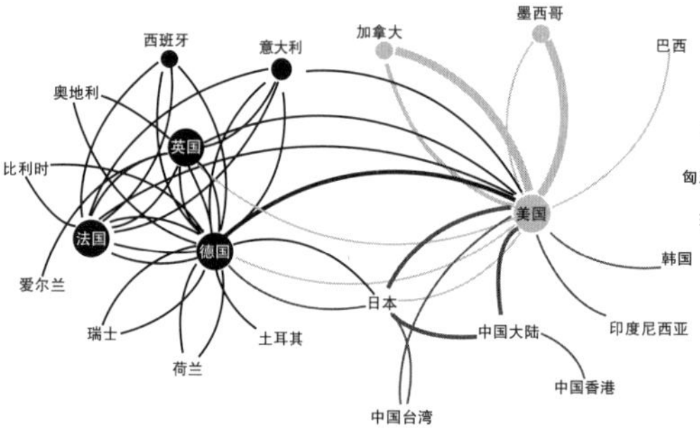

2000年

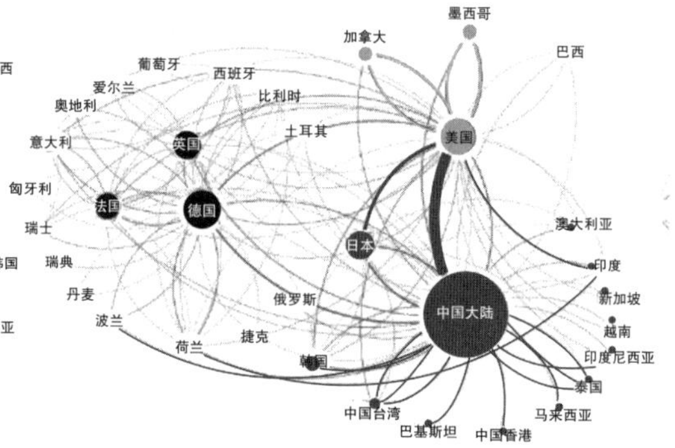

2022年

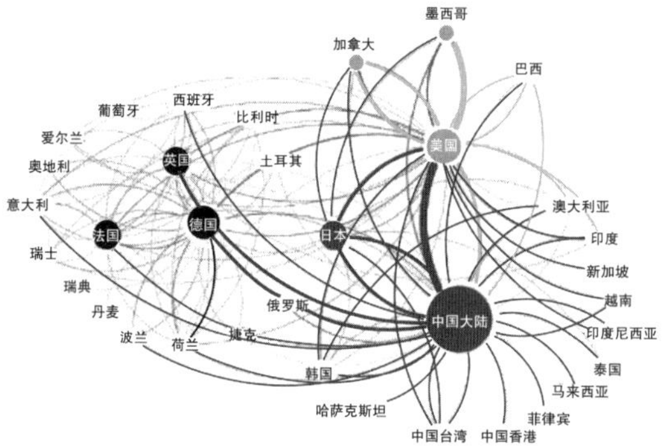

2023年

图1-1　全球产成品贸易流向图

注：产成品出口指的是被直接进口国吸收的最终商品出口。根据全球价值链的分析框架，可以将一国总出口分解为产成品出口、中间产品出口等部分。贸易流向图中体现了超过100亿美元（以2010年美元不变价计算）的双边贸易，任意一条曲线代表按顺时针方向从上游节点出口商品至下游节点。节点大小代表经济体的产成品总出口金额，曲线粗细代表双边贸易量的大小。黑色代表欧洲地区，深灰色代表亚洲和澳洲地区，浅灰色代表美洲地区；曲线颜色与出口国颜色相同。

资料来源：王直 等（2015）[1]，ADB MRIO数据库，中金研究院。

[1]　王直，魏尚进，祝坤福. 总贸易核算法：官方贸易统计与全球价值链的度量[J]. 中国社会科学，2015（9）：108-127，205-206.

对中国来说，应对上述两个挑战，科技创新是根本出路。从技术角度看，创新往往被划分为“0到1”的创新与“1到10”的创新两类，二者代表了创新的不同阶段和层次。“0到1”的创新是指发明和创造全新的技术、产品与服务，是从无到有的过程，其原创性意味着研发投入具有长期性、高风险和高回报的特征。“1到10”的创新则是指在已有创新的基础上进行优化、扩展和规模化，是将创新成果进行商业化和市场推广的过程。在上述G2模式中，美国提供的更多的是“0到1”的创新，而中国提供的更多的则是“1到10”的创新，或者说美国从事的更多的是科技创新，中国从事的更多的是产业创新。但在新的形势下，一些对美国来说已经跨过“0到1”的技术，对中国来说仍然需要取得突破性的进步，但这种突破又不是完全原创式的。

从经济分析的角度看，可以将创新分为两类：一类是引领式创新，一类是追赶式创新。引领式创新带来技术的突破性改变；追赶式创新侧重沿着现有技术轨道与路线追赶前沿，但对落后者而言也意味着突破性进展。现实中，两类创新是相互联系和交织的。规模经济在两类创新中都起着重要作用。新古典增长理论将技术进步看作一个外生变量，认为技术进步和人类经济活动之间的关系是单向的影响。20世纪80年代兴起的内生增长理论[1]补齐了新古典增长理论关于技术进步从何而来的短板，认为其是人类经济活动的结果。该理论强调规模经济效应对技术进步的促进作用，从供给侧来看，一国的人口越多，其资本越多，研发投入越多，创新能力越强；从需求侧来看，一国的经济规模越大，内部市场越大，创新的利润空间越大。综合这两方面因素，规模经济不是一个静态的、给定技术条件下的概念，而是一个会促进技术进步的动态概念。

规模经济的作用形式有两种：一种是内部规模经济，即单个企业将规模做大，以此来降低成本、提高效率；另一种是外部规模经济，通过上下游合作协同，通过分工、合理布局来共同降低成本、提高效率。内部规模经济是通过单个机构做大实

[1] ROMER P M. Increasing returns and long-run growth[J]. Journal of political economy, 1986, 94（5）：1002-1037.

现的，大企业更有能力满足那些投入要求高的创新项目，但大企业也可能形成垄断势力，不利于整个经济的创新发展。外部规模经济是通过外部协同实现的，单个企业形成垄断的风险较小，但众多小企业能否形成足够的创新动能，也涉及个体与社会利益一致性的问题。

科技创新不是一般的经济活动，有其自身的特征。知识的一个重要特征是非竞争性，一个人对知识的使用不影响其他人对其使用，这意味着科技创新有正外部性或外溢效应。发明创造的成果由社会分享但研发成本由个体承担，导致个体的创新投入不足。纠正外部性或者说市场失灵，公共政策可以在两个方面发挥作用：一是政府直接投入，比如研发和教育支出；二是通过制度和政策设计，创造一个激励私人机构创新的市场环境，包括建立金融的作用机制。

我们可以从两个维度来看金融的作用。从空间维度看，规模经济通过集聚与扩散效应促进创新，区域创新中心和全球产业链是这两股看似方向相反的力量的载体。一方面，要素的集聚带来规模经济和范围经济，人与人的互动有助于产生与传播新思想、新技术，由此产生都市经济的集聚效应；另一方面，技术缩短距离，支持专业化分工在空间上的发散，促进更大范围内的规模经济，由此产生全球产业链。空间布局的发散和产业链条的延长带来人们对经济不稳定性的担忧，产业链安全成为创新需要考虑的新元素。金融在支持经济活动的空间布局上发挥重要作用，这体现在直接投资上，也体现在金融中心的发展上。

从时间维度看，作为不确定环境中跨期配置资源的工具，金融和创新有着天然的联系。技术进步有累积效应和路径依赖，追求短期利益则欲速而不达。传统的成本收益分析不利于创新，创新活动的成本比较容易量化，但未来的收益有很大的不确定性。按照成本收益比较来排序创新项目，投资期限短、风险小的项目更受到重视。这种不确定性不仅涉及技术创新环节，还涉及产业化能否达到足够的规模进而实现商业可行性。中国绿色产业（光伏、风电等）的规模化得到财政与政策性金融的支持，是产业创新的例子。就科技创新而言，培育耐心资本是关键的一个方面，这也涉及金融的制度安排，尤其是资本市场的机制设计。

第二节

金融的规模经济：关注负外部性

金融行业本身也存在规模经济效应。金融的规模经济与实体层面的规模经济有什么不同？我们可以用金融业增加值占GDP的比重这一指标来衡量金融部门的规模。比较中国、美国、日本和德国的金融业增加值占GDP的比重，有两点值得注意。其一，从横向比较来看，日本和德国的比例相近，明显低于中国和美国；中国的这一比例现在和美国接近，处于比较高的水平。其二，从纵向比较来看，过去十几年，日本和德国的这一比例下降；美国的这一比例在2008年金融危机后波动上升，现在则基本回升到2008年金融危机以前的水平；中国的这一比例从2005年开始较快上升，2017年后基本稳定下来（见图1-2）。

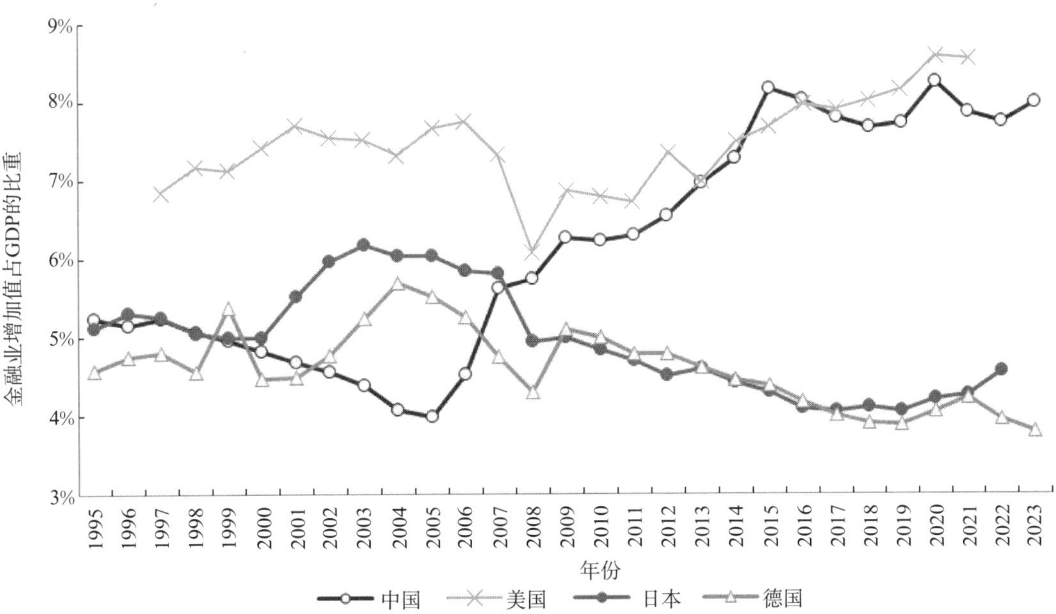

图1-2　主要经济体金融业增加值占GDP的比重

资料来源：OECD，中金研究院。

从金融业增加值占GDP的比重来看，中国已经和美国接近，成为一个金融大国，但两者有不可比的地方。就服务本土经济而言，中国的金融体系占经济的比重实质上已经超过美国，这是因为美元是国际储备货币，美国金融业不仅服务美国本土经济，其相当一部分增加值来自为国际市场提供金融服务。虽然无法精确统计美国金融业增加值中服务美国本土经济和海外经济的比例，但显然这个指标高估了美国金融部门对其本土经济活动的支持作用。

所以从体量来看，中国已是金融大国。那么，金融大国是不是金融强国[1]呢？这涉及如何看待金融业的规模经济。一个基本共识是，单个金融机构具有规模经济效应。金融机构无论规模大小，都要有财务、人力、合规、IT（信息技术）等职能部门，进而产生相关成本。与小机构相比，大型金融机构更有能力将这些成本分摊到每单位产品中、分摊到每个人身上，由此降低单位成本，这是规模经济效应的体现之一。以2019年美国不同规模银行的非息支出（包含运营、合规等成本）占总资产的比重为例，规模较大的非社区银行（资产规模大于100亿美元）这一比例较低，规模较小的社区银行（资产规模小于100亿美元）这一比例高一些，而规模最小的一组银行（资产规模小于1亿美元）这一比例最高（见图1-3）。

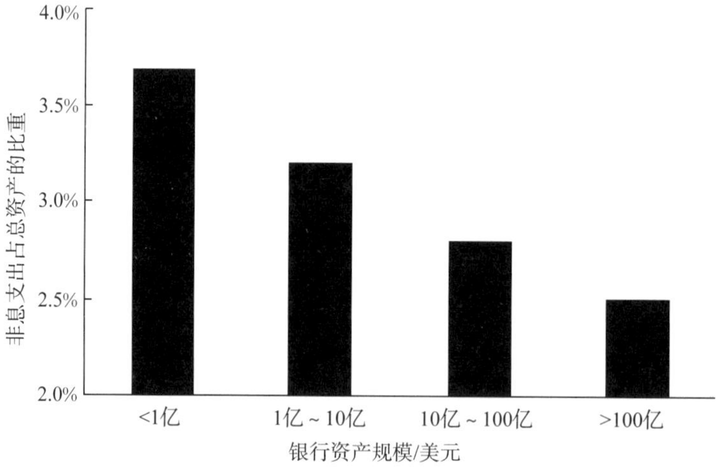

图1-3　2019年美国不同规模银行的非息支出占总资产的比重

资料来源：FDIC，中金研究院。

注：社区银行资产规模小于100亿美元，非社区银行资产规模大于100亿美元。

[1]　除了金融规模，金融强国还应体现在金融效率（资源配置效率、服务实体经济能力）、金融创新能力、金融风险管理能力、金融体系的国际影响力、金融人才储备、金融监管水平等多个维度。

单个金融机构尤其是银行做大以后，还可以通过降低融资成本的方式来实现规模经济效应。这与现代银行体系的经营模式有关，银行经营存贷款业务，其利润来自存贷利差。一种观点认为，银行的盈利主要来自评估和承担贷款的信用风险；另一种观点则认为，银行为消费者提供安全资产（存款），大银行网点多、客户多，支付更方便，这相当于一种便利，消费者因为这种便利而愿意放弃一部分利息，放弃的这部分利息就形成银行利润。从这个意义上讲，银行赚的钱不仅仅是评估与承担信用风险的钱，还有提供安全资产与便利带来的收益。通常而言，一家银行的规模越大，储户认为其越安全，从而愿意接受其更低的利息，这有助于大银行降低融资成本。

问题是，对整个社会而言，单个机构的规模效应是不是一件好事？在充分竞争的环境下，实体行业的规模效应通常既有利于个体自身也有利于社会。一家汽车制造厂的规模扩大，其单位成本降低，从而使得汽车的价格降低，进而使消费者受益。如果这家汽车制造厂过度扩张产能，亏损甚至破产的风险则由该厂承担。早期的银行机构有类似的特征，西方的银行、中国的钱庄，面对规模过度扩大带来的问题，自己承担损失。银行遭受挤兑而破产是市场机制约束的体现，这种情况下，亚当·斯密讲的“看不见的手”在发挥作用，企业在追求个体利益的同时也在为社会作贡献，市场有效配置资源。

现代的金融行业存在加总谬误的问题，银行机构追求贷款规模扩张，短期利差带来的收益由个体自身获得，后来坏账上升带来的损失在系统层面由社会承担。这是因为政府对银行体系提供显性和隐性的信用担保，体现为央行的最后贷款人角色、存款保障机制，以及在释放系统性风险时政府对银行存款的全面担保。政府担保强化了银行机构的逐利动机，形成其经营模式的负外部性，即个体利益和社会利益的矛盾。这里的关键概念还是安全资产，安全资产的特征是持有者不需要问任何问题，不需要进行研究和分析就相信其安全性。早期的银行存款不是安全资产，储户可能因银行坏账而血本无归，所以储户要盯着银行的经营，研究其贷款质量的变化。现代的银行存款被看成安全资产，通常情况下，没有储户会为了判断银行存款是否安全而研究贷款的质量，但投资者会为了研判银行股票的价值而分析贷款坏账的变化。也就是说，银行存款作为安全资产，有利于银行扩大规模，其规模效应由个体机构获得，但不一定符合社会利益。

针对政府信用担保带来的负外部性，有两个可能的解决方法：一个是取消政府的信用担保，同时放松监管，让市场机制发挥作用，银行机构自担风险；另一个是加强金融监管，通过监管来约束银行机构的风险偏好，防止其资产负债表过度扩张。从现实情况来看，过去100年来，政府对银行存款的显性和隐性担保呈现出加强的趋势，但金融监管的力度有波动。从世界范围来看，二战后30年没有发生金融危机，原因在于欧美和日本等市场经济国家对金融实行了严格的监管[1]。20世纪80年代后，金融监管放松，银行信贷大幅扩张，金融危机重新出现：从拉丁美洲债务危机到亚洲金融危机，再到美国次贷危机。以美国次贷危机为转折点，全球各国都加强了金融监管，虽然中间有波折，比如特朗普政府放松对小银行的监管，但大方向是清晰的。以2017年的全国金融工作会议为标志，中国也加强了金融监管，2023年的中央金融工作会议强调“以全面加强监管、防范化解风险为重点”，牢牢守住不发生系统性金融风险的底线。总之，无论是发达国家还是新兴市场国家，金融行业的加总谬误仍然是一个现实难题。

[1] Carmen M.Reinhart和Kenneth S.Rogoff在《这次不一样：八百年金融危机史》一书中提出，过去800年人类社会只在二战后的30年没有金融危机，在那之前和之后都有金融危机。

第三节

土地的规模不经济和金融周期

现代金融业的加总谬误以什么为载体？其损害创新的作用机制是什么？经济学对金融的经典描述是经济有投资需求，企业家有各种各样的获得正回报的投资机会，金融的角色是发现这些企业家，并为其提供资金支持其项目投资。这是因为创新作为经济活动，需要资金支持，而企业内部资金往往不足，需要进行外部融资。银行信贷是外部融资的来源之一，熊彼特把创新和银行信贷联系起来，认为信贷创造购买力并将购买力转给企业家，信贷体系是创新活动的重要支撑。

但银行信贷面临信息不对称的问题，银行不容易判断借款人的还款意愿和能力，土地作为信贷抵押品在一定程度上缓解了信息不对称的问题，而且与充分的信息相比，其抵押品角色有着独特作用，在某些方面能够比信息对称更有效地为创新提供融资。这是因为创新的成本是当前的投入，而未来的收益具有较大的不确定性，银行掌握借款人的充分信息反而不利于为高风险高收益的创新提供融资。土地作为信贷抵押品有利于银行为初创企业和小企业提供融资。

但土地作为信贷抵押品也有不利于创新的一面。土地具有规模不经济特征，这主要是由土地的稀缺性、地理位置的不可复制性，以及城市土地开发的边际成本递增等因素造成的；同时，土地又有垄断属性，其需求的增加难以通过供给规模扩大来消化，而是主要通过土地价格与租金上升来消化。这一方面增加了经济运行成本，包括创新活动的成本；另一方面，土地作为抵押品容易促进信贷的过度扩张。在过去的50年里，全球范围内地产和信贷的相互促进大大强化了金融的顺周期性，加剧了宏观经济的波动，增加了金融的系统性风险甚至可能引发金融危机。典型的例子有日本地产泡沫破裂后失去的30年、欧洲的主权债务危机和美国次贷危机等。

在中国，过去20年来，房地产和信贷相辅相成，在金融周期的上行阶段，房地产和信贷大幅扩张，现在则经历痛苦的下行调整，产生经济增长下行压力。

从结构视角来看，繁荣时期房地产和信贷的过度扩张，挤压了金融对创新的支持。贷款的获得有难有易、有先有后，先拿到贷款的行业占有先机，能够在价格相对低的时期扩大经营规模、购买资产，其资本所有者和从业人员的收入增长更快，而其他行业的实际收入则可能因为信贷扩张而下降。那么谁能够优先获得贷款呢？有土地作为抵押品的借款人占有优势，房地产行业因为拥有抵押品而在信贷扩张中得益最多。从个体银行机构来看，有土地作为抵押品，房地产价格上升可以提升抵押品的价值，信贷扩张的风险是有限的；但加总起来，土地的价格上升意味着对其他行业的挤压，经济的总体效率下降，最终是不可持续的。土地所有者在收入分配中占有优势，天然不具有创新的动力和潜力；租金和地价上升挤压其他行业，增加经济运行的成本，也不利于创新。

房地产过度金融化也威胁民生和公平，加剧代际、城乡、地区之间的差距。住房供给结构不合理、公共住房供应不足，直接影响年轻一代和中低收入人群的住房保障，也加剧了贫富差距。发达国家的经验显示，贫富分化也会反过来促进债务扩张。这是因为贫富分化导致中低收入阶层收入增长缓慢，但消费升级的压力仍然存在，要维持生活水平或追求更高消费，只能通过增加债务来实现。公共政策面临社会压力，有所作为的一个方面是改善低收入群体的融资条件和金融服务。从宏观视角来看，由于高收入人群的边际消费倾向低于低收入人群，财富差距扩大的结果是消费需求不足，而消费需求不仅是经济的最终需求，也是促进创新的根本动力。

不同国家的金融结构有差异，有的偏向银行体系，比如欧洲；有的偏向资本市场尤其是股权融资，比如美国。美国虽然经历了地产泡沫和次贷危机，但其创新能力似乎没有受到太大影响，这可能有多方面的原因，从金融层面看，美国的金融体系以直接融资为主，银行信贷的作用相对较小，资本市场尤其是股权融资为其创新提供了有效的金融支持。中国是以银行为主的金融体系，我们需要思考的是，从科技金融的视角来看，资本市场和银行信贷应该发挥什么作用。

第四节

发挥内部规模经济效应，政策性金融支持追赶式创新

与美国相比，中国的科技创新和产业创新有其特殊性，中国不仅需要原创性或者说引领式创新，也需要追赶式创新。在新的地缘政治和地缘经济形势下，在“卡脖子”的领域，比如先进半导体制造，中国的企业需要通过创新实现技术追赶。追赶式创新的主要特征是模仿与学习，为了缩小与领先者的差距，通常需要快速地进行产品或技术迭代。但在面临技术限制甚至封锁的情况下，追赶式创新需要在某些关键领域进行集中投入，以期实现产品或技术上的突破。大企业更有能力发挥追赶式创新的作用，对冲不确定性的最佳手段是自我保险，大企业一般有较强的盈利能力，更多地使用自身业务收入产生的现金流，或者和银行形成长期合作关系，而小企业没有这样的控制现金流的能力。

但追赶式创新面临市场需求变动的不确定性，技术追赶的投入先发生，未来的销售收入与盈利则有不确定性。在追赶者实现某项技术突破后，领先者可以通过放松产品出口或技术限制来打击追赶者。面对市场需求的不确定性，政府要有把风险进行社会化和代际转移的能力，也就是把外部性内部化的能力。在这一方面，公共政策可以发挥作用，这涉及政策性金融的角色。

如何在政策层面促进银行信贷对大企业追赶式创新的支持？一个维度是传统的政策性金融，体现在信贷期限和利率优惠上，本质上是准财政的行为；另一个维度是银行的业务导向。从银行享有政府信用担保的角度看，政府的监管是为了防止银行规模和风险偏好的过度扩张，以维护社会公众的利益。一个自然的延伸是：社会公众的利益是不是局限于金融稳定？其他符合社会公众利益的目标，比如促进创新是否也应该得到支持？

从其他国家的经验看，与美国相比，德国的银行体系具有更强的政策性金融属性。就金融资产结构而言，德国的银行资产占比高，美国则是股市市值占比高（见图1-4左）。一般认为，美国的创新能力比德国强，但德国的银行在服务公共利益方面做得比美国好。造成这一差别的关键不在于银行业的规模，而在于其业务导向。在德国，为公共利益服务而不是以商业盈利为第一目标的机构包括储蓄银行、信用社和政策性银行，这三类银行的总资产约占到德国银行业总资产的一半（见图1-4右）。

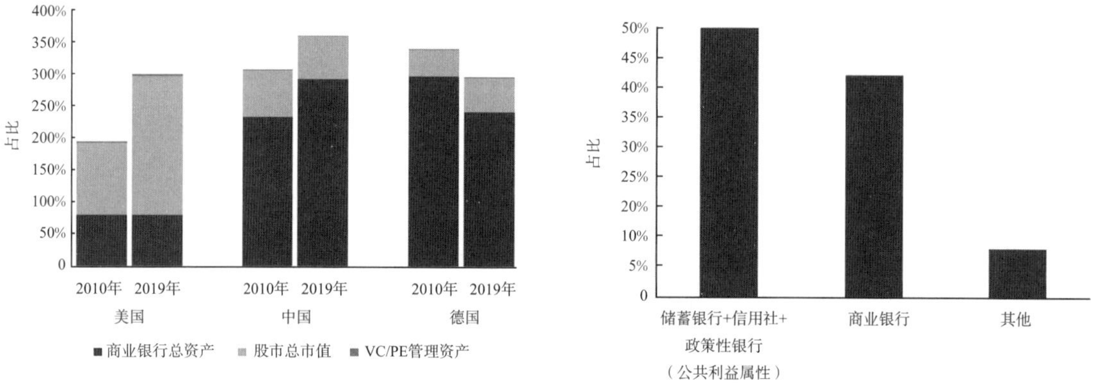

图1-4　中、美、德金融结构（资产规模/GDP）与2019年德国银行体系资产结构

资料来源：张晓朴 等（2021）[1]，德国私募和创投协会，日本私募协会，PitchBook，Wind，中金研究院。

注：由于数据可得性问题，德国与日本的VC（风险投资）、PE（私募股权投资）规模为当年的投资规模。

中国的商业银行近几年在基建、普惠、绿色、制造等领域的信贷快速增长，弥补了房地产贷款（开发贷款和按揭贷款）的下降，由此投放的货币不仅起到维护金融稳定的作用，也是银行业服务国家战略的体现。2020年12月财政部印发的《商业银行绩效评价办法》，把服务国家发展目标和实体经济放在四个指标体系的首位，有利于促进国有商业银行对科技创新与先进制造业的贷款支持。2023年中央金融工作会议提出支持国有大型金融机构做优做强。是政策性金融机构做优做强，还是商

[1]　张晓朴，朱鸿鸣，等. 金融的谜题：德国金融体系比较研究[M]. 北京：中信出版社，2021.

业性金融机构做优做强？理论上，两者都应该做优做强，但现实中社会资源是有限的，发展要有优先次序，现在的迹象表明政策性金融机构的重要性在增加。

要有效发挥金融服务创新的作用，除政策导向之外，一些基础性的制度设计也需要引起重视。比如现有的会计制度建立在对传统经济的有形资产管理上，对衡量土地、设备、库存等实体资产的价值有成形的框架和准则，但对知识产权等无形资产的衡量明显不足。研发费用应该资本化还是费用化？数据等无形资产的内涵和边界如何确定、价值如何评估？如何建立碳排放权会计核算制度，加强碳排放信息披露？创新经济与科技金融的发展要求进行会计制度变革。

第五节

发挥外部规模经济效应，资本市场促进引领式创新

科技创新具有正外部性，研发投入的成本由个体承担，创新成果外溢到整个社会，导致个体投入加总起来低于社会理想的水平，因而需要公共政策的干预。这种干预不仅包括财政补贴、政策性金融，也包括资本市场的制度设计。对于引领式创新而言，创新的不确定性与高风险特征使得股权融资优于债权融资，债权的固定收益与创新承受的风险不匹配。美国的股票市场的深度与广度领先其他国家，特别是纳斯达克市场，被认为对美国的科技创新起到重要促进作用。风险投资在数字和生物科技两个领域既促进了创新，也取得了丰厚的回报。中国的互联网和生物科技进步受益于美国的风投文化和模式，中国很多独角兽企业的投资者是美国模式的投资机构。这些机构在美国上市，形成中概股板块。

资本市场的机制并不是客观存在的，而是制度设计的结果，同时也处于不断演变的过程中。美国的股票市场就是一个不断演变的过程，今天闻名世界的纳斯达克市场的交易机制就是从20世纪70年代早期开始建立的，其交易机制、上市标准、监管制度等都经历了多次重大变革。中国的资本市场的制度安排也在不断改进，近年来以促进创新为导向持续进行改进。2019年上海证券交易所建立科创板并试点注册制，同年启动全面深化新三板改革；2020年深圳证券交易所创业板推行以注册制为核心的制度改革；2021年设立北京证券交易所；等等。这些改进措施的目的是发展多层次资本市场，提升资本市场服务科技创新的能力。

资本市场如何发挥作用？资本市场的参与者众多，有上市公司、投资机构、中介机构、监管机构，甚至媒体记者、自媒体从业者等。中介机构也不只是证券公司，还有律师事务所、会计师事务所、审计机构。资本市场是典型的外部规模经

济，少数公司做大了也并不能够掌控一切。这是因为从根本上看，资本市场是靠信息来给风险定价的，信息的披露、评估、定价由很多不同的环节构成，不同类型的机构发挥不同的功能。

2023年中央金融工作会议强调“更好发挥资本市场枢纽功能”，要做到这一点，关键在于做好信息披露，构建起包含多方参与者的信息市场，以便给风险定价；其核心不是没有审核，而是要审核信息披露的完备性和准确性。推动注册制走深走实是个系统工程。一个现实问题是如何看待注册制下的上市节奏。通常而言，当股市估值低的时候，优质公司的上市意愿会降低，市场激励约束会导致IPO（首次公开募股）节奏放慢。信息不对称则可能带来所谓的逆向选择问题，即市场不能有效区分优质公司和劣质公司，导致更多劣质公司上市。

出现逆向选择的一个重要原因是对欺诈行为的惩罚力度小。提高上市公司的质量，关键是要提高信息披露的质量，不仅要有规则，还要对违反规则者予以严惩，对举报人进行奖励。欺诈源于信息不对称，这些企业内部信息很难被外部人包括监管机构掌握，需要有激励机制来鼓励知道内情的人举报。另外，建立与完善中国版的集体诉讼制度非常重要。《最高人民法院关于证券纠纷代表人诉讼若干问题的规定》自2020年7月31日起施行，旨在降低维权成本，便于投资者提起与加入诉讼，关键是在实施过程中如何提升发起诉讼的效率。

资本市场促进创新不只需要一个繁荣的股票市场，更有赖于股权市场与股票市场的有效互动。发展多元化股权融资也是资本市场发挥科技金融职能的重要一环。就私募股权投资与风险投资而言，有两个方面的问题尤其值得关注。

一是投资期限长的特征使得股权融资服务创新存在局限性。风险投资预期的回报期最长也就5～7年，公开市场投资者的耐心更有限，而一些突破性的技术进步从开始研究到形成商业回报往往要15～20年。公开市场投资者甚至负面看待上市公司增加具有挑战性的研发投入。在医药领域，投资者追求短期回报的问题导致全球范围内具有突破性的新药研发不足；在清洁能源领域，追求尽早退出的风险投资和需要耐心的长期投资不匹配的问题也很突出。中国的风险投资的平均期限比美国低得多，只有3.3年，而美国的平均期限是8.2年。

二是股权融资为股票市场输送优质上市公司的能力有所下降。一个主要表现是“独角兽去哪儿了”。中国的年度新增独角兽企业数量在2016年、2017年比美国高一些，显著领先于印度。但在2018年之后，不但美国大幅超过了中国，印度也在快速追赶中国。这固然有一定的周期性因素，美国股票市场这几年发展较好，而中国则较弱，但我们也要思考这背后是不是有一些结构性的问题。从成熟资本市场的经验来看，发展多元化股权融资需要调动企业家、富豪群体和慈善基金的积极性，这些民间资金有更强的动力去发掘项目。

就政策支持而言，近几年政府的产业引导基金发展很快，但仍存在一些需要明确的问题。比如，政府引导基金究竟是用来弥补创新正外部性的财政行为，还是追求收益率的投资行为？这涉及如何看待政府引导基金的属性，进而如何完善治理机制的问题。

第六节

改善金融的结构

一家企业的发展，通常会经历从实验室到初创企业跨过“死亡谷”，到中型企业快速扩张，再到大型企业做优做强的演变过程。在这一过程中，政府直接资助、政策性金融、银行信贷、风险投资、股票市场等不同的资金融通方式，在不同的阶段发挥着不同的作用。科技金融是一个生态体系，如何在促进科技创新的同时避免加总谬误是其面临的制度层面的一个挑战。关键是坚持“产融分离、分业经营”的基本框架，改善金融的结构，更好地服务实体经济。实体经济和金融之间实行产融分离，金融内部实行分业经营，有利于阻断政府信用担保从银行延伸到实体经济和资本市场，助力市场发挥配置资源的作用。

2017年全国金融工作会议后，规范产业资本持有银行等金融机构股权的监管办法陆续推出，非金融机构和金融控股公司的监管框架逐步形成，互联网金融监管得到加强。2023年的中央金融工作会议提出“全面强化机构监管、行为监管、功能监管、穿透式监管、持续监管，消除监管空白和盲区”，简单来说就是全面监管。全面监管在实施层面面临监管负担重的问题。一是监管成本高。比如，中国有几千家中小银行机构，实现全面监管需要投入的公共资源比较大。二是从金融机构角度看，合规成本比较高。“侵入式监管”是美国次贷危机后出现的一个流行词，是指监管深入金融机构内部干预运营，这种监管方式给银行带来很大的合规负担。特朗普在第一任期内放松对美国小银行的监管，就是认为监管太复杂、小银行负担太重，无法为社区提供好的金融服务。但美国放松对小银行的监管后出现了问题，比如硅谷银行事件。

这就产生一个难题：监管不足会增加金融风险，加强监管又影响效率，如何平衡效率与安全？中国的银行一般是国有的，西方国家的银行不是国有的，但西方国家有一个词叫“公私合营机构”。现代银行，即使美国和欧洲的现代银行都是公私合营机构。什么叫公私合营？这个“公”指的是监管部门，不是银行想干什么就干什么，监管部门对银行是有着系统性的严格监管的，监管影响银行的商业运行。从这个意义上说，银行是公私合营机构。中国的金融机构不仅是国有金融机构，也是公私合营机构。由此而来的一个挑战是：到底应该以什么样的方式来监管金融机构，才能做到既不让监管与合规负担太重，又能实现有效监管？

“产融分离、分业经营”的监管框架有利于兼顾效率与安全。什么是产融分离？就是从单个金融机构业务的角度看，金融要和实业分开，大股东不能既控制金融机构又控制实体产业机构。由于银行享有政府信用担保，如果一个银行的大股东既控制银行，又控制汽车制造厂，那么就相当于把银行所享有的政府信用担保延伸到了实体经济，汽车市场就不存在公平竞争了。关于同一家机构是否能够产融结合的问题，2017年全国金融工作会议的表述是“规范金融综合经营和产融结合”；2023年中央金融工作会议提出“做好产融风险隔离”，很明显，2023年的要求比2017年更严格。什么是分业经营？简单来讲，就是银行不能拿券商牌照，券商不能拿银行牌照。混业经营意味着把政府信用担保延伸到资本市场，会显著降低资本市场配置资源的效率。分业经营是一个规制，通过法律法规来明确地界定不同牌照的业务范围，监管就是落实相应的规则。这比混业经营（靠监管具体行为来控制风险）带来的监管负担要轻些。同一个机构不能既做银行业务又做证券业务，监管银行就不需要同时监管证券公司，监管证券公司也不需要按照银行模式来监管，这有利于监管效率的提升。

很显然，“产融分离、分业经营”的监管框架有利于限制单个金融机构的过度扩张。那么，金融是不是就无法实现规模经济了？分业经营虽然会限制内部规模经济，但有利于促进金融行业的外部规模经济。不同类型的金融机构的定位不同，它们可以聚焦主业、发挥各自优势，在金融体系内实现多市场协同。2023年中央金融工作会议提出“更好发挥资本市场枢纽功能”，是对资本市场更能实现金融业外部规模经济的肯定。

分业经营对培育一流投资银行和投资机构有重要意义。中国有几大银行居世界前列，而中国券商的规模比起国际一流投资银行却小得多，因此有观点认为，培育一流投资银行需要让银行拿券商牌照、做投资银行业务。这个观点值得商榷，甚至是危险的。混业经营是把银行享有的政府信用担保延伸到资本市场，这不利于资本市场的发育和成长，尤其是在银行占主导的金融体系里。混业经营不仅不利于创新，还会增加金融的加总谬误，前些年理财产品的教训殷鉴不远。

宏观篇

Chapter 2

第二章

经济学视角下的科技创新

人类生活水平的提高离不开科技创新，科技创新在社会发展过程中扮演着至关重要的角色。200多年前的蒸汽机革命将人类社会带入工业文明时代，打破了农业经济数千年的低增长模式。正如马克思所惊叹的那样，人类在蒸汽机革命后不到100年的时间里所创造的生产成果，比以往一切时代所创造的还要多、还要大[1]。此后的电力和计算机等技术革命，同样显著提升了人类社会的生产力。近年来，以人工智能、生物技术、量子计算为代表的前沿技术，则被认为将在21世纪掀起新一轮技术革命。当前，我国正处于发展前沿技术的机遇期，同时面临着全球保护主义抬头和地缘政治冲击等挑战，有效促进科技创新已成为我国高质量发展的关键要求。而促进科技创新不仅事关科技领域，也事关社会资源配置、市场机制和政策导向等经济因素。能否从经济学视角来厘清科技创新活动的内在逻辑，制定出有效的战略和政策，把握新一轮技术革命的发展机遇就显得尤为重要。本章将从经济学的视角出发，探讨如何通过经济学理论和方法深入理解科技创新活动，以更好地促进我国科技创新的发展。

第一节

创新经济理论的演进脉络

什么是创新？在学术界和业界中，关于创新的定义多种多样[2]。约瑟夫·熊彼特认为，创新是一种变革，即通过对现有生产要素的重新组合来解决商业问题；特

[1] 马克思，恩格斯. 共产党宣言[M]. 中共中央马克思恩格斯列宁斯大林著作编译局编译.北京：人民出版社，2017.

[2] KOGABAYEV T，MAZILIAUSKAS A.The definition and classification of innovation[J]. HOLISTICA-journal of business and public administration，2017，8（1）：59-72.

威斯则将创新视为一个过程，从萌生想法一直到通过生产、交换和消费实现商业化；莫尔恰诺夫认为，创新是科学工作的成果，旨在改善社会活动并应用于社会生产。总的来说，科技创新是指利用科学知识和技术手段，开发新的产品、服务、工艺或商业模式的过程，从而提高效率、创造价值，推动社会进步。它不仅涉及技术和科学的突破，还包括对资源的有效配置和对市场需求的满足，是经济发展和社会进步的关键驱动力。

现代社会的各主要经济体都认识到科技创新是推动人类社会经济增长的源泉，不过经济学领域对创新的理解经历了一个逐渐深入的过程。在第一次工业革命早期，亚当·斯密就已认识到劳动分工对发明和经济增长的作用，但尚未对创新的内在逻辑进行深入探讨。亚当·斯密在《国富论》中，没有直接提及“创新”这一概念，但是他提出分工可能创造新的机器设备或生产技术，从而节省劳动力，让更少的工人完成更多的工作[1]，这多少隐含着一些创新的味道。比如，亚当·斯密强调，当普通的工厂工人将全部注意力集中在单一目标上时，专注于特定任务的工人会积累丰富的经验和技巧，他们更有可能找到更简单、更快捷的方法来实现目标。而这实际上也就意味着新的工具或生产流程的创新。他还认为，分工催生了专门的机器制造商，它们致力于提高机器的精度、标准化和产量，推动了机器设备的创新。这些专业制造商的出现，加速了机械技术的发展，为各行各业提供了更先进的设备。他还认为，分工会让哲学家或思辨者更好地将最遥远和最不相似的事物结合起来，促进新机器的发明或创造更省时的生产方式。亚当·斯密将经济增长归功于分工，随着分工规模的扩大，工人越来越专注于提升自己专业领域的生产技术，机器制造商开发出更多种类的机器，哲学家或思辨者深入探索更细分的知识领域，继而更多新的机器设备和生产技术被创造出来。亚当·斯密已经深刻认识到机器发明对经济增长的影响，但因受到时代限制，他对于创新机制的探讨主要局限在分工的

[1] RICHARDSON C J. Adam Smith’s oft-missed lesson on human imagination[EB/OL]. (2022-12-01)[2024-10-08]. https://www.aier.org/article/adam-smiths-oft-missed-lesson-on-human-imagination/.

维度上。

第二次工业革命早期，英国著名经济学家阿尔弗雷德·马歇尔认识到“知识的进步和传播”对经济增长具有重要促进作用，但还没有系统地提出创新的概念。马歇尔认为，“无论从哪一方面看，我们都会发现知识的进步和传播不断导致采用新的工艺和新的机器，这些工艺和机器可以节省人力……生产工艺的每一次提高，以及为帮助和支持劳动者进行未来生产而积累的资本的每一次增加，都增加了剩余量，从中可以积累更多的财富”[1]。特别是在一些产业集聚的区域，马歇尔认为，新的知识和想法可以较为容易地传播，使得工人很快就能学习到许多新技能，进而形成一个本地知识网络。如果某个人有了一个新想法，其他人就可能会采纳，并与自己的想法相结合，从而成为更多新想法的源泉。如果以知识的进步对应创新的概念，则可以理解为创新具有正外部性，创新的思想或想法是可以被传播和共享的，从而带来显著的外部规模效应。在一个经济体中，创新的外部规模效应越强，创新就越能得到充分应用，并促进更多的创新，从而带来生产效率的提升和经济的增长[2]。

直到20世纪初第二次工业革命末期，熊彼特才首次明确提出“创新”这一概念，并强调创新才是经济增长的动力，规模对于企业创新能力具有重要作用。熊彼特创新理论的突破在于提出了“企业家”是创新的微观主体；他还提出“创造性破坏”的观点，从动态和非连续的角度探讨创新和经济增长的关系。基于对经济史和经济周期的研究，熊彼特首次将创新定义为企业家通过对生产要素的重新组合而建立的新生产形式，认为创新是经济发展的主要动力。随着新事物的出现，过时的生产方式将被新的力量淘汰，引发经济中的“创造性破坏”，打破过去的经济平衡，推动经济的动态增长。在熊彼特的创新理论中，企业家是创新的主要推动者，新产品在市场上获得的垄断利润是推动企业不断进行创新的动力。因此，一国的创新

[1] MARSHALL A. Principles of economics[M].London：Palgrave Macmillan，1890.

[2] BELUSSI F，CALDARI K. At the origin of the industrial district：Alfred Marshall and the Cambridge school[J]. Cambridge journal of economics，2009，33（2）：335-355.

能力取决于企业家精神的强弱。至于何种企业的创新能力更强，起初熊彼特认为初创企业更具有创新精神，但后来他意识到规模对于创新可能更为重要。原因在于，大企业的生产规模更大，可以摊薄创新的固定成本，带来更强的垄断力量以保护利润，同时大企业能够承担更多的研发不确定风险，通过同时推进多个创新方向和长期进行创新投入，可以提高创新的成功率，这一观点又被称为“熊彼特假说”[1]。

而到了20世纪中叶，美国新古典经济学家罗伯特·索洛开始将技术进步看作经济长期增长的唯一动力[2]。在其构建的经济增长理论中，索洛认为，技术进步可以打破生产要素投入规模报酬递减的约束，这会让经济的长期增长进入一个相对稳定的状态，而经济增速则由技术进步率决定。不过索洛并没有解释技术进步的来源，而是把技术进步当成是外生给定的。索洛提出的增长模型中，对经济总体的增长贡献被设定为由劳动、资本和技术进步三者组成，其中资本要素边际报酬递减，而折旧会消耗新增投资，因此经济最终可以达到稳态状态。但是技术进步（创新）不像资本一样受到边际报酬递减规律的约束，故而创新可以实现生产要素的规模报酬递增，并带来长期的经济增长。相较于熊彼特的理论，索洛认为，创新是没有边际的、连续的，只要创新能够不断增加，那么经济就能不断增长。但是索洛的理论中规避了创新的来源问题，而将创新视作一个外生给定的因素。

那么，究竟是什么因素驱动着创新？这个问题从此开始成为经济学家们关注的热点问题。到了20世纪末，美国经济学家保罗·罗默等人发展出内生增长理论，提出创新可以由市场自发驱动[3][4]。这一理论将研发部门简化为创新的生产者，研发

[1] FISHER F M，TEMIN P. Returns to scale in research and development: what does the Schumpeterian hypothesis imply?[J]. Journal of political economy，1973，81（1）：56-70.

[2] SOLOW R M. A contribution to the theory of economic growth[J]. The quarterly journal of economics，1956，70（1）：65-94.

[3] ROMER P M. Increasing returns and long-run growth[J].Journal of political economy，1986，94（5）：1002-1037.

[4] ROMER P M. Endogenous technological change[J]. Journal of political economy，1990，98（5）：S71-S102.

部门投入人力和资本进行创新，生产部门支付费用购买创新成果，用以生产新产品并获取垄断利润。生产部门为了获取更多利润，因而具有为创新付费的意愿，研发部门获得了创新的报酬，因而也有创新的动机，经济体中创新的供给和需求的循环越强，内生增长动能也就越强。由于研发部门生产的知识可以被传播和扩散，因此研发投入和经济规模越扩大，创新带来的增长越多。内生增长理论为创新经济研究提供了一个较为完善和便于比较的分析框架，自20世纪80年代该理论提出以来，当代经济学越来越热衷于研究创新的机制和规律，以创新为主题的研究在经济学研究中的地位越发突出（见图2-1）。

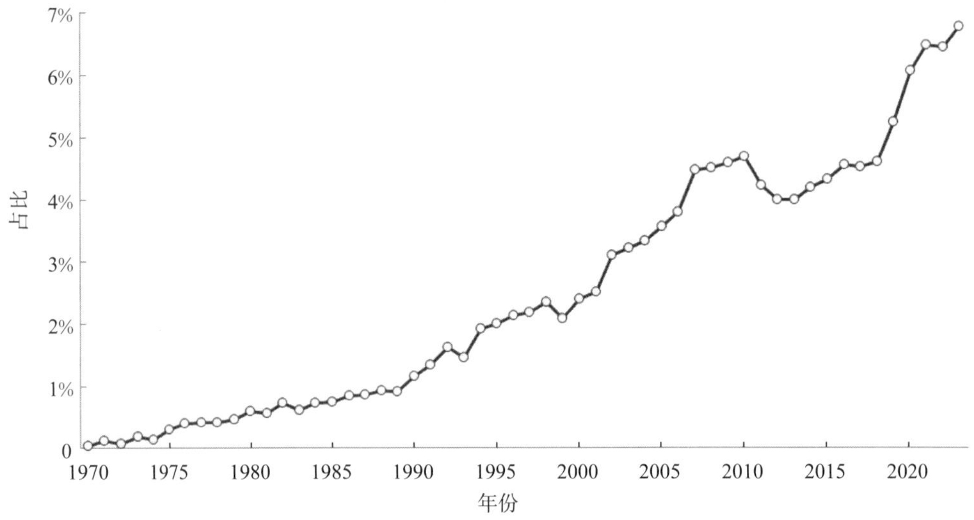

图2-1　以创新为主题的研究在经济学研究中的占比

资料来源：Web of Science，中金研究院。

注：该数据为Web of Science的经济学领域所有文献中，以“innovation”为主题的文献占比。

从经济学认识创新活动（或者说创新经济理论）的历史演进脉络来看，有两点值得注意：一是经济学对创新的微观机制的研究越来越深入；二是经济规模对创新产生重要影响。

首先，在经济理论的发展过程中，人们逐渐意识到宏观经济结果的微观解释具有重要政策含义，创新的微观机制越来越受到重视。自亚当·斯密以来，经济学理论经历了从宏观到微观的演进过程。最初，经济学家关注的是市场机制和分工等宏观因素，对创新的关注主要停留在整体层面。然而，随着熊彼特引入“创造性破坏”的概念，创新被视为经济增长的核心驱动力。进入现代以来，内生增长理论进一步强调了技术进步和知识积累在经济发展中的作用。这促使经济学家深入研究创新的微观机制，比如以爱德温·曼斯菲尔德为代表的新熊彼特学派专注于探讨创新完成后如何将其社会收益最大化的问题，这涉及新技术如何被模仿、扩散和广泛利用[1]；制度创新学派认为产权制度的明晰和确定，以及交易费用对创新具有重要影响[2]；本特-阿克·伦德瓦尔强调创新主体间的互动学习，将创新的本质解释为用户和企业的交互学习过程[3]。理解这些微观层面的因素对于解释经济增长和制定有效的政策至关重要，因此，在经济理论的发展过程中，创新的微观机制越来越受到重视。

其次，虽然主流文献通常将重点放在新技术的出现如何带来更高的生产效率上，但是纵览各个时期与创新相关的经济增长理论，它们都承认经济规模带来的影响。亚当·斯密认为分工深化离不开资本和经济规模的扩张；马歇尔认为创新具有明显外部规模经济效应；熊彼特则强调企业的规模对创新的促进作用；索洛的增长模型虽然认为技术进步是外生的，但后来的内生增长理论则强调研发投入和知识具有规模报酬递增的特点，即技术储备和投入越多，创新的速度越快。从现实来看，大型经济体通常具有更强的科技创新能力，以消费市场来衡量经济规模，可以发现，中国、美国、日本、韩国、德国等市场较大的经济体创新能力也更强（见

[1] MANSFIELD E.Industrial research and technological innovation: an econometric analysis[M].New York: W.W.Norton & Company, 1968.

[2] NORTH D C.Institutional change and economic growth[J].The journal of economic history, 1971, 31 (1) : 118-125.

[3] LUNDVALL B A.National systems of innovation: towards a theory of innovation and interactive learning[M].London: Pinter Publishers, 1992.

图2-2）。原因在于，其具有强大的研发投资能力、庞大的人才资源库和知识积累，还有较大的市场规模可以分摊研发的成本。

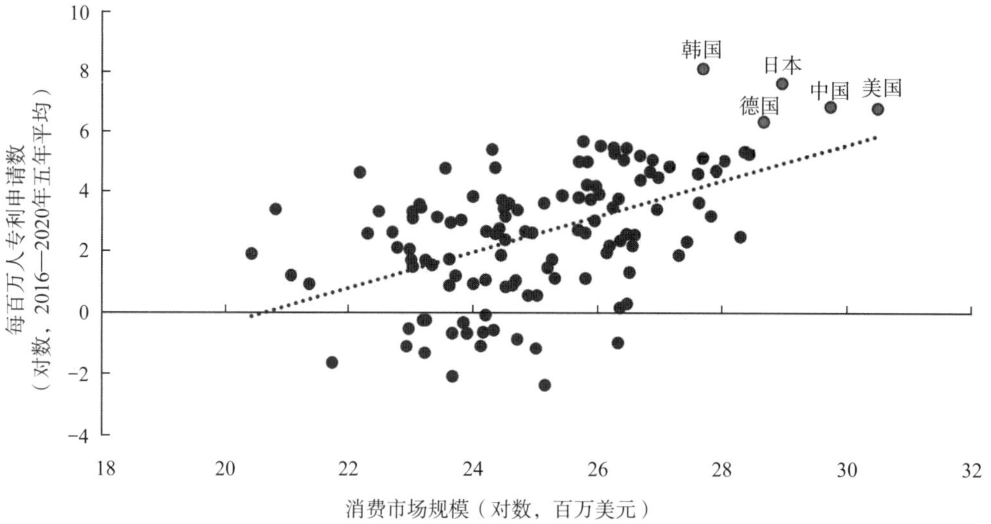

图2-2　不同规模的经济体的创新能力比较

资料来源：世界银行，中金研究院。

第二节

经济学视角下的创新机制与宏观生态

从亚当·斯密的分工理论到罗默的内生增长理论，经济学对创新的微观机制的理解逐步深入，同时逐步认识到经济规模对于创新也发挥着重要作用。这说明在探讨创新时，既要考虑到各种不同的微观机制，也要考虑到宏观层面的规模效应。一个经济体中往往存在着许多创新主体，不同类型的创新主体通过各种机制促进创新，那么宏观层面的结果是否就是这些微观机制产生的结果的简单加总？答案并非如此简单，创新主体在经济环境中的互动可能形成一个复杂的生态系统，在这样一个宏观生态中，既可能存在一些创新的正向循环，也可能存在一些利益冲突。如何理解这些复杂的机制和生态，从而指导创新政策实践？我们需要从微观到宏观对创新活动进行全面的刻画，首先从简单的微观经济供需因素出发，再逐步拓展到宏观生态。

一、科技创新的供给与需求

科技创新的决定因素可能是多方面的，其中经济因素对于理解技术变革的速度和方向尤为重要。但归根结底，创新作为一种经济活动，其供给和需求可以作为分析创新微观机制的起点。

从供给侧来看，创新的供给取决于一个经济体现有的科学技术存量、创新要素的成本和从创新中获取收益的能力。科学技术存量决定创新活动的广度和深度，科学技术存量越多越接近技术前沿，技术创新和新产品开发能力就越强。创新的成功往往需要多个学科知识的结合，一个国家或地区的知识存量越多，意味着该国家或地区拥有越丰富的基础研究和应用研究资源，这样一来，研究人员进行创新时就可以获得更多的灵感来源和更坚实的基础设施支持。比如中国、美国、日本、韩国等国家在世界知识产权组织申请的专利总量位居全球前列，全球创新能力领先的企业如华为、三星电子、高通、三菱等也位于这些国家[1]。此外，许多科技创新需要大量前置技术的积累和铺垫，才能最终成功。虽然人们在20世纪50年代就开始畅想人工智能技术的可行性，但是仍需等到计算机、互联网等技术都逐步成熟后，人工智能技术才具备实际应用的创新条件。在这一过程中，计算机、互联网等前置技术领先的国家，知识储备更多，在人工智能的创新中也更有优势。

供给侧的创新要素包括人员、设备和资金等，而创新要素的成本决定了创新供给的潜力。知识工作者是创新活动的核心力量，他们的能力和创造力直接影响创新的质量和成果。知识工作者的培养需要长期的教育投入和实践经验积累，而教育对于一个国家而言具有基础设施性质，国家的规模越大，教育的单位成本被摊薄得就越低。因此，培养同样技术水平的知识工作者，大国付出的成本更低，如中、美等大国都具有规模庞大的知识工作者参与科技创新活动。设备和资金也是创新供给中不可或缺的要素。高水平的科学研究和技术开发需要先进的实验设备和工具，而这些设备和工具的采购和维护往往需要巨额资金。发达经济体的资本更富余，其资金成本也相对较低，美国、日本和欧盟等经济体可以为科技创新提供大量低成本的资金。资金支持不仅包括直接的科研经费，还包括风险投资和政府补贴等。在美国硅谷等科技创新中心，风险投资扮演着至关重要的角色。大量的风险资本支持初创企业的创新活动，帮助它们度过研发阶段的“死亡之谷”。同时，政府的补贴和政策支持，如税收优惠、创新基金等，也为创新活动提供了重要的低成本资金。比如，欧盟通过“地平线2020”计划，大规模资助其成员国的科研和创新活动，助力成员国科技企业发展。

人们如果无法从创新中获得收益，那么他们将因缺少激励而不去创新，如何保

[1] WIPO Statistics Database.IP facts and figures[EB/OL].（2024-08-01）[2024-10-08]. https://www.wipo.int/en/ipfactsandfigures/patents.

证创新者获得必要的收益，也是创新在供给侧方面的重要议题。创新者收益保护机制的健全与否，直接影响创新者的投入回报预期，进而影响其进行创新活动的意愿，自熊彼特以来的创新经济研究都非常重视保护创新者的收益。良好的知识产权保护能够为创新者提供安全的创新环境，使其能够专注于技术研发和产品创新，不必过分担心知识产权被盗用或侵害而导致前期投资受到损失。在收益保护制度下，许多创新者能够通过专利许可和技术转让获取丰厚的经济回报，从而进一步开展创新活动。特别是在半导体、生物医药等一些高风险、高投入的行业，专利保护为企业提供了至关重要的市场垄断期，使其能够在创新产品上市后获得超额收益，从而鼓励持续的创新活动。

从需求侧来看，创新的供给如果没有相对应的需求，那么创新也无法持续。创新是否被需要通常取决于三个方面：企业需求、消费者需求和政府需求。

作为一般产品生产者，企业本身也是创新的需求者，其通过流程创新、新的供应来源开发和组织变革等方式来提高生产效率、降低成本，从而在竞争中获得优势。流程创新是指企业通过对生产流程的优化或再造，达到节约成本、提高生产效率的目的。比如，为了应对全球汽车产业的激烈竞争，丰田公司通过其创新的“精益生产”体系，大幅降低了成本，提高了效率，保持了长久的竞争优势。新的供应来源的开发也可以显著降低企业的成本，比如苹果公司通过全球供应链管理创新，将零部件生产外包给成本更低的国家和地区，不仅降低了成本，还能够快速调整生产规模，以应对市场需求的变化。组织变革同样是降低成本的一种重要方式，通用电气（GE）前CEO杰克·韦尔奇领导企业实施“无边界”管理新模式，打破部门之间的壁垒，提高了信息流动效率和决策速度，最终实现了成本的降低和市场反应速度的加快。

消费者从产品创新或改进中获得的益处，是创新者开发新产品的重要驱动力。产品创新是指推出新的产品或服务，以满足消费者的新需求或创造新的市场需求。如果一种创新产品能够显著提高用户体验或满足消费者未被满足的需求，那么这种产品的需求将会大大增加。产品创新通常涉及非连续性创新，即产品技术原理的根本性改变，或基于以前从未出现过的原理进行创新，比如，从马车到汽车、从机械式计算器到电子计算机、从功能手机到智能手机等。产品改进则是在现有产品基础上进行改良，以提升产品功能、性能或用户体验。产品改进通常涉及连续性创新[1]，即通过小幅度的改良来提高产品的功能和性能。比如在科技产品领域，智能手机行业的创新大多属于连续性创新，每一代新产品都会在外观、功能、性能等方面有一定的改进，这些改进往往建立在前一代产品的基础之上，根据用户的需求进行改进。

政府通过对经济活动进行调控和引导也有可能创造新的市场需求，这些需求对创新同样具有重要的引导作用。从需求侧促进创新的政府措施主要有三种类型：产业政策、安全政策和环境政策。产业政策是政府通过各种手段来扶持特定行业和技术发展的政策，包括政府购买、对特定产品的补贴和减税等。比如中国颁布的《中国制造2025》旨在发展高技术制造业，美国的《芯片和科学法案》旨在重振美国的芯片制造产业。安全政策则是为了保护本国军事、政治和经济等方面不受外国侵犯而采取的政策，如20世纪美苏等国家出于国防安全的考虑在航天领域展开竞争，美国成立NASA（美国国家航空航天局）主导太空工程，其产生的大量技术创新需求最终带动了波音公司、太空探索技术公司（SpaceX）等一系列高科技企业的发展。环境政策则是为了应对气候变化、保护自然环境、确保可持续发展而采取的政策，如欧洲的碳交易市场政策、美国的《清洁空气法案》、中国的节能减排政策等，均有效促进了绿色清洁技术创新。

那么，创新究竟是供给推动还是需求拉动？需求拉动的很可能是连续性创新，

[1] 两类创新在不同场景下还有些略有不同但本质相似的叫法，比如引领式创新、激进式创新、颠覆式创新、非连续性创新等，这些叫法的内涵均与突破式创新接近，更多的是强调一种质变创新；追赶式创新、连续性创新等的内涵均与渐进式创新接近，更多的是强调一种量变创新。只不过这些术语在不同场景下会体现出更强的针对性，例如在国际竞争场景下，会更多地使用引领式创新与追赶式创新的叫法。鉴于此，除非有特别需要，本书一般采用追赶式和引领式的措辞来表述两类创新的差别。在因场景不同而采用不同叫法时，也不再详细阐述本质接近但表述略有不同的术语之间的差别。

而非连续性创新更多是供给推动的。如果市场已经具有明确的需求，这就意味着人们对于产品的基本原理已有一定的认识，产品创新只需要一定的时间和投入就有可能成功。比如最初的计算机又大又重，所以用户对轻薄便携和方便使用的计算机有需求，经过多年不断的连续性创新和迭代，目前便携式笔记本电脑已经得到普遍应用。而供给推动的创新则不同，如在晶体管这一非连续性创新出现之前，人们可能很难想象如今随处可见电子设备；在互联网出现之前，与千里之外的人面对面聊天也是遥不可及的事情。由此可见，供给和需求对于不同类型创新的作用有所不同。需要注意的是，需求拉动的创新成功的前提是有大规模的市场，供给推动的创新成功则需要大规模的研发投入，不管是何种创新机制，供给侧或需求侧的规模都扮演着重要角色。

我们分别从供给侧和需求侧探讨了创新背后的驱动因素。那么，供给侧与需求侧的主体之间究竟是如何互动的？接下来，我们引入一种简化的线性创新模式来进行分析，这一模式将供给与需求两端联系起来，可以阐明各创新主体和市场主体在创新过程中所扮演的角色。需要注意的是，现实社会中，创新过程依赖于更广泛社会主体的参与，互动也更为复杂，我们将在后文进一步论述。

二、简化的线性创新模式

在已有的科技知识或市场需求较为明确的前提下，创新通常以较为简单的机制进行。一是供给推动，即当前科学知识的进步决定了创新的速度和方向，比如只有在蒸汽机、电力和计算机等技术创新发生以后才引发大量其他领域的创新，增加新技术产出的最佳方式是通过将更多资源投入研发来增加对新发明的投入。二是需求拉动，市场需求的变化为企业投资创新创造了机会，即需求引导企业解决某些问题，以满足未满足的需求，比如市场对于计算机小型化的需求促使IBM公司研发个人计算机。这两种机制都存在一个从科技知识到应用的过程，因此又可以统一到一个共同的框架——线性创新模式里。

线性创新模式的一个主要特点是强调阶段之间的线性因果关系，创新活动按照特定的顺序展开，每一个阶段的成功依赖于前一个阶段的完成。通过一系列单向顺序的、逻辑上相互关联的阶段，这种模式描述了从科学发现到商业化的完整路径。线性创新模式认为，一个新想法从提出到最终促进经济增长，需要经历基础研究、应用研究、技术开发、商业化、扩散、技术进步和经济增长等一系列过程，其中从基础研究到扩散的过程通常被认为是创新的过程。这种线性视角为我们提供了一种相对简单和直观的方法来思考创新的过程。简单来看，线性创新模式通常包含发明、商业化和扩散三个阶段[1]（见图2-3）。

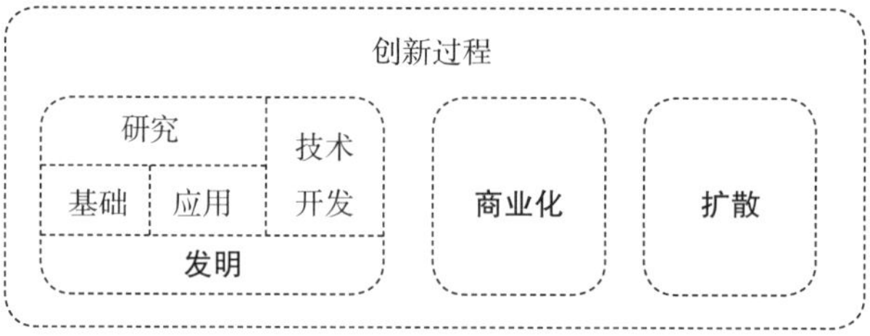

图2-3　线性创新模式下的创新过程

资料来源：Diaconu（2011），中金研究院。

发明是科技创新的起点，它通常是指某种产品或新生产工艺的想法首次被提出。这个阶段通常由科学家、工程师或发明家驱动，依赖于对现有知识的深刻理解，带来创造性思维的出现和科学技术的突破，其成果往往以专利、学术论文或技术原型的形式体现。根据发明目的的不同，又可以细分为基础研究、应用研究和技术开发三种类型。基础研究是探索自然现象、理论原理和基本规律的研究，旨在扩展科学知识，而不直接追求特定的应用或实际问题的解决，比如物理学的波粒二象性、量子隧穿效应，生物学的DNA双螺旋结构，统计学的信息论等。应用研究是利用基础研究的成果，针对特定问题或需求进行的研究，旨在寻找具体的应用方法或技术解决方案，比如旨在探索神经网络、半导体材料、电池材料以及抗生素的功能

[1]　DIACONU M. Technological innovation: concept, process, typology and implications in the economy[J]. Theoretical and applied economics, 2011, 10（563）:127-144.

和特性的研究等。技术开发是在应用研究的基础上，将研究成果转化为实际技术、产品或服务，供实际生产应用，比如解决电池应用于电动汽车的寿命、充电效率等技术难题，使得电动汽车具备实际应用可行性。

商业化是将发明创造首次付诸商业实践的过程，核心在于如何将实验室的成果推向市场，并在市场中站稳脚跟。这个阶段通常需要企业的介入，以将实验室中的原型转化为可以在市场上销售的产品或服务。在商业化过程中，企业需要评估市场需求、生产成本、技术可行性和潜在的竞争对手。成功的商业化不仅依赖技术的先进性，还需要良好的市场策略、资金支持和有效的知识产权保护机制。商业化阶段的成功与否，直接决定了发明创造能否在市场上产生实际的经济效益。以苹果公司的iPhone为例，在苹果公司商业化iPhone之前，市场上缺乏既易用又具备丰富功能的智能手机，苹果公司集成了触摸屏、应用程序商店和多功能操作系统等技术，通过严格的供应链管理和全球化的市场推广，使得iPhone快速占领市场，并改变了全球移动通信产业的格局[1]。

扩散是指新技术、产品或服务在市场中被广泛接受和使用，从而实现经济价值的最大化。在技术扩散过程中，网络效应和技术标准化起着重要作用。以微软的Windows操作系统为例，其成功不仅在于技术本身的先进性，还在于其迅速成为行业标准，形成了强大的网络效应[2]。在扩散过程中，新技术可能会被改进或进一步创新，比如，智能手机的普及不仅改变了消费者的通信方式，还促使相关配件、应用程序和服务产业快速发展。值得注意的是，扩散并不一定意味着发明者或首创企业将获得最大利益，随着技术的普及，市场竞争加剧，产品价格下降，后续进入者往往也能从中受益。比如光伏太阳能技术从最初在德国和日本的试验性应用，迅速扩展到全球范围；中国抓住了技术扩散的机遇，通过规模效应取得优势，成为这一

[1] MICKALOWSKI K, MICKELSON M, KELTGEN J. Apple's iPhone launch: a case study in effective marketing[J]. The business review, 2008, 9 (2): 283-288.

[2] Network effects in office suites[EB/OL]. (2012-11-09) [2024-10-08]. https://blogs.cornell.edu/info2040/2012/11/09/network-effects-in-office-suites/.

技术新的全球领导者。

这些概念强调了创新过程不同阶段的特征，但现实中彼此之间可能难以划分出明确的边界，不同创新阶段可能被垂直整合。比如在企业中发明和商业化可能是同时进行的，企业可以向市场推出一个产品原型之后，继续进行针对该产品的研发工作，以增加新的功能或改善性能，iPhone等产品就是在发布以后不断进行版本更新和迭代。此外，一个创新在被少数早期采用者接受时，可能已经开始了其扩散过程，但这一过程也可以被视为商业化阶段的一部分，并不存在一个确切的比例或数额对这两个阶段进行明确划分。因此，在线性创新模式下，为了减少交易成本，加强对创新活动的统筹规划，创新主体将发明和商业化过程进行垂直整合也是常见的现象。

在特定情境下线性创新模式取得过巨大成功，为我们提供了理解创新的有用视角。线性创新模式在20世纪中叶尤其受重视，它帮助政策制定者和企业家制定了以研究与试验发展（R&D）为核心的创新战略。比如二战期间担任美国科学研究与发展办公室（OSRD）主任的范内瓦·布什（Vannevar Bush）在战后提交的一篇著名报告《科学：无尽的前沿》中写道："新产品和新工艺看起来并不是完全成熟的，它们建立在新的原则和概念之上，而这些原则和概念又是由最纯粹的科学领域的研究精心开发出来的。"也就是说，基础科学研究的增加可以促进企业后续的开发应用（见图2-4）[1]。基础科学研究通常由大学承担，并转让给企业进行开发，但有时大企业也会将基础科学研究的部分，以实验室的形式整合进自身内部组织结构。

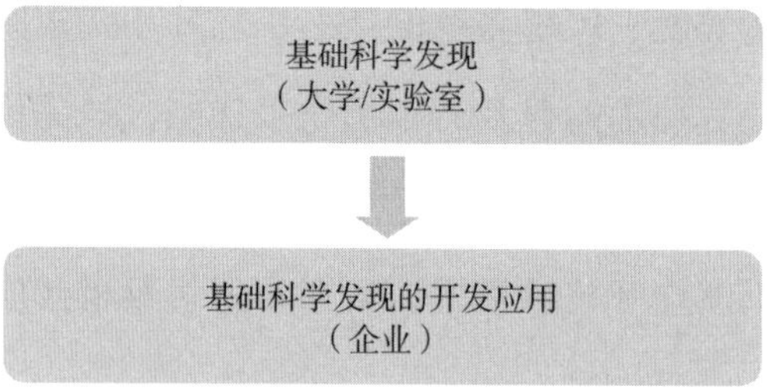

图2-4　范内瓦·布什的创新观

资料来源：Bush（1945）[2]，中金研究院。

[1] BUSH V. Science: the endless frontier[M].Washington, D.C.: United States government printing office, 1945.

[2] 同上。

基于线性创新思维，20世纪中叶的许多大公司在内部设立了研究实验室进行从基础科学研究到开发应用的创新。这种创新模式具有一定的优势，比如加强企业管理者和参与实施新技术的人员之间的信息交流，无须等待他人完成前置创新，避免外部研发交易成本过高等问题，美国电话电报公司（AT&T）的贝尔实验室和施乐公司（Xerox）的帕洛阿尔托（Palo Alto）研究中心都曾在实践中取得过巨大的成功。贝尔实验室通过其有组织的、结构化的研发活动，在20世纪中叶产生了大量的科学突破和技术发明，包括信息理论和晶体管、激光等。这些科学突破和技术发明不仅为贝尔系统的通信设备提供了技术基础，还推动了整个电子产业的蓬勃发展。类似地，施乐公司的帕洛阿尔托研究中心在20世纪70年代到80年代，通过严格的基础研究和应用开发过程，开发了许多现代计算机技术的基础，如鼠标、图形用户界面（GUI）、以太网、激光打印等。这些创新表明线性创新模式在一个相对稳定和资源丰富的环境中有着巨大潜力。

尽管线性创新模式在一些情境下取得了成功，但在现代经济环境中，它也面临着诸多挑战。首先，大公司实验室的传统创新模式已经不复存在或已改变面貌，随着供应链的全球化和外包的普遍化，创新的纵向一体化大大减少。企业更倾向于专心打造核心能力，将非核心业务外包给其他公司或合作伙伴，在基础研究方面与大学的合作越来越多。在20世纪后期，许多大型企业要么关闭了研究部门，要么改变了研发策略，更多地专注于短期的市场需求和现有产品的改进，而非长期的基础研究。其次，随着技术和市场环境的不断变化，并购已成为大公司获取创新理念的重要途径。比如，思科公司通过并购大量的初创公司来获取新技术和创新理念，而不是通过内部研发来开发新的产品。这种做法在很大程度上颠覆了传统的线性创新模式，表明企业更倾向于通过外部创新来补充其内部能力。最后，在IT和其他高科技领域，传统的研发分离正在迅速消失，研究和开发往往是同步进行的，创新活动更多地体现为一个集成的、跨学科的过程。如谷歌和亚马逊，常常将研究直接嵌入其产品开发和市场运营过程中，从而缩短创新的周期。这种变化要求研究人员不仅要有深厚的专业知识，还要具备解决实际问题的能力并即时响应市场需求，研究人员不再是“孤立的创新者”，而是需要与更多创新主体合作。

三、现代科技创新离不开宏观创新生态

线性创新模式是一个好的概念，但并不能解释全部现实。不确定的供给如何匹配确定的需求，确定的供给如何匹配不确定的需求，仍然无法用线性创新模式来解释。具体而言，线性创新模式未能充分考虑创新过程中存在着大量具有不确定性的反馈互动和偶然因素，这些因素在现代经济的创新活动中扮演着关键角色。

第一，创新活动中存在大量的反馈，并非单向的线性过程。克莱恩等（1986）提出的链式模型便揭示了创新过程的复杂性[1]。在链式模型中，创新不仅包含类似线性创新模式的创新主链，还包含创新反馈环。根据这一模型，创新不是从研究到市场的直线过程，而是包含了多个反馈回路，这些回路在创新的每一个阶段都可能发生。比如，基础研究的成果可以直接进入应用研究，而应用研究的进展和问题也反过来会影响基础研究的方向和内容。这种反馈过程在技术开发和商业化过程中更为明显。市场反馈（如用户需求和市场反应）可以对技术开发和产品设计产生深远影响，推动进一步的创新改进。这种反馈机制使得创新成为一个动态的、多向互动的过程。

第二，技术的商业化和扩散并非创新的终点，而是有可能激励进一步的新技术开发。创新的商业化意味着将新技术、新产品或新服务推向市场，为企业带来利润，并满足消费者的需求。然而，市场的需求是不断变化的，消费者的偏好也在不断演变。因此，企业需要不断地改进和升级其产品和服务，以保持市场竞争力。比如，手机早已实现了商业化，但各大科技公司仍在不断推出新型号，引入新的功能和技术，如人脸识别、5G技术等。另外，一个领域的创新还可能激发其他领域的

[1] KLINE S J，ROSENBERG N.An overview of innovation[M]//LANDAU R，ROSENBERG N.The positive sum strategy：harnessing technology for economic growth.Washington，D.C.：National Academies Press，1986：275-305.

次级创新。比如，互联网的商业化和扩散仅仅是大量创新的一个起点，互联网技术的不断发展催生了电子商务、社交媒体、云计算、物联网等新兴领域的大量创新成果。

第三，创新过程中存在“干中学”和“用中学”现象。企业在生产过程中会通过不断重复操作来提升产品的生产速度和合格率，这被称为“干中学”（learning by doing）。比如，在半导体制造过程中，工厂通过重复生产，逐步提升了生产效率和产品合格率，减少了不合格芯片的数量。通过用户反馈改进产品则被称为“用中学”（learning by using）。这种学习方式强调创新中的经验积累和反馈机制的重要性。比如软件开发公司根据用户反馈不断改进软件产品，通过版本更新解决漏洞问题和提升用户体验。这些学习过程也体现了创新活动中的反馈机制，表明创新并非单向的线性过程，而是一个持续改进和学习的过程。

创新活动不仅受互动反馈机制的影响，还受到科学的偶然发现等因素的驱动。比如发明激光的科学家最初只是试图在科学实验中创造一种高能量的光源，并未发现激光的实际用途，但后来激光被广泛应用于医学、通信、工业加工、娱乐等多个领域。X射线一开始只是威廉·伦琴在做阴极射线实验时，意外发现的一种能穿透物质并在屏幕上形成影像的新型射线，后来这一发现成为医学影像学的基础，使得人类能够在不进行手术的情况下观察人体内部的状况。类似的还有青霉素、微波炉、塑料等许多由偶然发现引致的创新。

线性创新模式具有局限性，现代创新理论强调系统性思维。如前所述，线性创新模式忽视了创新过程中多种不确定因素的相互作用，特别是反馈互动和偶然因素的作用。在现代经济学和创新理论中，创新不再被视为一个孤立的、单向线性的过程，而是被看作一个复杂的、动态的系统，涉及多方主体和多种相互作用。因此，需要更加系统性的思维来理解创新的多样性和复杂性，不同学者对此提出了多种解释。比如，迈克尔·波特提出的“钻石模型”认为，一个国家的创新能力不仅仅取决于企业本身，更重要的是企业所处的创新环境，国家创新能力的竞争优势取决于要素条件，需求条件，产业配套支持，企业战略、组织和竞争结构这四个基本要素，以及政府和机会窗口这两个辅助因素[1]。亨利·埃茨科维兹和罗伊特·雷德斯多夫等学者借鉴20世纪美国硅谷的发展经验提出“三螺旋理论”，即大学、产业和政府作为创新系统中的三个基本部门[2]，这三个部门既有独立性又有关联性，在创新过程中密切合作、相互作用、相互影响，从而在知识经济中推动创新的新范式。对于不同的国家而言，三个部门的运行环境和运行机制不同，将会引发不同类型国家创新表现上的显著差异。克里斯·弗里曼等人更全面地关注创新系统的整体运行和其内部创新主体如何相互作用，深入研究创新活动与社会系统之间的动态匹配关系，从而寻找最适合创新活动的制度环境，并由此提出了国家创新系统（National Innovation System，NIS）理论。

国家创新系统理论是弗里曼基于对日本二战后的经济和科技发展历史的研究提出的一套基于系统视角的创新理论框架[3]。国家创新系统的要素包括创新主体、主体间有效的联系与合作及创新环境，强调主体之间形成的互动网络和创新环境对创新的重要性（见图2-5）。该理论认为，创新是在国家层面的整体系统中发生的，其中政策部门、研究机构、企业和中介组织相互作用。一个国家的创新表现在很大程度上取决于这些行为者作为创造知识和使用集体系统的要素如何相互关联，以及它们所使用的技术。国家创新系统是一个国家实施科技战略的抓手，一个国家的科技创新战略又被称为举国体制。

[1] PORTER M E. The competitive advantage of nations[J].Harvard business review, 1990, 68（2）: 73-91.

[2] ETZKOWITZ H, LEYDESDORFF L.The triple helix of university-industry-government relations: a laboratory for knowledge-based economic development[J].EASST review, 1995, 14（1）: 14-19.

[3] FREEMAN C.Technology, policy, and economic performance: lessons from Japan[M].London: Pinter Publishers, 1987.

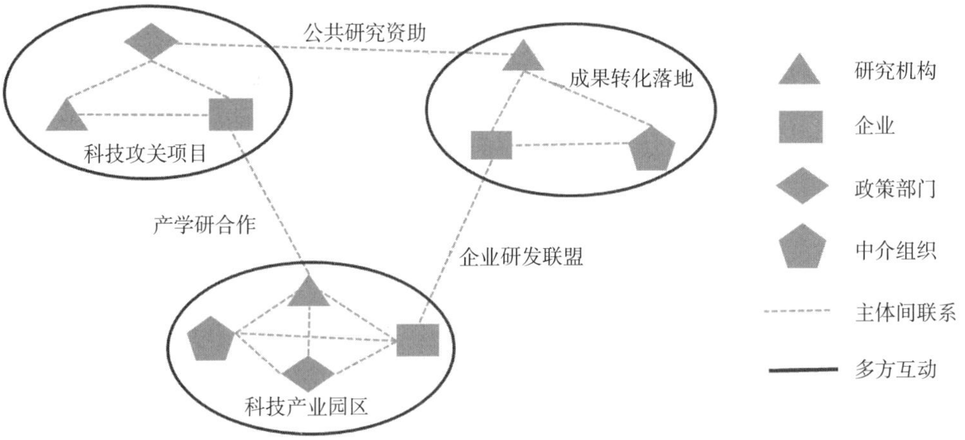

图2-5　国家创新系统中的主体及其互动网络

资料来源：Freeman（1987），中金研究院。

四、新形势下更需建立有效包容的创新生态

当前，我国面临产业升级和技术保护主义等现实挑战，国家创新系统需要解决非连续性创新能力不足的问题，对创新研发提出了更高的要求。过去，我国政府通过举国体制集中资源，在一些技术路线相对明确的领域攻关，比如改革开放以来的“863”计划取得一大批重大科技成果，我国的科技创新取得长足的进步，但是前沿创新和自主创新能力仍有不足。当今，我国面临的国际国内形势已有所不同，随着中国经济进入高质量发展阶段，未来的经济增长需要依靠大量非连续性的激进式的前沿技术创新支撑产业转型升级，这些创新并没有预设路径，无法提前计划。同时，部分西方国家奉行贸易保护和技术封锁政策，过去依靠引进和模仿外部先进技术的创新模式难以为继，特别是在一些面临瓶颈的关键技术领域亟须提高非连续性创新能力。总之，新形势下，我国科技创新的主要挑战在于提高产业前沿和关键领域的非连续性创新能力。对此，一方面需要提高创新效率；另一方面需要包容各类创新主体，充分调动各类创新主体的积极性。党的十九届五中全会提出要健全有为政府和有效市场相结合的“新型举国体制”，为了适应这一新要求，有必要打造一个有效包容的创新生态。

如何打造有效包容的创新生态？首先需要厘清一个问题：为了提高非连续性创新能力，当前的创新生态还有哪些不足。其一，我国头部创新主体较为集中，专利等创新产出更多地集中在头部的企业或学术机构，这可能会限制创新路径的多样性，进而影响非连续性创新的能力。其二，政府配置创新资源的计划属性相对较浓，为政府机构工作的科研人员占比高于美国和OECD（经济合作与发展组织）国家平均水平，政府引导基金的投向范围也有待改善，而非连续性创新具有弱预见性，难以提前计划，从而产生一定的错配。其三，创新网络主体联结不够紧密，产学研结合仍有待加强，人才跨体制、跨部门流动存在壁垒，可能会影响创新主体协同进行非连续性创新。其四，金融机构对创新企业宽容失败和“第二次尝试”的保障机制不足，中小微创新企业获取投融资较难，针对创新企业破产程序的相关政策仍处于起步阶段，可能降低市场非连续性创新的积极性。

针对我国非连续性创新能力与现实需要之间的差距，为了建设一个有效包容的创新生态，需从非连续性创新的特殊性出发，平衡计划性与弱预见性的政策引导，利用好规模优势，鼓励非连续性创新主体的多元化，减少人才流动壁垒，完善创新的容错机制，发挥金融机构等市场主体在创新资源配置和风险管理中的作用，强化提升我国非连续性创新能力。

平衡计划性与弱预见性的政策引导，需要提升公众对非连续性创新的重视度与参与度，并提高政府对非连续性创新重要性的认识。非连续性创新并非政府凭一己之力就能完成，这离不开公众的支持，以及更多具备企业家精神的创业者的实践。我国具有人口规模优势，需要营造支持创新的商业环境，让人们愿意创新、敢于创新。同时，要深化教育改革，增强高校基础学科和跨学科人才培养，注重培养科学、技术、工程、数学学科人才和科技管理人才，针对不同层次的学生开设创新创业实践课程，久久为功，提升公众自身的创新能力。新形势下，政府可将非连续性创新作为当前创新体系的重要任务加以明确和突出强调，在科技战略和计划的制定过程中融入对非连续性创新弱预见性的考量，重视支持中长期科技创新环境的建议；同时，根据技术创新的成本、市场影响等因素对科技创新领域进行分类，明确连续性创新和非连续性创新的边界，明确市场和政府作用的边界，对于基础科学、国防安全等领域的连续性创新，尤其是战略目标清晰、创新资源条件较为明确、需要长期支持的重大科技攻关，持续发挥新型举国体制作用，而对于市场导向的非连续性创新，减轻政府计划性领导，依靠市场选择主体、配置资源、考核成果。

利用好大国规模优势，将人口优势和经济体量优势转化为非连续性创新能力提升的优势，并提高非连续性创新需求和要素规模优势匹配度，将我国禀赋优势进一步转化为创新优势。我国大国规模优势主要体现在人口多、经济体量大、国土空间广阔等方面，这有助于引导创新和摊薄创新成本。为此，我国应建立政府与市场伙伴关系，营造良好的市场环境，充分发挥并不断巩固超大规模市场优势。一方面，激发市场活力。对于非连续性创新提供必要的制度环境和基础设施保障，让创新主体利用市场优势自由合作、竞争、创业，集聚国际人才，吸引外国投资，由此形成的大型人才池、资金池会反过来吸引更多的企业，形成良性循环。另一方面，规范市场秩序。继续实施严格的知识产权保护制度，强化知识产权全链条保护。同时，加强反垄断和反不正当竞争监管，营造公平竞争的市场环境。此外，创新要素和创新需求的大规模匹配，还需发挥金融市场和中介机构的桥梁作用。一方面，发展多层次金融市场，完善风险投资、贷款、股票、债券、保险等全方位与多层次的金融市场体系，明确市场定位，满足市场上资金供求双方不同风险偏好的多层次要求。另一方面，建立与创新市场供给和需求相匹配的科技中介体系，为创新主体提供金融、法律、税务、咨询等服务，与高校、科研院所和企业一同构成有机的创新生态系统。

激励非连续性创新需要多元化的创新主体，可以加大对初创期科技企业的支持力度，并鼓励一批有条件的成熟期企业开展非连续性创新。对于初创期科技企业，需要解决融资难问题和产权保护问题。在融资方面，可以参考美国建立小企业管理局（SBA），小企业管理局审核组建小企业投资公司（SBIC），向小企业提供最初的风险投资，再以政府采购、信贷担保、财政专项资金、直接贷款等形式向小企业提供多种支持。在产权保护方面，需要提高初创期科技企业的知识产权保护意识，并为其提供法律和咨询服务。这样做既可以防止大企业垄断主导，为初创期企业生存发展扫除障碍，又可以提高初创期企业竞争力，增加企业下一轮融资价值。对于成熟期企业，可以鼓励其开展非连续性创新。一方面，政府可以提供直接和间接支持，在基本的财政补贴和税收优惠政策以外，支持有条件的企业建立研发中心、实验室；向民营企业开放更多核心科技攻关项目；鼓励企业注重人才引进和培养，为科学家适当减免所得税费。另一方面，鼓励领军企业牵头组建创新联合体，促进知识共享和风险共担。领军企业发挥带动作用，在产业链上下游促进企业间的协同创新，如实行科技攻关链长制，汇集上下游资源、人才，针对关键技术联合攻关；依托大型企业、产业联盟等成立基金会，设立奖金和合作基金，凝聚社会资本，为非连续性创新提供资金支持和绩效奖励。

打破创新网络中人才流动的壁垒，在创新领域资源配置和创新主体选择上完善市场主导机制，提供平等的制度供给，设置市场化的运营管理机制，扩大资源的开放共享，让科技创新思想产生、主体选择、资源配置、人才流动更加高效。其一，改革科技项目评价机制，设置“自由探索基金”，奖励新奇的探索。在国家科技项目中改革评价机制，打破目标导向思维，参考美国国防部高级研究计划局（DARPA）的项目选择机制，适当选择具有中等成功率、未得到同行评议一致通过的项目进行资助；同时依托政府、社会基金会、大型企业等，设置“自由探索基金”，奖励各个领域提出新奇想法的创造者。其二，完善公平竞争的创新主体选择机制，合理提高科研人员流动率。包括打破科研项目资助的行政化管理体制，加强项目满足未来需求的导向，合理提升科研人员、项目人员、管理人员流动率，通过聘用“新人”来打破人员壁垒，避免路径固化。其三，畅通人才流动渠道，建立多元化人才选拔机制。比如通过建立核心人才平台、专业化科技人才服务机构等方式，畅通人才在不同创新主体间的流动渠道；破除各领域人才进入政府管理部门工作的机制壁垒，多元化、大范围选择科技创新领导者人才。其四，扩大重大科研基础设施的开放程度，让不同所有制企业、科技人员都能够公平分享科技资源。可以适当提升企业对科研基础设施的利用率；完善收费定价机制，对中小型企业、非营利性机构等进行适当优惠，推动科研基础设施更普惠的开放；搭建共享平台，促进共享信息、成果信息、效益信息进行适当公开。

建立支持"第二次尝试"的容错机制，健全破产保护制度，发挥金融机构的科技保障作用。完善的破产保护制度能够减少企业创新的风险，我国可在直接资金补偿和免责宽容等现有政策基础上，完善针对科技创新企业的破产保护政策。一方面，对于面临短期困境的企业，综合考量企业资产、负债和市场前景情况，救助因短期冲击陷入破产危机的企业。另一方面，对于破产重整企业，建立健全科技估值和专利拍卖机制，保护高技术资产，减少投资者损失；同时，细化破产重整企业信用修复操作方法，简化修复流程，及时更新修复信息，降低对破产企业后续贷款、重新融资等的不良影响。此外，科技企业的成功离不开金融机构的保驾护航，金融机构应不断创新金融服务方式，为科技企业提供多元化、接力式、覆盖企业全生命周期的保障服务。在银行贷款方面，可增加对中小微企业的中长期贷款和再贷款额度，并扩大支持企业范围。在继续支持高新技术企业、专精特新中小企业、国家技术创新示范企业、制造业单项冠军企业等科技企业的同时，适当鼓励金融机构将贷款分配给中小微企业。在风险投资方面，扩大非国有风险投资规模，给予天使投资、风险投资适当的税收优惠，让资金来源多元化。鼓励专业的投资基金管理团队运作政府引导基金，完善市场化运作模式，可按年限设置政府引导基金退出让利机制，吸引社会资本持续支持科技创新。

对于一个国家特别是大国的创新能力而言，科技创新生态系统的建设至关重要。在建设过程中需要注意的是，各项创新生态系统建设措施的出发点都是促进创新，然而从宏观层面来看，科技创新生态系统建设的结果可能不是各项措施产生的结果的简单加总。要让这样一个复杂的系统高效地运行，关键在于协调好系统中各方面的关系，减少系统中不必要的冲突和内耗，形成创新合力。

第三节

良好的科技创新生态需多方协调打造

科技创新作为推动经济增长和提高人民生活水平的核心驱动力，其能力的高低离不开良好的科技创新生态。而科技创新生态建设又依赖各个创新主体的合作与协调发展。从国家层面来看，建设良好包容的科技创新生态，就需要处理好政府与市场、垄断与反垄断、产业链效率与安全、规模大与小、资本市场与政策性金融、科技创新与共同富裕等的关系，而这些都需要策略性的考量。

一、建立政府与市场伙伴关系

对于政府与市场的关系，经济学两大流派的观点截然不同。按照约翰·梅纳德·凯恩斯的理论，“动物精神”使得投资有很强的顺周期性，在私人部门过度悲观的时候，政府有必要做逆周期调节。新古典经济学则强调政府干预会扼杀私人部门的活力，自由市场才能够有效配置资源，也就是把政府看作问题的来源，而不是解决问题的办法。这两种理念都不符合创新经济的需要。在创新体系中，政府的作用不仅是通过逆周期调节维持稳定的宏观环境，更重要的是通过出台中观和微观层面的公共政策来激励创新。

为什么是这样？知识的一个重要特征是非竞争性——一个人对知识的使用不影响其他人使用，这意味着科技创新有正外部性，也就是收益由社会获得但成本由个体承担，会导致私人部门的创新投入不足。另外，创新从投入到产出往往是一个长时间累积、非线性的过程，有很大的不确定性，私人部门没有足够的耐心和能力承受失败的风险。公共部门可以弥补私人部门在以上两个方面的不足。

政府有两个角色可以发挥作用。一是直接参与创新活动，比如提供研发和教育投入。提起美国硅谷，人们往往想到很多创业公司、风险投资，似乎这些都是私人部门的成果，现实情况却是不少创新企业早期的研发资金和客户需求主要来自政府。纳米技术得益于美国联邦政府的资金支持；美国国防部高级研究计划局在美国互联网基础技术的发展中起着关键作用；美国国家科学基金会（NSF）和美国国家健康研究院（NIH）构建了美国生物技术的发展框架与机制，其风险高、期限长的研发投入使得美国成为世界上创新药的主要来源地。

当然，政府支持的项目和私人部门支持的项目一样也有可能不成功，政府的优势是更有能力承受单个项目的失败，也更有耐力进行长期投资。政府资金可以支持没有明确经济价值的基础研究，也可以支持有明确经济价值的目标，尤其是具有颠覆性（高风险、高不确定性）的创新技术。在连续性创新领域，也有公共政策发挥关键作用的例子，比如10多年前中国政府对光伏的支持，以及后来对电动车的支持，在当时都有较大的争议，但现在来看这些支持对相关行业的发展起到重要的促进作用。

更有争议的是政府的第二个角色：通过政策和机制设计，创造一个激励私人部门创新的市场环境。最著名的例子可能是专利权等知识产权保护制度。坚定的自由市场捍卫者奥地利学派（如哈耶克）认为，专利权制度是政府刻意设计、强加的垄断，主张废除知识产权保护以恢复市场良性竞争。但很多微观和宏观层面的研究表明，知识产权保护对促进科技创新起到了关键作用。现代专利权制度由美国在18世纪末期建立并在全球推广，而人类社会的发明与创造的大跃进恰恰是在过去200年发生的。

那么，专利权制度是如何促进创新的？一是激励创新投入，二是创造一个创新成果流通的市场[1]。专利权可以卖给制造者，使得发明者和制造者分离，各自做擅长的事。专利权可以分割、可以捆绑，也可以作为抵押品获取投资。知识产权制度

[1] SPULBER D F. How patents provide the foundation of the market for inventions[J]. Journal of competition law and economics, 2015, 11 (2): 271-316.

实际上创造了一个交易市场，促进了亚当·斯密所说的“看不见的手”（分工和贸易）在资源配置中发挥作用。政府设计市场机制的例子还有很多，比如商品与服务市场的反垄断、反价格操纵、反不正当竞争，金融市场的交易规则制定与监管，建立全新的碳交易市场等。

在各国重视科技创新的大环境下，我们需要重新审视政府的角色。过去一个流行的观点是对于美国这样的自由市场经济体，政府的作用很有限。实际上，政府的作用远不是这样简单。政府在研发和教育上的直接投入有利于纠正市场失灵，同时公共政策在构建市场机制中的角色不可或缺，政府与市场不是对立关系。公共部门和私人部门应该是伙伴关系，共同形成有利于创新的市场机制。其中一个关键维度是垄断与竞争的问题。

二、反垄断应以促进创新为导向

从理论上讲，垄断对创新有正反两方面的作用。熊彼特认为，大型企业（有市场势力）更有能力进行长时间的研发投入和承受失败的风险，也更有意愿创新[1]。有两个可能的情形：一是没有现实的竞争者模仿抄袭其创新成果，垄断者就不需要担心为他人作嫁衣裳，因此有动力通过创新降低成本，获得超额收益。二是创新有利于垄断企业维持市场势力，如果自己不进行创新，就会面临被潜在竞争者颠覆的危险，只要创新的成本低于维持垄断获得的利润，垄断企业就有创新动力。

从美国的历史看，一些不受股东短期行为约束的大型企业如GE、IBM、AT&T、DuPont（杜邦）在鼎盛时期投资上游的基础研究，是因为它们错误（事后看）地认为自己可以长时间处于垄断地位，可以持续地享受和支配垄断租金。然而这些企业的垄断地位在20世纪80年代被打破了，基础性创新研发也因此大幅下降，其支持基础研究的角色在数字技术领域被美国国防部高级研究计划局替代，在生物

[1] GILBERT R.Looking for Mr.Schumpeter: where are we in the competition-innovation debate?[J].Innovation policy and the economy, 2006, 6: 159-215.

技术领域被美国国家健康研究院替代。美国的经验表明，政府的投入和干预既弥补了市场的不足，又避免了大型垄断企业可能的利益冲突。和熊彼特的观点相反，经济学家肯尼斯·阿罗认为，充分竞争环境更有利于创新[1]。如果少数企业掌控市场，那么由此带来的行业壁垒就会使得初创企业成功的概率下降，抑制中小企业进行创新的动力。垄断企业本身也可以创新，但创新有破坏性，即使是连续性创新，如改变现有的标准流程也有成本，而这种破坏性成本对垄断企业的影响更大，会减弱其创新的动力。另外，垄断企业可以通过减少产出提升价格获得利润，较少的产出意味着单位产出承担的创新成本较高，削弱社会整体的创新动力。

到底怎么看创新与垄断的关系？理想的状态是不同规模的企业、不同运营目标与策略的企业同时存在，使得创新过程中形成的市场势力面临潜在竞争，垄断与竞争是一个动态演变的过程，从而产生总体的创新动能。经济学教科书中描述的充分竞争在现实中并不存在，我们应该担心的问题不是竞争过度，而是竞争不足，促进竞争有利于创新。

随着数字经济的发展，垄断与竞争的动态演变面临新的变化，对判断垄断的存在和政策应对带来挑战。评估垄断一般有三个指标：消费者是否面对比较公平的价格（关键看价格与成本的差距是否很大）；市场参与者有没有比较多的选择；有没有阻碍创新。传统上，反垄断更注重价格、市场集中度等指标，而不是创新的活跃度。

这是因为竞争是市场里的竞争，价格作为衡量消费者权益的指标比较清晰。现在的问题是市场结构发生了变化，平台企业的一些服务没有价格，往往不被认为是市场，也就难以定义垄断行为。从长期来看，创新或许是提升消费者福利的来源，创新活跃度可能是更合适的评估垄断及应对之策的指标。平台企业本身从事创新活动或者说靠创新起家，关键是有没有阻碍其他企业尤其是初创企业的创新，有没有

[1] ARROW K J.The economic implications of learning by doing[J].The review of economic studies，1962，29（3）：155-173.

排他条款，对新生企业的并购行为有没有减少可竞争性（潜在竞争者）。这些是重要的考量，但也有争议：事先怎么定义可竞争性或潜在竞争者？如果一家企业现在没有进入某个市场，怎么判断其未来会进入？

由此带来一个问题：针对平台企业的反垄断监管，事前规制还是事后化解更有利于创新？前者的风险是对企业管控过多，要么发展不起来，要么变为公共服务；后者的问题是化解已经形成的垄断可能要付出较高的成本。得益于早期比较宽松的监管政策，中国的平台企业快速发展，不少在国际上处于领先地位，但其规模和业务范围扩大后也带来垄断的担忧。近期的监管政策有利于促进竞争，虽然也带来一些冲击，包括资本市场的波动，但这是在数字经济已经发展起来之后的小的波动。从社会的整体利益来看，现在加强监管比从一开始就严管要好。

总之，新形势下，反垄断机制应以促进创新为导向。有市场势力的大型企业，需要设立最低研发投入的要求，同时要改善和加强数字治理，使得数据成为价值创造的源泉而不是攫取垄断租金的载体。更重要的是支持中小企业和初创企业发展，以增加竞争来促进创新。政策部门强调发展专精特新中小企业，关键是创造条件培育和发展其创新能力，参与全球产业链分工与竞争是重要一环。从国际层面来看，竞争也面临新形势，在效率和成本之外，产业链的稳定性与安全成为关注的焦点。

三、以创新和开放提升产业链安全

过去30年，中美两大经济体在全球科技创新与生产率提升方面起到了关键作用，可以总结为创新的G2模式。美国在发明和非连续性创新方面占有优势，引领了一些关键技术的发展；中国在生产和市场规模方面占有优势，通过快速扩大商业化应用的规模降低了成本，增强了全球供给能力。各国的消费者都从这个模式中受益。

中国通过参与国际竞争、学习产业链上下游缩短了与技术前沿的距离，同时中国的需求带来的资金支持了美国企业的创新，帮助它们维持领先地位。其他国家也在参与产业链分工过程中提高了经济运行效率，一些小型经济体在全球产业链分工中聚焦少数领域，成为全球此类产品的重要生产者。

创新的G2模式现在遇到了挑战。全球产业链在经受地缘政治驱动的科技竞争、数字治理机制冲突[1]，这些冲击暴露了全球产业链的脆弱性。地缘政治对国家之间的科技合作与竞争的影响显著增加。比如，美国政府越来越多地利用行政手段导向的产业政策，美国国防部、财政部，尤其是商务部通过实体清单限制出口或进口。中国在科技硬件尤其是半导体方面所面临的外部环境发生了很大变化。从更广的层面看，有迹象表明，产业政策在发达国家回潮，各国的产业与竞争政策将对全球产业链的演变产生重要影响。同时，专业化分工和竞争、数字技术和大数据应用、追求成本优化等，大幅增加了全球产业链的复杂程度和不透明度，在提升效率的同时降低了稳定性，一个体现是产业链的不同环节的集中度上升，导致在面临冲击时出现供给瓶颈。

如何应对内外部环境的变化？保障产业链安全的根本在于科技进步。当前，前沿创新主要集中在数字、绿色、生物科技三个关键领域。中国在数字领域取得了长足进步，但在一些关键环节离前沿还有较大的差距；在绿色领域中，光伏、动力电池等环节形成了一定的优势，但在储能、氢能等具有战略意义的环节并没有明显优势；在生物技术领域，追赶的空间还很大。这三个领域相互交叉，尤其大数据和数字技术的应用对绿色和生物科技的发展有赋能作用。

提升产业链安全要求更高水平的对外开放，通过参与全球市场竞争与学习促进科技进步，不仅要走出去，还要引进来，尤其是吸引优秀人才为我所用。新形势下的对外开放有两个重要维度。在全球价值链呈现中美欧三足鼎立的态势下，中国作为亚太地区的核心节点，加强区域内的合作，既能促进共同发展，也能提升中国产业的不可替代性。加强产业链条上不同环节的信息沟通有助于企业应对需求和供给的冲击，发展数字经济可以为企业赋能，使其更好地参与产业链分工与国际市场竞

[1]　WOLF M，KALLSH I.Supply chain resilience in the face of geopolitical risks[EB/OL].（2021-12-03）[2024-10-10].https://www.deloitte.com/us/en/insights/economy/us-china-trade-war-supply-chain.html.

争。在改善数字治理的同时，需要重视完善数字基础设施，促进跨境电商与数据安全移动。在软件领域，拥抱开源、开放场景，有助于自主创新，促进从融入到引领，追赶国际前沿水平。

四、重视规模优势

新的竞争形势下，人口规模和大市场是中国的优势，数字经济的发展更是增强了规模经济效应和范围经济效应[1]。

就国际合作与竞争来讲，美国需要平衡其地缘政治、国家竞争目标和失去关键市场的风险。美国短期的出口管制越严格，越会在长期伤害其技术领先者地位。中国需要利用好需求与供给两端的规模优势，通过创新增强产业链安全与竞争力。

如何理解中国经济的规模与范围效应带来的竞争优势？过去几十年中国经济的腾飞和制造业的快速发展紧密相连，原因往往被归结为低成本劳动力（供给）、出口（需求）、产业政策支持三大因素。实际上，创新也起到重要作用，而且在供给端与需求端都产生较强的规模效应，促使成本下降。竞争优势的一个体现是国内市场份额第一名往往在全球市场份额排名中也居于前列，另一个体现是中国的制造业在高度自动化（非劳动密集型）和政府支持之外的领域也快速发展。

从供给端来看，中国形成了较完整的产业链，深度参与国际分工，促进了广泛、多元的企业之间相互学习，以及供应链上下游之间的技术外溢。这使得制造业在中国具有比小型经济体更强的通用性，叠加较完善的基础设施和物流运输体系，对整个经济的创新起到基础性的支撑作用。近年来，一些发达国家重新审视制造业的重要性，鼓励制造业回归，但搬迁有成本，过去的投资有沉没成本，还有相关的基础设施与劳动力技能问题。当然，中国在一些关键领域有短板，面临一些技术瓶颈，由此需要更多地进行自主创新，更多地拓展前沿技术和具有颠覆性的技术。

---

[1] ZENG X W. Study on the third industrial revolution and paradigm transformation of China's manufacturing industry: based on theoretical analysis of scale economy and scope economy[J]. American journal of industrial and business management, 2016, 6 (2): 73-82.

从需求端来看，国内大市场是一个优势。需求牵引供给，从问题入手，针对性地寻找解决办法，是创新的内在动力。需求的规模与范围经济有三个方面值得关注。第一，中国商品消费规模已经逼近美国，随着经济的相对较快增长，中国的消费市场将进一步扩容。第二，共同富裕的政策导向将降低收入分配的差距，提高消费率，支持大众消费，而大众消费的多样性有利于创新。相较于需求远离生产的出口，需求贴近生产的国内消费更能促进源自本土的创新。第三，在制造业和服务业融合的数字经济大趋势下，硬件（比如手机）往往是服务的载体，制造业从单纯强调质量到重视个性化和敏捷性，从强调最好的技术到注重技术和商业模式结合，从强调劳动者的技能到重视持续学习的能力，这些都意味着中国作为中等偏上收入经济体的人口大国，消费需求的大规模和多样性将成为促进科技进步的新动力。如何利用需求优势来促进创新？关键在于维护充分竞争的市场环境。与标准化制造业不同，服务业的透明度较低、差异性大，更需要公共政策处理好垄断和竞争问题。另外，国内需求作为科技创新的驱动力，对融资有新的要求，相较于贸易顺差、外国直接投资（FDI）、供应链资金管理，科技金融的重要性更加突出。

五、资本市场与政策性金融共同发力

创新作为经济活动需要资金支持。如今的金融体系比早期的银行信贷复杂得多，不同国家的金融结构有差异，有的偏向于银行体系，比如欧洲；有的偏向于资本市场尤其是股权融资，比如美国。中国需要什么样的创新金融体系？

股权融资因其能承受高风险而更适合创新活动。美国资本市场特别是纳斯达克和风险投资在推动科技创新方面表现突出，中国的科技进步也受益于美国风投模式。近年来，中国通过科创板、创业板改革和设立北交所等措施，完善多层次资本市场以支持创新。然而，高估值可能引发非理性繁荣，需通过信息披露和投资者保护引导长期资金投入研发和资本开支，而不是单纯的金融投机。

从资金需求的主体来看，由于风险承受能力的差异，不同规模的企业，其融资渠道也不同。初创企业、小企业往往依赖股权融资，尤其是风险投资、天使投资；大企业则更多地使用自身业务收入产生的现金流和银行信贷。对冲不确定性的最佳手段是自我保险，大企业一般有较强的盈利能力，或者和银行形成了长期合作关系，而小企业没有这样的控制现金流的能力。

政府有把风险进行社会化和代际转移的能力，可以在科技金融方面发挥独特作用。一个方式是对创新企业和项目的债权融资，比如政府提供的担保信贷和政策性金融机构提供的项目融资。另一个方式是产业引导基金，比如在工信部、财政部指导下成立的专门投资芯片产业的大基金。为了有效发挥金融服务创新的作用，一些基础性的制度设计也很重要，比如对现有的会计制度进行改革，以满足新经济条件下对知识产权等无形资产进行估值等新要求。

从更广的层面来看，过去有一段时间房地产和消费金融快速增长，不仅带来了金融风险，也挤压了金融对创新与实体投资提供支持的空间。2017年全国金融工作会议以来，各项规制与监管措施逐步落实，金融乱象治理取得显著成效。展望未来，关键是坚持分业经营的基本框架，规范银行经营，发展政策性金融，大力发展股权融资，防止经济的过度金融化。

六、从科技创新到共同富裕

科技创新理论探讨什么样的机制和生态体系有利于创新，也就是生产关系如何作用于生产力。而另一方面，生产力改变生产模式和生活方式，进而改变社会关系，从根本上来说，生产力决定生产关系。比如数字技术及其应用不仅影响经济，也影响社会、政治、文化。公共政策有两个角色，一是扶持与促进创新，二是应对和管理创新带来的经济社会后果，两者相辅相成。从宏观层面来看，有两个问题值得进一步思考。

首先，科技创新如何影响经济周期？提到技术进步，人们往往想到康波周期，康波周期描述的是每次技术浪潮驱动的历时50～60年的经济长周期波动。从工业革命到现在，全球经历了数次技术浪潮，最近一次是以互联网、软件、数据为代表的数字经济，正在起步阶段的下一次浪潮可能包含人工智能技术、绿色技术和生物技术等。创新与投资的“动物精神”结合起来对经济的短周期和中周期波动也有影响。值得关注的是科技创新带来的资源配置变化可能加速中国的金融周期下半场调整，过去过度扩张的房地产及相关领域将受到挤压，债务风险的防范化解将更加突出。

其次，科技创新如何促进包容性增长？政策层提到要“鼓励勤劳创新致富”[1]。创新如何定价？创新需要足够的回报来吸引技术专家和企业家参与，也需要资本投入，收入分配中有一个劳动与资本的视角。过去几十年里，占全球主流地位的新古典经济学把技术进步与劳动力市场区分开来，而古典经济学派的亚当·斯密、李嘉图与马克思都注重分析机器的使用（当时的创新）如何影响工资和资本回报。新形势下，创新如何影响劳动力市场结构，包括新业态下的劳动者权益保护，是初次分配的一个重要问题。

作为一种集体行为，创新的收益获得者的范围似乎比风险承担者的范围小。政府的投入让创新的风险承担社会化了，那么，收益应该在多大程度上社会化？通过什么方式实现？互联网的开创性工作由美国政府资助，因此有人质疑硅谷企业获得的收益是把公共利益私有化了。公共投入是不是应该形成股权？中国政府支持的科创基金和产业基金似乎给出了答案，关键是如何规范治理机制，让公共投入产生的收益惠及普通民众，这是初次分配的另一个重要问题。

创新收益的社会化还可以通过财政税收的二次分配来实现，资本利得税是一个工具。中国应不应该引进资本利得税？和公共投入形成股权比较，资本利得税会不会对创新不利？美国的经验表明，对资本利得征税并没有阻碍创新，相反，资本利得税抑制短期行为，鼓励长期投资，更有利于促进创新。

总之，科技创新是中国实现高质量发展的关键驱动力，促进创新是一项系统工程，需要有效市场与有为政府共同发力，形成一个有效的生态体系。

---

[1] 习近平. 扎实推动共同富裕[J]. 求是，2021（20）：4-8.

Chapter 3

第三章

科技为何需要金融

历史上的技术进步往往伴随着金融创新。工业革命以来，科技与金融的系统性关联进一步加深。几乎历次重大技术变革的背后均有与之相适应的金融创新。金融中介的产生与金融工具的发明，都是为了解决现实中的信息不对称和交易成本过高等问题。有效的金融系统除供给资金外，还应具备提供信息、实施监督、分散风险和促进交易等功能。

结合中国现实，当前中国既需要发展“从0到1”的引领式创新，也需要加快技术路径相对明确的追赶式创新。引领式创新活动具有高不确定性、长周期等特征，通过强化股权融资，建立多层次资本市场体系对推进引领式创新活动至关重要。其中，风险投资通过事前、事中和事后的合约设计与安排，能够较好地解决科技企业投融资中的信息不对称与委托代理等问题。随着全球技术流动受阻，市场机制对追赶式创新的推动减弱，银行信贷和政策性金融需在促进追赶式创新上发挥更大作用。因此，资本市场和银行在科技金融中都具有重要地位。政府在科技金融中发挥双重作用，一是通过财政工具应对科创融资中的市场失灵问题，二是通过制度设计促进市场效率提升。

第一节

什么是科技金融

一、历次产业革命背后均有金融力量的推动

金融活动在人类历史上古已有之。最早有记载的借贷活动可追溯至公元前3000

年的苏美尔文明，农业产出的波动和交易需求使民间自发产生了借贷行为[1]。作为时间的价值测度，利息被用来调节资金供求。随着人类经济活动的不断丰富，专门的金融市场、金融中介和金融制度也得到相应的发展。在中世纪，意大利北部出现了现代银行的雏形，这些商业银行可开具信用证和汇票，通过信贷为当地商业活动提供融资[2]，金融发展使人类更广泛的经济活动成为可能。在探讨科技与金融的交集之前，应注意到金融活动本身具备的三个重要功能：一是跨时期调节资金配置；二是提高资金的使用效率；三是管理风险[3]。

早期技术活动伴随着金融的影子。在古罗马时期，市场可交易证券被用于为大型采矿项目募集资金，使大型基础工程成为可能[4]。12世纪，威尼斯共和国发明了保险，并将其用于应对船东在海上贸易中面临的高风险，这促进了国际贸易和知识扩散；1474年，活跃的发明活动促使威尼斯共和国颁布了世界上第一部专利法案。在大航海时代，股份制公司是支撑远洋贸易的重要工具，远洋贸易进一步扩大了知识和技术传播，并为工业革命提供了物质基础。例如，工业革命最早发生在英国的棉纺织业，但英国并不生产棉花，而是从殖民地进口棉花为棉纺织业提供原料[5]。由于工业革命前人类科技进步的速度缓慢，金融与科技的直接交集似乎并不明显，金融活动更多是通过扩大经济活动规模，从而间接促进科技发展。

工业革命后，科技进步提速，科技与金融的关联愈发紧密。银行业的发展加速了英国的工业化进程。第一次工业革命兴起于18世纪下半叶，但英国经济高速发展期为19世纪20年代之后，一个重要的原因是银行信贷的普及缓解了创新者的资金约束。19世纪中叶以前，信贷是创业者主要的外部资金来源，资金匮乏对早期工业

[1]　威廉·戈兹曼.千年金融史：金融如何塑造文明，从5000年前到21世纪[M].张亚光，熊金武，译.北京：中信出版社，2017.

[2]　维拉·扎马尼.欧洲经济史：从大分流到三次工业革命[M].任疆，译.北京：北京大学出版社，2023.

[3]　同[1]。

[4]　AGHION P，HOWITT P，LEVINE R.Financial development and innovation-led growth[M]//BECK T，LEVINE R.Handbook of finance and development.Cheltenham，UK：Edward Elgar Publishing，2018.

[5]　同[2]。

化形成掣肘。1775年，博尔顿和瓦特完成了改良蒸汽机的原型，二人将其申请专利但并未投产，主要原因便是缺乏更多的资金。英国现代银行业的发展需要诸多制度条件。一是在明晰产权的法律框架下，建立债权和抵押品的交易制度。工业革命前，英国许多土地处于难以转让和难以出售的状态，土地不可用于按揭或抵押，这限制了银行发放信贷的能力。18世纪后，不动产的可交易性上升，这激发了银行发放信贷的积极性，按揭和抵押贷款成为当时主要的筹资方式。二是英格兰银行为英国银行体系的稳定提供基础。一些学者认为，早在18世纪中叶，英格兰银行便开始行使最终贷款人的职能[1]。此外，英国于19世纪废除了《反高利贷法》和《泡沫法案》，这意味着英国放开了信贷利率上限，并允许新设立股份制银行。这些新设立的银行往往由实业家出资成立，致力于投资本地产业。多重改革之下，英国银行业的信贷发放能力得到提升，从而支持了工业发展。1770—1815年，英国工业产出年增速在1.5%左右；而在1815—1841年，该增速提高到3%以上[2]。

债权融资的扩张支撑了美国工业兴起。19世纪美国工业化的重要里程碑是修建铁路，铁路不仅提高了运输和通信效率，还促进了美国经济一体化和区域分工。由于修建铁路本身可形成固定资产，美国主要通过州政府和联邦特许铁路公司发行抵押债券来为铁路项目筹资。铁路债券的价值由铁路等有形资产支撑，在市场上可交易程度高，得到美国和英国投资者的认可[3][4]。相较于铁路公司，工业企业的有形资产规模更小，较难通过发行债券融资，其外部资金来源主要是银行。19世纪60年代以前，美国在联邦层面缺乏对银行的立法，银行体系是“小而散”的州银

[1] HODGSON G M.Financial institutions and the British industrial revolution: did financial underdevelopment hold back growth?[J]. Journal of institutional economics，2021，17（3）：429-448.

[2] NEWTON L.The birth of joint-stock banking: England and New England compared[J]. The business history review，2010，84（1）：27-52.

[3] BASKIN J B.The development of corporate financial markets in Britain and the United States，1600-1914: overcoming asymmetric information[J].The business history review，1988，62（2）：199-237.

[4] CHANDLER JR A D.Patterns of American railroad finance，1830-1850[J].The business history review，1954，28（3）：248-263.

行体系。在州银行体系下，各州根据本州法律分别发放银行牌照，同时各州对银行设立分支机构、跨州经营等活动多有限制，这造成银行规模普遍偏小。这一时期，银行的经营活动局限于很小的地理范围，抗风险能力较差，筹资和投资能力较弱，对工业的支持能力有限。19世纪60年代，美国颁布《国民银行法》（National Bank Act），建立了联邦层面的国民银行体系。1863—1866年，美国东北部和中西部新成立了729家国民银行，另有934家州银行转为国民银行。规模更大、更稳定的国民银行增加了本地信贷供给，带动新增银行集中地区的制造业产值和增加值提升，从而促进了美国制造业地带（manufacturing belt）的形成[1]。

类似地，银行创新是德国工业企业崛起的重要推力。德国经济起飞发生在第一次工业革命末期至第二次工业革命之间，这一时期的技术进步体现在铁路、钢铁和化工等资本密集型产业。发展这些产业所需的资金已经远远超过个人筹资能力，因此市场化的金融机构扮演更加关键的角色。为了支撑工业发展，德国银行业在19世纪中后期快速扩张，著名的德意志银行（Deutsche Bank）便在此期间成立。德国银行业的重要创新在于其不仅提供商业银行既有的储蓄、信贷业务，还为企业提供股票配售、资本重组、纾困等服务，被称为全能银行（universal bank）或混合银行（mixed bank）[2]。通过持有企业股份，全能银行可以列席股份制企业的监事会，进而获得企业经营的内部信息，这使银行在为企业提供融资服务的同时能够避免信息不对称。与金融配合的产业追赶模式在德国获得成功，拜耳、巴斯夫、西门子等大企业的扩张伴随着德国重工业的崛起。到了20世纪初，德国已成为全球最大的钢铁出口国[3]，也是世界电力和化工行业的领导者。此外，重工业的技术进步依赖基础研究和实验开发，德国在崛起期间建立了包含中等技术学校和高等理工学院在内

[1] JAREMSKI M. National Banking's role in U.S. industrialization，1850-1900[J].The journal of economic history，2014，74（1）：109-140.

[2] 维拉·扎马尼.欧洲经济史：从大分流到三次工业革命[M].任疆，译.北京：北京大学出版社，2023.

[3] 1913年，德国钢铁（iron and steel）出口超过500万吨，占本国产量的30%；美国钢铁出口约300万吨，占本国产量的9%。参见ALLEN R C.International competition in iron and steel，1850-1913[J]. The journal of economic history，1979，39（4）：911-937.

的公共教育体系，并推动企业和高校进行技术人才交流[1]。

进入20世纪，随着资本市场规则的建立，股权融资对产业发展的作用逐渐凸显。早期工业化进程中债权比股权对企业融资的重要性更高，这既有市场风险因素，也有制度原因。尽管16世纪后英国已出现可流通的贸易公司股票、英格兰银行股票和政府债券，但早期的股票交易对投资者来说风险很大。1720年南海泡沫形成后，英国出台的《泡沫法案》严格限制了股份制企业的设立和经营范围[2]。南海泡沫事件暴露出投资者与经营者之间固有的信息不对称问题，以及早期资本市场存在操纵市场、内幕交易、股票投机等风险。1825年，《泡沫法案》被废除后，股份制企业对工业化的直接贡献主要是为铁路和运河企业筹资。这些企业一般由政府发起成立，同时其不断累积的有形资产可增添投资者对企业经营活动的信心，有助于恢复公众对股份制企业的信任。1885年在美国纽约证券交易所挂牌交易的股票中，81%为铁路公司股票[3]。至20世纪初，工业和公用事业股票在纽约证券交易所占据主导地位[4]。工业企业通过股票市场获得融资的现象在20世纪后逐渐普遍。股票市场比债券市场更晚成熟，主要原因是股票价值缺乏对应资产的抵押担保，而债券发行具备有形资产支撑，在投资者不了解企业经营活动的情况下，股票投资者承担更大的投资风险。这呼应了早期股票投资者往往是特定的小范围群体，投资者高度本地化且有着重合的社交网络。这些投资者通过密集的信息交换和对企业的实地监督，来筛选项目、避免欺诈。股票市场的扩张意味着更大地理范围内的投资者购买股票，这些小股东难以对企业进行实地监督，面临着更大的信息不对称问题。因此，股票市场发展的前提是在制度上缓解投资者和企业间的信息不对称。19世纪

[1] 维拉·扎马尼.欧洲经济史：从大分流到三次工业革命[M].任疆，译.北京：北京大学出版社，2023.

[2] HODGSON G M.Financial institutions and the British industrial revolution: did financial underdevelopment hold back growth?[J].Journal of institutional economics, 2021, 17 (3) : 429-448.

[3] O'SULLIVAN M.The expansion of the U.S. stock market, 1885-1930: historical facts and theoretical fashions[J].Enterprise & society, 2007, 8 (3) : 489-542.

[4] 同[3]。此处铁路、公用事业、工业为三个不同的行业分类。

后，财务报表准则和信息披露要求的逐步建立，有助于股票市场发展[1]。此外，20世纪初的工业企业合并浪潮，以及航空业等新兴行业的诞生，也是之后美国工业上市企业增加的重要原因[2]。

进入20世纪下半叶，起源于美国的风险投资是重要的科技金融创新。生物医药和数字技术等新兴产业的发展与风险投资具有深刻的内在关联。相较于早期的工业革命，二战后科技进步所需的专业知识要求更高、对基础科学的依赖度更大，并且研发流程更复杂、结果不确定性更高，这对支持科创活动的金融工具也提出了更高的要求。风险投资模式较好地应对了高技术研发活动中的风险，弥补了银行信贷对初创企业、小企业的融资短板，取得了广泛的成功。风险投资最早在美国兴起，谷歌、苹果、亚马逊、微软等代表性科技企业在上市前均获得过风投机构的支持；人工智能企业OpenAI在发布ChatGPT-3之前获得了上亿美元的风投资金；新冠疫情期间取得mRNA疫苗技术突破的生物制药企业莫德纳（Moderna）也是由美国的风投机构孵化的[3]。这些例子并非偶然，美国风险投资活动的繁荣使其科技优势进一步扩大。

二、科技金融是促进科技创新的金融服务和制度安排

金融与科技的关联正变得愈发紧密，这一历史经验是提出科技金融的重要背景。如何理解科技金融的内涵？国内学者从科技金融的工具、范围、功能和性质等多个维度，提出了各自的定义（见表3-1）。例如，赵昌文 等（2009）将科技金融定义为“促进科技开发、成果转化和高新技术产业发展的一系列金融工具、金融制度、金融政策与金融服务的系统性、创新性安排”。在西方学界，如果以science finance、technology finance为关键词进行检索，则相关讨论较少。如果跳出对应文

[1] BASKIN J B.The development of corporate financial markets in Britain and the United States, 1600-1914: overcoming asymmetric information[J].The business history review, 1988, 62（2）: 199-237

[2] O'SULLIVAN M.The expansion of the U.S. stock market, 1885-1930: historical facts and theoretical fashions[J]. Enterprise & society, 2007, 8（3）: 489-542.

[3] Moderna在上市前由专注生物科技投资的风投机构Flagship Pioneering孵化。

字，英文语境下与“科技金融”近似的概念为创新金融（the financing of R&D and innovation、financing for innovation、financing innovation）。该领域的研究更关注与创新活动融资直接相关的金融工具和政策，对金融制度的讨论有限。

表3-1　科技金融的概念梳理

来源	定义
赵昌文 等（2009）[1]	科技金融是促进科技开发、成果转化和高新技术产业发展的一系列金融工具、金融制度、金融政策与金融服务的系统性、创新性安排，是由向科学与技术创新活动提供金融资源的政府、企业、市场、社会中介机构等各种主体及其在科技创新融资过程中的行为活动共同组成的一个体系
李心丹 等（2013）[2]	科技金融是金融资源供给者依托政府科技与金融结合的创新平台，通过对创投、保险、证券、担保及其他金融机构主体等金融资源进行全方位的整合创新，为科技型企业在整个生命周期中提供创新性、高效性、系统性的金融资源配置、金融产品设计和金融服务安排，以促进科技型企业对金融资源或资本需求的内生性优化，进而保障企业技术革新有效提升并推动整个高新技术产业链加速发展的一种金融业态
孙伍琴（2014）[3]	科技金融本质上是指技术创新和金融创新的融合，涉及基于技术创新需要的金融制度、金融政策与金融服务，包括金融工具、金融功能和服务模式等
房汉廷（2016）[4]	科技金融是以培育高附加价值产业、创造高薪就业岗位、提升经济体整体竞争力为目标，促进技术资本、创新资本与企业家资本等创新要素深度融合、深度聚合的一种新经济范式，由三个紧密联系的子系统构成：技术-经济范式、金融-经济范式、企业家-经济范式

资料来源：寇明婷 等（2018）[5]，中金研究院。

从不失一般性的讨论出发，科技金融的核心可理解为促进科技创新的金融服务和制度安排。科技金融并非静态的概念，其涉及的具体工具和制度会随着金融创新和产业发展而动态变化，在实践中不同国家的侧重点也不同。所有为创新主体提供或节约资金的金融及政策工具均可被视为广义的科技金融工具，主要包括来自市场

[1]　赵昌文，陈春发，唐英凯．科技金融[M]．北京：科学出版社，2009.

[2]　李心丹，束兰根．科技金融：理论与实践[M]．南京：南京大学出版社，2013.

[3]　孙伍琴．金融发展促进技术创新研究[M]．北京：科学出版社，2014.

[4]　房汉廷．创新视角下的科技金融本质[J]．高科技与产业化，2016（3）：40-45.

[5]　寇明婷，陈凯华，穆荣平．科技金融若干重要问题研究评析[J]．科学学研究，2018，36（12）：2170-2178，2232.

的股权和债权融资、财政和政策性金融、科技保险等支持工具。从参与主体的视角来看，科技金融涉及三个方面的行为主体：一是作为资金需求主体的科技企业和科研机构，二是作为资金供给主体的各类金融机构，三是作为特殊参与主体的政府。政府不仅是资金的供给方和需求方，同时还扮演着科技金融市场引导者和监管者的角色[1]。

三、科技金融的提出对加速科技发展具有现实意义

作为金融五篇大文章之首，科技金融的提出反映了中国对科技进步提速的迫切需求。与西方国家提出的“创新金融”（financing for innovation）相比，我国提出的“科技金融”聚焦在硬科技领域。创新有着较为多面的内涵，除科技创新外，还有商业模式创新、组织管理创新等其他形式。相比之下，科技创新对中国的现实意义更强。不论是追赶式创新还是引领式创新，都需要金融为其提供支持。

一方面，全球技术流动受阻使追赶式创新变得更加困难，政策性金融存在发挥空间。追赶式创新是指缩小国内与海外已知技术前沿的差距。改革开放后，中国成为全球产业链的关键节点，在跨国贸易和吸收外商直接投资的过程中主动学习和引进海外已有技术，缩小技术代差。也就是说，市场活动可以自发促进后发国家的追赶式创新。但近年来，中美贸易摩擦加剧，地缘政治阻碍了市场机制的运行，中国更难获得来自先进国家的知识外溢，追赶式创新速度放缓。由于技术路径相对清晰，银行在追赶式创新活动的融资中发挥重要功能。在市场机制对追赶式创新推动受阻的背景下，有必要发挥政策性金融的作用，促进信贷融资。

另一方面，随着中国不断接近世界技术前沿，引领式创新变得愈发重要，需要资本市场提供支持。引领式创新是指对前沿技术领域的原创性探索。作为后发国家，中国在较长一段历史时期的技术进步主要来自对国外已有技术的模仿和改良，

[1] 寇明婷，陈凯华，穆荣平.科技金融若干重要问题研究评析[J]. 科学学研究，2018，36（12）：2170-2178，2232.

偏重追赶式创新，这一模式使中国以更小的研发成本实现技术进步[1]。在追赶的基础上，中国在部分技术领域已经处于世界领先水平，未来对引领式创新的需求将会加大。相较于追赶式创新，引领式创新的不确定性更大、对研发投入的要求更高。从科技金融的视角来看，发展引领式创新意味着金融体系在提供融资的同时，还需承担筛选监督、管理风险、促进交易的功能，资本市场有较大的发挥空间。

科技进步来源于研发投入，中国的研发投入可以进一步加大。中国的研发投入强度（研发支出占GDP的比重）在2012年之前有较快增长，但此后增速放缓，维持在世界平均水平左右。与发达国家相比，中国的研发投入强度较低，与美国的差距较大（见图3-1），提高科技进步速度意味着研发投入强度的提升。

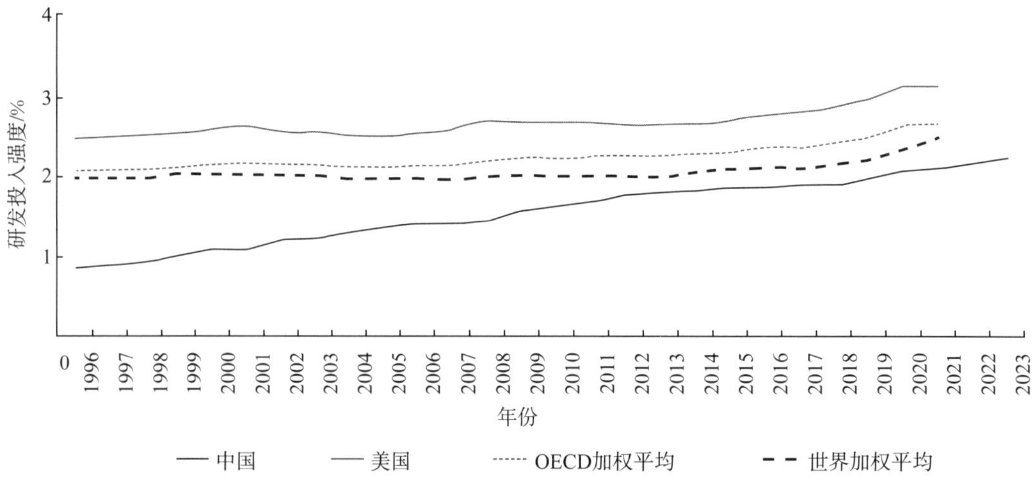

图3-1　中国研发投入强度与发达国家存在差距

资料来源：2021年及之前的各国数据来自世界银行，2022年的中国数据来自《光明日报》，2023年的中国数据来自《人民日报》。中金研究院。

[1]　林毅夫，张鹏飞. 后发优势、技术引进和落后国家的经济增长[J]. 经济学（季刊），2005，5（1）：53-74.

第二节

科技金融要解决什么问题

一、研发活动面临投资不足的困难

科技金融的意义在于促进研发投资、推动科技进步。在实践中，创新者往往面临研发投入不足的问题。这里的不足既包括由于创新者研发意愿较低，实际研发投入低于社会最优水平的情况，也包括囿于资金筹集能力和融资市场失灵，研发投资金额较小的情况。正是由于存在研发投入不足的问题，科技金融的重要性才得以凸显。

研发活动具有正外部性、高成本和长周期性、回报不确定叠加信息不对称的特征，这三方面性质使得研发投入不足成为一种普遍情况。

（一）正外部性降低创新者的投资意愿

创新者的研发投入水平取决于成本收益决策，预期收益下降将减弱投入意愿。研发活动具有正外部性，即存在难以私有化的社会收益，因此创新者的私人投资意愿往往低于社会最优水平。

如何理解正外部性的来源？第一种情况是知识扩散。知识是研发活动的成果，由于知识不可完全保密，具有非竞争性，单一厂商的知识创新对其他厂商的生产率具有正向影响，引发不利于创新者的竞争。在现实中，创新者的新产品可能被其他厂商模仿，仿制者无须负担高昂的研发成本，这使仿制品可以以更低的价格与创新者争夺市场，从而损害创新者的利益。仿制药是这一问题的典型案例，通过逆向研发，部分仿制药药厂以极低的成本开发出与原研药疗效高度相近的产品，并展开价格竞争。

第二种情况是部分创新存在难以变现的社会效益。以疫苗为例，通过降低接种者的感染风险，疫苗可以延缓病毒在群体中的传播，这意味着非接种者无须负担疫苗成本，也可降低感染风险。然而，这些非接种者的健康收益无法转化为疫苗厂商的收入。同时，当疫苗由私人支付时，部分群体可能会拒绝接种，而寄希望于其他人纷纷接种形成群体免疫，这种“搭便车”的心态使创新者更难收回研发成本。

知识产权保护可以减少正外部性对研发活动的抑制作用，但也有其局限性。通过给予创新者对其创新成果在一定时期内的专有权，知识产权保护可以提高创新者的私人收益，从而激发其研发投入意愿。对于不少国家而言，知识产权制度并非内生。世界贸易组织的《与贸易有关的知识产权协定》（TRIPS）对其成员国的知识产权制度设立了最低标准，许多国家为此加强了知识产权保护[1]。比如，印度在入世过渡期结束后，于2005年修改专利法，其后仿制药在原研药推出后迅速进入市场的现象逐渐成为印度的历史[2]。但需要注意的是，知识产权制度并不能完全消除创新活动的正外部性。一些专门知识（know-how）并不以专利、版权等特定知识产权的形式存在，比如工匠在生产过程中总结的操作技巧，同业交流、人员流动使这些知识存在扩散的可能，且不受知识产权保护的限制。此外，知识产权保护很难解决社会收益难以变现的问题，对公共品供给的激励能力有限。20世纪90年代以来，各国知识产权保护水平的提升并没有充分解决新药研发不足的问题，尤其是欠发达国家需求较大的抗感染和治疗传染性疾病的药物。实证研究发现，由于低收入国家的患者支付能力有限，仅靠加强专利保护并不能提高药企针对当地流行程度较高疾病的研发投入[3]。

正是由于社会收益难以完全私有化，公共部门对研发活动的支持十分关键。公共部门是重要的科技金融参与主体，其政策工具既包括研发补贴、税收优惠、政府

[1] World Trade Organization. Intellectual property: protection and enforcement[EB/OL]. [2024-10-08]. https://www.wto.org/english/thewto_e/whatis_e/tif_e/agrm7_e.htm.

[2] SAMPAT B N, SHADLEN K C, AMIN T M. Challenges to India's pharmaceutical patent laws[J]. Science, 2012, 337 (6093): 414-415.

[3] KYLE M K, MCGAHAN A M. Investments in pharmaceuticals before and after TRIPS[J]. The review of economics and statistics, 2012, 94 (4): 1157-1172.

采购等常规财政工具，也包括政策性金融、政府引导基金等方式。近几年的一个案例是，新冠疫情期间，mRNA疫苗的推出很大程度上受益于公共部门的支持。新冠疫情前mRNA疫苗（针对埃博拉等病毒）的研发一度陷入投资不足的窘境[1]，新冠疫情使新冠疫苗具备巨大的市场前景和社会效益，吸引大量资金投入疫苗研发。2020年，美国政府推出疫苗支持计划“曲速行动”（Operation Warp Speed），共投资180亿美元资助包括莫德纳和辉瑞-生物科技疫苗在内的8个疫苗项目；德国政府资助德国生物技术公司3.75亿欧元[2]。公共部门的快速响应和投资加速了新冠疫苗研发，使mRNA疫苗技术在资金充裕的条件下最终得以突破。

（二）高成本、长周期：创新者可能缺乏资金

创新活动需要长期较大金额的研发投入，且该支出很难下调。20世纪中叶以来，新一代技术革命与科学研究的关联日益紧密，科技进步成为高度专业化的团队研发的成果。这类与科学研究高度结合的创新有两个特征，一是研发周期长、环节多。以创新药为例，从实验室研究阶段的分子专利申请到药监部门审批上市，单一药品的研发周期需要8～12年[3]，涉及药物发现、临床前研究、临床研究、上市评审等多个阶段，不同阶段需要大学、医院、小型生物技术公司、大型制药企业等不同研发主体的参与。

二是研发人员费用推高总研发支出，总支出难以削减。随着创新的知识门槛提高，研发人员费用在总研发支出中的占比提升，这显著区别于固定资产投资较大的第二次工业革命。Hall（2008）[4]指出，超过50%的研发支出为雇佣科学家和工程师的人员支出。由于人员流动可能造成企业专门知识的外流，创新企业需要为缩减

[1] 比尔·盖茨.如何预防下一次大流行[M].崔樱子，高峥荣，译.北京：中信出版社，2022.

[2] KIM J H，HOTEZ P，BATISTA C，et al. Operation warp speed: implications for global vaccine security[J].The lancet global health，2021，9（7）：1017-1021.

[3] European Commission. Pharmaceutical sector inquiry: final report（2009）[EB/OL].[2024-10-08].https://ec.europa.eu/competition/sectors/pharmaceuticals/inquiry/staff_wvrking_paper_part1.pdf.

[4] HALL B.Chapter 15: the financing of innovation[M]//SHANE S.Handbook of technology and innovation management. New Jersey: Wiley-Blackwell,2008.

研发支出承担风险，调整研发支出需要付出成本。换句话说，研发支出对资金成本的短期变动不敏感，具有平滑的倾向[1]。从支出水平来看，在研发投入强度较高的生物医药行业，DiMasi et al.（2016）估算研发单一新药的总成本接近26亿美元（2013年价格）[2]，这一数值是高新技术产业取得技术突破的成本的缩影。

高昂的研发费用意味着创新者很难通过自有资金完成研发，而是需要外部融资。一方面，相较处于成熟期的大企业，小企业和初创企业的内部资金更少、融资难度更大，资金不足导致研发不足的问题也更严重。融资困难的一个关键原因是小企业和初创企业可作为抵押品的有形资产少，比大企业更难获得银行信贷。因此，科技金融需要解决的一个重要问题是促进小企业和初创企业的科创融资。另一方面，大企业在一些情况下也需要通过外部资金来促进研发。许多现代企业存在所有者和管理者分离的管理结构，管理者出于自身偏好可能作出不符合企业长期利益的短期决策。为了避免这一情况，所有者可能会限制管理者可用的现金流，导致部分大企业也不得不更多依靠资金成本更高的外部资金进行研发。在不同发展阶段，企业的主要融资工具有所不同。对于还未产生利润的初创企业，主要融资渠道为天使投资、孵化器、风险投资等早期股权投资；在扩张期，银行贷款、政府补贴、私募股权等资金的可得性上升；在上市后，企业的融资渠道更为多元[3]。

资金不足使小企业和初创企业的创新能力在经济下行期受到更大的冲击。经济的周期性波动会造成创新者现金收入的相应起落。由于研发投入具有长期性，企业在经济下行期更需要通过外部融资来填补营收下降引发的资金缺口。理想情况下，企业通过融资来平滑研发支出，但现实中企业融资不足会造成研发支出的顺周期波动。对于有形资产较少的企业，缺乏抵押品使其面临更大的信贷约束，因此，在经

[1] HALL B H，LERNER J.The financing of R&D and innovation[J].Handbook of the economics of innovation，2010，1：609-639.

[2] DIMASI J A，GRABOWSKI H G，HANSEN R W.Innovation in the pharmaceutical industry：new estimates of R&D costs[J].Journal of health economics，2016，47：20-33.

[3] WILSON K E.Policy lessons from financing innovative firms[M]//WILSON K E.OECD science，technology and industry policy papers No.24.Paris：OECD Publishing，2015.

济衰退时，这些企业会出现更明显的研发投资下降[1]。类似地，年轻上市企业的研发支出与股市波动的关联性更强。在美国20世纪末的股市繁荣期，大量年轻企业通过发行新股筹资，宽松的金融环境促进企业增加研发投入。互联网泡沫破裂后，这些企业的新股发行量和研发支出均出现下降。然而，成熟企业的研发支出则受新股发行量的影响较小，这说明成熟企业的内部资金更加充裕，较少依赖发行新股为研发活动筹资[2]。

（三）研发活动的回报不确定性和信息不对称抬高融资成本

相较于收益较为确定的传统大型项目投资（例如修建高速公路），研发活动的产出具有天然的不确定性，且投资者相对于创新者具有信息劣势。与前两次工业革命相比，二战后兴起的生物技术、信息技术、可再生能源等产业的技术进步对基础研究的依赖性更高，试错成为研发过程中的必要环节，即投资不一定能转化为产业成果。同时，新兴产业中的科技创新往往来自高度专业化的科研团队，知识门槛较高，外部投资者很难充分了解项目信息。回报不确定叠加信息不对称使投资者对科创投资更为谨慎，抬高了创新者的融资成本。

具体来看，在企业寻求外部融资的过程中，逆向选择与道德风险并存。逆向选择会打压资金供给，并使优质创新项目退出市场。尽管研发结果本身是高度不确定的，但创新者往往比投资者更了解研发项目的成功率。在投资者选择项目时，经营坏项目的创新者可以谎称其项目优质，而信息不对称使投资者无法分辨好项目与坏项目。因此，投资者倾向于以平均项目质量进行估值投资，进而对好项目形成低估，而让坏项目获得更多好处。这种投资方式不仅使优质项目较难得到充足的资金，还可能使占到便宜的坏项目在市场上越来越多，引发劣币驱逐良币。作为结

[1] AGHION P，ASKENAZY P，BERMAN N，et al.Credit constraints and the cyclicality of R&D investment：evidence from France[J]. Journal of the European economic association，2012，10（5）：1001-1024.

[2] BROWN J R，FAZZARI S M，PETERSEN B C.Financing innovation and growth：cash flow，external equity，and the 1990s R&D boom[J].The journal of finance，2009，64（1）：151-185.

果，逆向选择一方面会降低投资者的投资意愿，削减资金供给；另一方面会不断调低市场上的平均项目估值，形成恶性循环。

道德风险在融资活动中也普遍存在。从结果来看，研发产出本身的不确定性使投资者很难以结果导向考核创新者是否努力；从过程来看，研发活动具有较高的知识门槛，且存在非公开信息，投资者很难监督创新者的行为。因此，道德风险表现为创新者可通过谎称项目失败骗取资金。投资者的投资决策取决于其资金的预期收益，当资金无法收回时，投资者难以确认这是源于研发本身的失败，还是创新者的蓄意欺诈。欺诈风险降低了投资者的预期收益率，导致创新者更难获得融资。从政策视角来看，引入风险投资等金融中介和完善金融监管制度有利于减少信息不对称、降低违约风险，从而改善创新融资。单纯鼓励创新者进行信息披露对减轻信息不对称的作用有限，这是由于创新者公开项目信息可能引发同行模仿，因此创新者可能不愿意披露内部信息[1]。

二、科技金融需要金融制度的完善和创新

解决研发投入不足问题是科技金融的重要任务，但科技金融的含义仅仅是提供资金吗？答案是：并非如此。从金融的功能出发，能够有效促进科技创新的金融系统应该具备以下定位。

第一，跨时期调配资源，将社会中的闲置资金调配给资金匮乏的创新者。研发活动的资金需求远远超过个人的储蓄和筹资能力，创新者需要通过专门的金融机构融通资金。

第二，通过识别、筛选和监督不同能力的创新者，金融系统将更多的资金导向具有较高成功概率的创新者。不同研发项目的成功概率有所不同，且存在信息不对称问题，这使得投资者承受了较高的研发风险和欺诈风险。相比一般投资者，专业

[1] HALL B H，LERNER J.The financing of R&D and innovation[J].Handbook of the economics of innovation，2010，1：609-639.

化的金融机构可筛选优质的创新者，并通过监督机制降低道德风险，从而提高资金使用效率。从动态上看，科技进步意味着研发活动的复杂度在不断提高，对其进行筛选和监督的难度也更大，因此金融系统也需要持续创新，避免筛选和监督效率下降。基于此，Laeven et al.（2015）指出，科技进步和金融创新需要同步发展，金融创新滞后可能阻碍经济增长[1]。

第三，金融系统可协助投资者和创新者应对风险。金融机构从投资者手上募集资金，并进行分散化投资，可以避免投资者过度暴露于单一项目的失败风险。对创新者而言，股权投资实现了风险分担的功能。此外，创新者还可能面临因投资者提前撤资而造成的流动性风险。相比银行贷款，股票市场可以降低投资者撤资对创新者资金流的影响，因为当部分股票赎回时，创新者可以将股票卖给其他投资者[2]。

综上所述，科技金融的发展绝不仅仅在于“量”的大小，也在于“效率”的高低。解决科创企业的融资问题不仅需要汇集足够的资金供给，也需将资金引导至高质量项目，并通过有效的风险管理机制提高资金回报率。较高的资金回报率可扩大科创募资和投资规模，形成科技研发提速和科创投资繁荣的正向循环。反过来，当资金被配置于低质量项目或道德风险高发项目时，研发投资的回报率下降，这可能会引发“柠檬市场”困境，即好项目因缺乏资金退出、科创市场对投资者的吸引力下降，募资和投资规模也会相应缩小。不论从“量”还是从“效率”的维度，发展科技金融都需要金融制度的完善和创新。

三、从各国实践看科技金融与制度和文化的关系

科技金融离不开金融体系自身的发展与完善。股票市值和私人信贷占本国GDP的比重是学者衡量金融发展程度的常见指标。以这一指标来衡量，各国金融发展水

[1] LAEVEN L，LEVINE R，MICHALOPOULOS S. Financial innovation and endogenous growth[J]. Journal of financial intermediation，2015，24（1）：1-24.

[2] LEVINE R. Stock markets，growth，and tax policy[J]. The journal of finance，1991，46（4）：1445-1465.

平的分化可以用两类变量来解释。一是经济因素。人均GDP越高的国家，整体上金融发展指数越高[1]；亦有研究表明，贸易开放和资本自由流动促进了金融发展[2]。20世纪80年代以来，日本经济腾飞伴随着股市和债权融资市场的快速扩张，金融发展指数上升（见图3-2）。类似地，中国在改革开放后信贷规模扩大（见图3-3）。

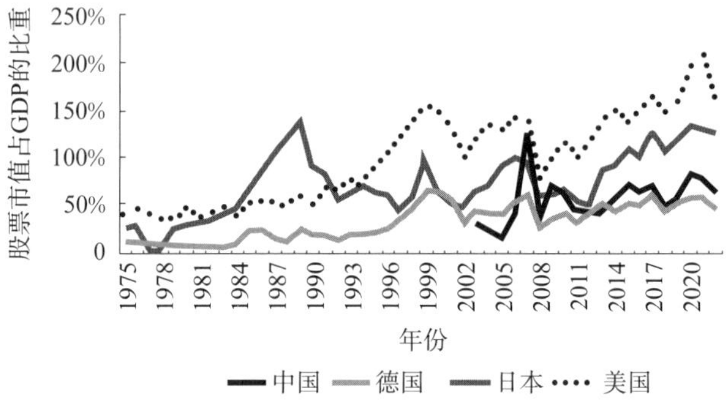

图3-2　股票市场市值占本国GDP的比重

资料来源：世界银行，中金研究院。

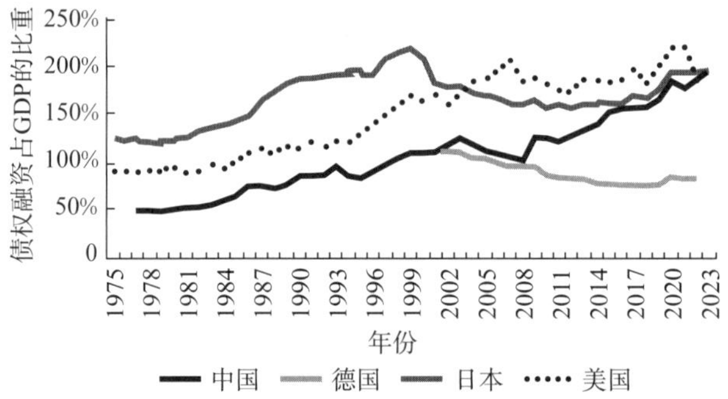

图3-3　私人部门债权融资占本国GDP的比重

资料来源：世界银行，中金研究院。

注：债权融资包括银行贷款、债券、贸易信贷等。

---

[1] LA PORTA R, LOPEZ-DE-SILANES F, SHLEIFER A.Law and finance after a decade of research[J].Handbook of the economics of finance, 2013, 2: 425-491.

[2] RAJAN R G, ZINGALES L.The great reversals: the politics of financial development in the twentieth century[J]. Journal of financial economics, 2003, 69 (1) : 5-50.

二是制度和文化因素，其中学界对法律传统较为重视。各国法律传统可简单分为普通法系和民法法系两大类，而民法法系内部又可分为法国法系、德国法系和北欧法系。在一个涵盖全球150个国家的样本中，La Porta et al.（2013）将42个国家归为普通法系国家（比如美国、英国、印度）、84个国家归为法国法系国家（比如法国、墨西哥、俄罗斯）、19个国家归为德国法系国家（比如德国、日本、中国）、5个国家归为北欧法系国家[1]。

一些研究表明，普通法系国家的金融市场发展程度整体更好，尤其是相对于法国法系国家。例如，La Porta et al.（1997）的样本有49个国家或地区，他们发现，在控制收入因素后，普通法系国家的中小股东股份市值占GDP的规模更大、私人部门债权融资占GDP的比重更高[2]。Rajan et al.（2003）整理了24个国家的样本，认为普通法系国家的股权市场更发达主要是1913年之后出现的现象[3]。然而，由于这些研究样本有限，且截面数据很难分析动态变化，所以其结论需要谨慎解读，避免将一国法律传统直接与其金融发展水平相关联。例如，日本的股市规模在20世纪80年代后经历了迅速扩张，1989年股票市值占GDP的比重达到峰值，之后回落与反弹交替（见图3-2），此类变化显然不是法律传统可以解释的。此外，相同法系的国家内部也可能存在金融发展水平的分化。例如，印度、孟加拉国和巴基斯坦的法律传统相近，都可列为普通法系国家，但印度的股票市场规模远高于其他两国[4]。

也有一些学者将法律传统与金融结构作进一步关联，即普通法系国家发展出以资本市场为主的融资体系，而民法法系国家的金融体系以银行为中心。然而，La Porta et al.（2000）认为，将金融体系分为市场主导（market-centered）体系或银

[1] LA PORTA R，LOPEZ-DE-SILANES F，SHLEIFER A.Law and finance after a decade of research[J]. Handbook of the economics of finance，2013，2：425-491.

[2] LA PORTA R，LOPEZ-DE-SILANES F，SHLEIFER A，et al.Legal determinants of external finance[J]. The journal of finance，1997，52（3）：1131-1150.

[3] RAJAN R G，ZINGALES L.The great reversals：the politics of financial development in the twentieth century[J]. Journal of financial economics，2003，69（1）：5-50.

[4] 世界银行数据表明，2022年印度国内上市公司市值占GDP的比重为107%，孟加拉国为9%，巴基斯坦为8%。

行主导（bank-centered）体系的二分法存在局限[1]。股票融资与银行信贷不一定是相互替代的关系，如在民法法系国家中，既有银行与股票市场都较为发达的日本，也有二者都不发达的意大利。

尽管法律传统不能直接决定一国的金融发展水平，但具体的法律机制安排可以影响金融发展，其中投资者保护较为重要。La Porta et al.（2013）认为，与法国法系相比，普通法系可以更好地保护股东和债权人，不同法系衍生的破产法、公司法、证券法等法律框架不同，进而影响当地债务执行程度、上市披露标准、反自我交易（anti-self-dealing）等指标[2]。加强投资者保护有助于企业融资，对金融发展有较多正面影响。在股权方面，加强投资者保护有助于提高企业估值、增加分红、增加外部融资、提高市场流动性。在债权方面，在债权人保护较强的环境中，债权人可能减少对担保的要求，并更倾向于选择长期债务工具。

[1] LA PORTA R, LOPEZ-DE-SILANES F, SHLEIFER A, et al. Investor protection and corporate governance[J]. Journal of financial economics, 2000, 58 (1-2): 3-27.

[2] LA PORTA R, LOPEZ-DE-SILANES F, SHLEIFER A. Law and finance after a decade of research[J]. Handbook of the economics of finance, 2013, 2: 425-491.

第三节

继续发挥银行信贷对科技创新的支持作用

一、信贷在科技金融中侧重支持追赶式创新

追赶式创新是发展科技的重要方面，银行信贷对其发挥着较大的促进作用。第一，与引领式创新相比，追赶式创新活动的特点为技术路径清晰、研发目标明确，涉及的试错成本和投资风险普遍低于引领式创新，较为符合银行的风险偏好。第二，追赶式创新较多集中于后发国家的工业化阶段，这一过程存在大量固定资产投资，土地、厂房、设备等资产可成为抵押品，促进银行信贷的发放。第三，本国储蓄是后发国家工业化的主要资金来源[1]，而银行是将储蓄转化为工业资本的关键媒介。后发国家在工业化早期面临的一大挑战是资本稀缺。尽管从理论上来看，资本存量较低的国家对应着更高的资本回报率，可以吸引外商投资。但现实中由于制度环境等因素（比如执政稳定性、廉洁程度、宗教局势、法制环境），欠发达国家对发达国家资本的吸引力有限[2]，工业起步期的资金主要来自本国储蓄。综上所述，在后发国家的工业化过程中，银行信贷是追赶式创新活动的重要资金来源。从世界范围来看，在德国、韩国等后发国家的经济起飞阶段，产业政策和银行融资密切配合。在20世纪70年代至90年代，韩国国有银行将大量的资金以优惠贷款的方式提供给大企业，使之在半导体、汽车等关键产业实现追赶[3]。

改革开放后，中国制造的崛起伴随着大量追赶式创新，银行为其提供外部融

[1] AGHION P，COMIN D，HOWITT P，et al. When does domestic savings matter for economic growth?[J]. IMF economic review，2016，64（3）：381-407.

[2] ALFARO L，KALEMLI-OZCAN S，VOLOSOVYCH V.Why doesn't capital flow from rich to poor countries? an empirical investigation[J].The review of economics and statistics，2008，90（2）：347-368.

[3] WANG J.From technological catch-up to innovation-based economic growth：South Korea and Taiwan compared[J].The journal of development studies，2007，43（6）：1084-1104.

资。由于技术起点与外资差距较大，我国的制造业技术进步主要依靠追赶式创新，即吸收、模仿和改良海外已有技术来实现技术进步，这一过程伴随着资本的深化和全要素生产率（TFP）的提升。基于中国工业企业数据库，杨汝岱（2015）发现，1998—2007年中国制造业企业TFP与外资企业的差距有所缩窄[1]；鲁晓东 等（2012）发现，1999—2007年金属冶炼、电子通信、仪器仪表是TFP增速最快的三个行业[2]。银行信贷是制造业企业的主要外部资金来源，信贷可得性提升有助于促进工业企业创新，尤其是对外部融资依赖度较高的中小企业和民营企业的创新[3]。

对于从事引领式创新活动的初创企业，信贷融资的支持能力相对有限。这主要是由于引领式创新活动的不确定性更大，银行在承担高风险的同时无法分享创新成功的超额收益，这种矛盾具体体现在三个方面。第一，初创企业缺乏稳定的现金流，银行信贷的定期还本付息要求与企业收益的不确定性存在冲突。企业在短期债务偿还的压力下，可能会减少对创新活动的投资。第二，初创企业缺乏有形资产作为抵押品。银行信贷的抵押品通常为可估值、能够产生稳定现金流的固定资产。然而，企业研发投入包含占比较高的人员成本，其形成的人力资本积累较难评估。第三，研发活动的信息不对称使银行放贷更加谨慎。研发活动的产出具有高不确定性，且监督难度较大。此时，银行如果抬高利率，则可能遭遇更多道德风险引发的违约，因此银行只能将利率维持在市场出清水平以下。这造成了两个结果：一是出现信贷配给，部分企业无法从银行获得融资；二是银行难以通过利率补偿科创贷款的高风险，因此更愿意向低风险项目发放贷款[4]。总的来看，初创企业从事引领式创新活动的融资需求与银行信贷存在风险和收益的错配，信贷在科技金融中侧重支持技术路径相对明确的追赶式创新。

[1] 杨汝岱.中国制造业企业全要素生产率研究[J]. 经济研究，2015（2）：61-74.

[2] 鲁晓东，连玉君.中国工业企业全要素生产率估计：1999—2007[J]. 经济学（季刊），2012，11（2）:541-558.

[3] 张璇，李子健，李春涛.银行业竞争、融资约束与企业创新：中国工业企业的经验证据[J].金融研究，2019（10）：98-116.

[4] GREENWALD B，STIGLITZ J E，WEISS A.Information imperfections in the capital market and macroeconomic fluctuations[J].The American economic review，1984，74（2）：194-199.

二、加强对科技信贷的政策引导和支持

随着科技发展，引领式创新对我国未来技术进步的必要性得到提升，但这并不意味着追赶式创新或银行信贷在科技金融中变得不再重要。追赶式创新仍是我国技术进步的重要方面。基于2015—2017年美国专利与商标局（USPTO）的数据分析，我国高质量专利主要集中在数字技术、IT管理技术、电子通信等领域，而在半导体、生物医药、精细有机化学、机床等其他高技术领域，中国的专利质量与美国、德国等发达国家相比仍有明显的差距。在企业层面，华为、京东方等中国头部创新企业不仅在专利数量上明显低于IBM、三星电子等跨国企业，且专利涉及的技术领域更为狭窄，表明中国企业在较多技术领域仍处于追赶阶段[1]。

近年来，推动追赶式创新的市场力量遇到阻力，强化了政策介入的合理性。国际贸易是创新的重要驱动力，其通过三个渠道促进创新：一是通过扩大生产规模，摊薄企业研发成本的规模效应；二是通过“干中学”、进口中间品和吸收FDI（外国直接投资），主动学习先进技术的学习效应；三是国际市场筛选优质企业、鼓励企业创新的竞争效应[2]。在市场力量下，中国企业融入全球贸易网络，并以此带动创新。2018年后，全球贸易环境发生变化，一些中国企业难以获得海外关键中间品（被“卡脖子”）或面临更高的出口壁垒，贸易受阻意味着贸易促进创新的能力被削弱，追赶式创新尤其受到拖累。从科技金融的视角来看，通过促进信贷融资，缓解企业的资金约束，可以鼓励企业研发，进而减少企业追赶式创新因贸易环境变化而受到的负面影响。

政府可进行政策引导，促使银行向科技企业提供信贷资源。一是使用政策性金融工具，为科技企业提供资金支持，包括通过政策性银行的低息贷款增加市场信贷供给；通过财政贴息等手段，减少企业贷款成本；通过采取税收优惠、定向降准等

[1]　戴戎，赵扬. 从专利看中国创新的量变与质变[J]. 国际金融，2023（3）：37-47.

[2]　中金公司研究部，中金研究院. 创新：不灭的火炬[M]. 北京：中信出版社，2022.

措施，减少商业银行的资金成本[1]。

二是建立科技信贷的风险补偿机制。研发活动的不确定性使科技信贷比一般信贷具有更高的风险，如果简单以行政手段要求银行提供低息贷款，则是将创新风险部分地转嫁给了银行，这有违市场逻辑，因此科技信贷需要相应的风险补偿机制[2]。从国际经验来看，日本通过建立和完善担保体系来降低中小科技企业的融资难度。日本的地方信用保证协会为中小科技企业贷款提供背书，而日本政府设立的中小企业信用保险公库则对贷款进行再担保，从而缓解中小科技企业面临的融资约束难题[3]。

三是通过提高银行业的竞争度，降低企业融资成本。市场势力理论认为，银行业竞争能够降低信贷市场的卖方势力，从而降低贷款利率、提高信贷审批效率，使企业融资情况改善。实证研究表明，中国银行业竞争度的提升有助于推动创新，尤其是对外部资金依赖度较高的中小企业和民营企业的创新[4]。

四是进行更广泛的制度改革和机制设计，这有助于促进科创企业融资。相较于国有企业，民营企业的信贷成本更高，资金约束对其创新能力的抑制更大[5]，优化民营企业融资环境是完善市场制度的关键环节。在产权制度方面，专利质押的实施可促进企业的技术创新。一项基于上市企业数据的研究发现，大企业、人力资本水平更高的企业和融资约束较强的企业，在专利质押融资制度实施后的创新增长更快[6]。

---

[1] 苏竣. 公共科技政策导论[M]. 北京：科学出版社，2014.

[2] 徐飞. 银行信贷与企业创新困境[J]. 中国工业经济. 2019（1）：119-136.

[3] 田轩. 创新的资本逻辑：用资本视角思考创新的未来[M]. 北京：北京大学出版社，2018.

[4] 张璇，李子健，李春涛. 银行业竞争、融资约束与企业创新：中国工业企业的经验证据[J]. 金融研究，2019（10）：98-116.

[5] 余明桂，钟慧洁，范蕊. 民营化、融资约束与企业创新：来自中国工业企业的证据[J]. 金融研究，2019（4）：75-91.

[6] 刘冲，耿伟栋，洪欣欣. 专利质押对企业创新的影响研究[J]. 北京大学学报（哲学社会科学版），2019，56（5）：101-112.

第四节

为何风投成为科技金融的重要模式

与西方国家的创新金融不同，科技金融具有显著的中国特色，其所推动的科技创新既包括追赶式创新，也包括引领式创新。如前文所述，以银行信贷为代表的融资模式在促进中国追赶式创新中发挥了重要作用。相较于追赶式创新，引领式创新更多地发生在初创型高科技企业中，其不确定性更高，信息不对称问题也更突出。这些企业的融资模式需要与其特点相适应，风险投资模式由此产生，并逐渐发展为推动引领式创新的重要力量。

一、风险投资弥补了初创型高科技企业的融资空缺

在科技金融中，引领式创新面临的两个主要问题分别是信息不对称和高不确定性，传统的融资模式（如信贷和债券）在其中发挥的作用相对有限，因此引领式创新活动的资本投入往往不足。在信息不对称问题上，债权人是融资项目信息的劣势方。传统模式下，债权人通过收取抵押品的方式来应对信息不对称问题。抵押品的存在同时也能降低收益的不确定性，即使融资项目失败，债权人也能通过变卖抵押品收回（部分）资金。但初创型高科技企业往往缺乏抵押品，尤其是与制造业企业相比，高科技企业形成的更多是无形资产。更重要的是，研发活动具有高不确定性，研发成果并不一定能成为专利等无形资产。因此，抵押品的缺乏限制了高科技企业的融资。引领式创新的高不确定性导致的高风险也与传统融资模式的风险偏好不匹配。以银行信贷为例，银行负债端的重要组成部分是公众存款，资产端的高风险贷款会造成风险错配。此外，信贷等债权融资均对按时分期的利息偿付有要求，而初创型高科技企业往往缺乏稳定的经营现金流。

由于传统融资模式存在不足，风险投资模式应运而生，并在初创型高科技企业的融资中扮演重要角色。从定义上看，风险投资（venture capital）是以股权或与股权相关的方式投资于高成长性、高风险、具有高科技属性的企业的资金[1][2]。风险投资模式起源于美国。1946年，由美国银行家和产业家出资，全球第一家风险投资机构美国研究开发公司（ARDC）在波士顿成立，用于资助在二战期间已开发技术的商业化[3]。1958年，美国小企业管理局（SBA）出台小企业投资公司（SBIC）计划，致力于解决小企业难以从公开证券市场获得融资的问题[4]。通过SBIC计划，SBA资助专门投资小企业的风险投资等投资机构，促进了风投产业的发展。截至1978年，由于有限合伙人无须缴纳资本利得税，有限合伙成为风投机构最常用的组织形式，有限合伙人不直接参与风投基金管理。20世纪80年代后，美国风险投资活动高速发展，推动因素之一是1979年美国劳工部对《雇员退休收入保障法》的“谨慎人规则”（prudent man rule）进行了重新解释，允许养老基金投资于高风险资产[5]。美国风险投资产业的扩张伴随着个人电脑和生物制药产业的快速发展，这一时期由风投基金资助的初创企业包括后来的苹果公司和基因泰克公司[6]。在2000年前后，随着互联网泡沫的形成，美国风险投资额达到历史高点，其后出现回落。新冠疫情后，生物医药与数字产业的投资机会，叠加宽松的货币环境，使美国风险投资额再创历史新高（见图3-4）。

[1] HALL B H，LERNER J.The financing of R&D and innovation[J].Handbook of the economics of innovation，2010，1：609-639.

[2] BLACK B S，GILSON R J. Venture capital and the structure of capital markets：banks versus stock markets[J]. Journal of financial economics，1998，47（3）：243-277.

[3] FLORIDA R L，KENNEY M.Venture capital-financed innovation and technological change in the USA[J]. Research policy，1988,17（3）：119-137.

[4] WEINMANN E.Venture capital for small business[J].University of Baltimore law review，1974，3（2）：183-206.

[5] 同[1]。

[6] 同[3]。

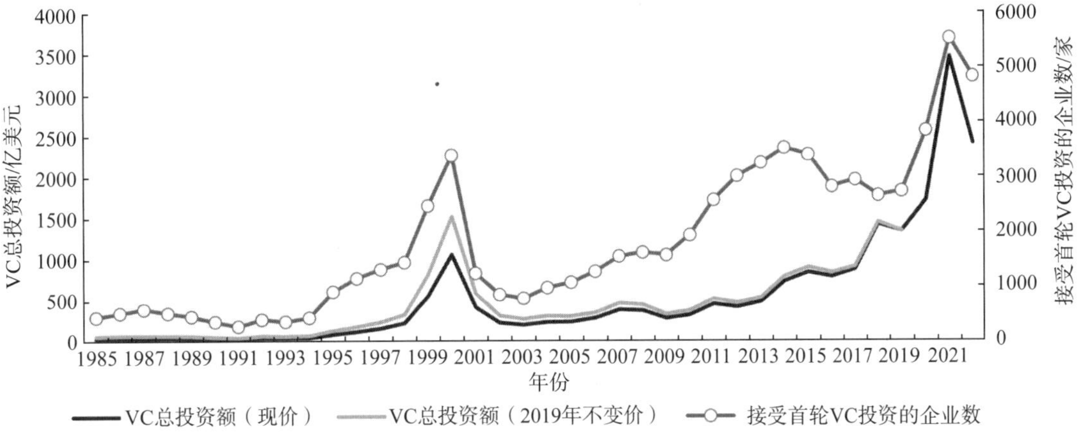

图3-4　1985年以来美国风险投资金额的变化

资料来源：Lerner et al.（2020）[1]，PitchBook，中金研究院。

风险投资在资金来源、投资策略与退出安排等方面具有明显特征。在资金来源上，风险投资的资金来源包括机构投资者和私人投资者，有限合伙是出资人将资金注入风险投资基金的常见方式，该资金期限一般为7～10年[2]。在投资策略上，风险投资多以股权形式进行投资，专注于投资早期、高成长性企业。风险投资采取的是分散化投资策略，会同时投向多个企业，形成投资组合，被投资的企业则称为组合企业（portfolio company）。除融资外，风投机构还对组合企业提供管理支持、监督决策、信用增进等服务，帮助组合企业发展。在退出安排上，在持有组合企业股份一段时间后，风投机构将出售股份、变现资金。退出方式包括但不限于首次公开募股、并购与股份回购等，其中首次公开募股的回报相对更高。风险投资专注于起步阶段、高成长性企业的股权投资，尽管投资风险整体较大，但单一组合企业的成功可带来较高倍数的收益，进而覆盖多个项目的损失。

[1]　LERNER J，NANDA R. Venture capital’s role in financing innovation: what we know and how much we still need to learn[J]. Journal of economic perspectives，2020，34（3）：237-261.

[2]　BLACK B S，GILSON R J. Venture capital and the structure of capital markets: banks versus stock markets[J]. Journal of financial economics，1998，47（3）：243-277.

二、风险投资如何应对信息不对称和投资回报不确定问题

风险投资形成了一套涵盖事前、事中和事后的运行机制，以应对投资初创型高科技企业时面临的信息不对称问题。为防范逆向选择，风投机构会采取以下措施：一是聘请职业管理人对潜在的组合企业进行事前筛选，职业管理人有着更丰富的专业知识和管理经验，能够较好地识别出项目风险、评估投资价值；二是针对潜在被投企业，与多家风投机构共同参与评估和投资，形成信息交换与共享。以上措施有助于减少投资决策前的信息不对称，剔除以次充好的劣质项目。投后阶段的主要信息问题是道德风险，为了避免创新者的欺诈行为，风投机构管理人会进入组合企业董事会，通过行使投票表决权与监督权等，对组合企业的经营决策与管理进行密切监督和指导，并获取组合企业的一手信息。此外，风投机构还会采取分阶段注资的方式对企业家形成有效激励，缓解信息不对称带来的道德风险。

关于不确定性，风投基金专注于投资初创型高科技企业，这些企业往往集中在生物医药和信息技术等行业，在具有高成长性的同时，也带有较高的不确定性。与信息不对称不同，高不确定性是组合企业研发活动本身的特性，这对组合企业和风投机构双方而言都是相同的，并非某一方对另一方具备的信息优势。风投的参与有助于降低企业研发活动的不确定性，这主要是通过管理协助、网络效应与声誉支持来实现的。在管理协助方面，风投机构的行业知识与管理经验可以帮助企业更好地进行管理，如挖掘并招募管理与技术人员，以应对高科技企业在初创期可能面临的共性问题。在网络效应方面，依托组合企业与风投机构之间的网络关系，能够形成更大范围的信息共享与业务协同，降低企业的研发失败可能性与市场推广风险。在声誉支持方面，风投机构能够通过以往投资经验与业绩积累起来的声誉向市场释放有效信号，提高组合企业的吸引力，促进人才引进、技术研发与产品推广等。不同于直接的资金支持，管理协助、网络效应与声誉支持属于非资金类支持，这正是处于起步阶段的高科技企业尤为缺乏的。因此，风投的参与能够与组合企业形成良好

的优势互补，降低不确定性。

对于缓解信息不对称和高不确定性问题，风险投资模式相对于其他融资模式有着更好的表现。为何其他融资模式在促进引领式创新上的效果会弱于风险投资模式呢？这可以从内部信息、专业能力、激励机制三个方面来解释。在内部信息上，以银行为例，在一些国家，银行等金融机构不可持股，因而难以获得非标准化报表的内部信息。传统银行更是无法参与企业的管理，对企业经营相关信息的获取有限。在专业能力上，相较于风投经理的专业知识与管理经验，银行的投前筛选能力不足。尤其在缺少抵押品、不确定性高的情形下，银行缺乏评估复杂项目的能力。在激励机制上，风投机构通过高薪来激励风投经理，且这一薪酬激励会与业绩挂钩，以此促进风投经理对组合企业进行密切监督。在风险投资和对冲基金等行业，“2-20”收费模式是一种典型的费用模式，即机构按照管理资产规模提取2%的年度管理费，对基金利润收取20%绩效费[1]。相较而言，银行等机构的薪酬结构很难吸引有能力的投资经理。由此可见，在推动引领式创新方面，风险投资模式有着独特的优势。

三、风投退出机制提高资金使用效率，规模经济有助于培育风投产业

风险投资模式的一个显著特征是其退出安排。尽管风投机构在持股期密切关注企业经营，但其目的并非成为长期持股的战略投资者。如何理解这一退出安排的必要性？这需要回到风险投资模式中的委托代理问题。具体而言，风险投资模式中存在双重委托代理关系：一是风投经理与风投出资人之间的委托代理关系，二是风投基金与组合企业之间的委托代理关系。退出意味着风投机构在基金到期前将股权投资的收益变现，这一安排的重要意义是在上述两种委托代理关系中实现激励相容，从而提高资金的使用效率。

[1]　私募基金知识——“2-20”收费模式[EB/OL].（2015-01-06）[2024-10-08].http://www.csrc.gov.cn/guangdong/c105590/c1296323/content.shtml.

在风投经理与风投出资人之间，出资人到期回收资金的要求既有利于其提高资本回报，也有利于激励有能力的风投经理。风投退出对解决委托代理问题有三个重要意义。一是风投出资人需要一个评价风投经理的方式，从而决定是否继续任用风投经理。风投退出提供了一个可量化的评价标准，方便风投出资人对风投经理进行考核。二是风投出资人需要评估风投项目的风险与对应的收益，尤其是与其他投资进行对比，进一步决定是否继续投资项目和保持相应的投资比例。退出是衡量风投项目的风险与回报的重要方式，有利于出资人进行后续的项目评估，从而作出最有利的投资决策。三是风投出资人需要对投资策略进行动态调整，将资金从业绩不佳或专业技能不再符合当前投资需求的管理人手中撤出，投向业绩更好的管理人和更有发展前景的行业。退出安排本质上是一种筛选机制，提供了评价风投项目和风投经理的标准，使基金的运作更加专业化，投资策略也能随之动态调整。

在风投基金和组合企业之间，风险投资的收益集中在初创企业的高成长阶段，这意味着成熟企业不再适合风险投资模式。风投基金不仅向组合企业提供资金支持，还向其提供管理协助和声誉支持等非资金类支持。非资金类支持对于发展初期的企业来说十分重要，但随着企业逐步走上正轨，积累起自身的管理经验并建立起企业的声誉，来自风投基金的管理协助和声誉支持的价值就会远不如前。这是风险投资需要退出的一个原因。另一个原因则与风险投资的盈利模式有关。风投机构通过投资初创企业，获取企业从初创到起飞阶段的较大倍数收益。一旦企业进入稳定期，相应的收益倍数就会减小。因此，风投基金需要回收资金，进一步投资于其他处于初创期的企业，以获取更大的收益。

风险投资退出方式的选择同样重要。目前，风险投资的退出方式主要有首次公开募股（IPO）与并购两种。不同的退出方式对风投基金与组合企业的影响各不相同。从收益的角度看，IPO提供的投资收益相对更高，因为股票市场通常会给高科技企业更高的估值，此外还有二级市场交易带来的流动性溢价。从企业发展的角度看，IPO与并购各有所长。IPO一方面能够提供企业后续发展所需的资金，另一方面更严格的审计制度和信息披露要求、来自投资者的外部监督等能够进一步规范公司治理。并购则能促进收购企业与组合企业的优势互补。因为组合企业往往在创新和研发环节有优势，收购企业则在生产和市场推广环节更有优势。由大企业收购初创企业能够结合二者各自的优势，产生综合效益。

从风投基金和组合企业互动的角度看，IPO退出能够产生更好的激励效果。其中的一个重要假设是创业者看重对企业的控制权，IPO能够产生的激励在于创业者在未来对组合企业可获得更大的控制权。在企业创办初期，企业家面临融资约束，需要让渡部分控制权以获取企业发展所需的资金。而企业家始终存在收回控制权的动机，IPO则为此提供了契机，因为公开发行能够缓解企业融资约束，提高股权的流动性。更重要的是，风投基金对组合企业的持股比例会减少。这一方面源于风投基金对所持股份的售卖，从而获取现金进行再投资，另一方面来自公开发行新股的稀释作用。此外，企业上市后股权流动性的增加，以及来自二级市场股票分析师的持续跟踪，会减弱风投经理对组合企业持续监督的动机。在上述机制的共同作用下，企业家能够通过风投基金的IPO退出收回对企业的控制权。相比之下，并购退出意味着股权从风投基金转让至收购企业，企业家无法扩大控制权。

综上，IPO退出能够实现风投基金和组合企业的激励相容。对风投基金而言，IPO可以带来更高的资本回报，以及市场声誉等非物质回报。对组合企业而言，IPO相当于为企业家提供了一个看涨期权，如果企业能够成功上市，企业家就能顺利收回企业控制权，因此，IPO退出安排形成了对企业家的正向激励。风投基金和组合企业在一致的目标下行动，二者都努力使企业获得成功。此外，值得一提的是，发达的二级市场能够大大地提高风投机构通过IPO退出的概率，因此风投产业发展更好的地区往往也是二级市场更加发达的地区。以美国为例，美国风险投资金额与二级市场IPO数量呈现出明显的正相关关系（见图3-5）。

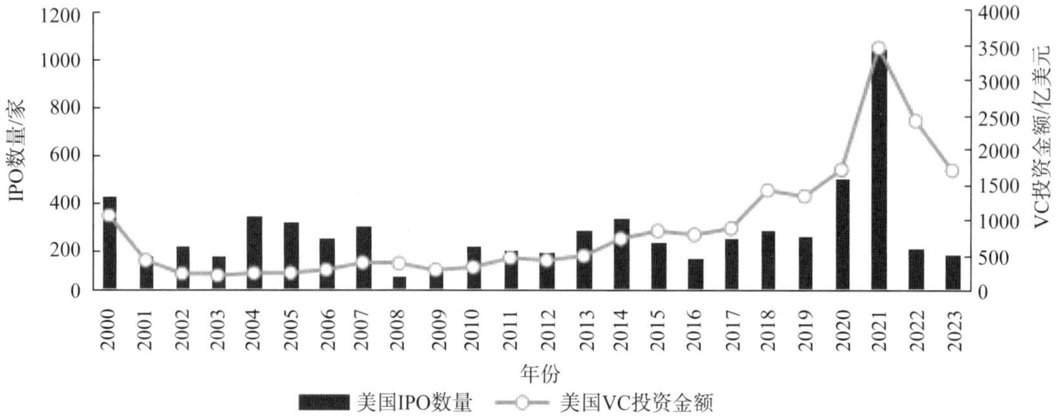

图3-5　美国风险投资金额和IPO数量关系

资料来源：Lerner et al.（2020）[1]，PitchBook，Stock Analysis，中金研究院。

除了发达的二级市场，规模经济也是风投产业发展的重要因素，体现在人才、资金和市场等各方面。风投产业的建立有一定的门槛，供给和需求缺一不可。从供给端来看，科技创新离不开专业人才，研发活跃的地区往往是科研人员集聚的地区，比如美国的硅谷、波士顿。资金的供给同样重要，充裕的资金能够通过市场竞争形成更有效的定价，筛选潜在项目，优化资源配置。因此，美国风险投资机构主要聚集在少数科创中心或金融中心。

从需求端来看，市场规模越大，越有利于企业摊薄研发成本，同时降低产品推广阶段的不确定性。更大的市场规模也意味着可以存在多个同业竞品，它们均可能成为风投的潜在标的。此外，更加丰富的产业类型可以支持风投机构的多元化投资，从而分散组合风险。大规模的市场还有助于形成风险投资网络，促进风投机构之间的信息共享与业务拓展，降低信息不对称程度和不确定性。由此可见，规模经济有助于培育风投产业，市场规模更大的国家在发展风投产业上更有优势。

[1]　LERNER J，NANDA R.Venture capital’s role in financing innovation: what we know and how much we still need to learn[J]. Journal of economic perspectives，2020，34（3）：237-261.

第五节

政府补位的能与不能

由于科技创新活动的正外部性和不确定性等因素的存在，科创融资容易出现市场失灵的现象，导致对科技创新活动的投资不足。考虑到科技创新的重要意义，有必要通过政府补位来应对市场失灵。从理论上来看，政府在科技金融中主要发挥两个方面的作用：一是政府财政工具的使用，既包括研发资助、税收优惠等传统财政工具，也包括政府引导基金这一新型财政工具。二是政府对市场运行机制的设计与维护，从而使市场更有效率地运转。

一、利用财政工具应对科技金融中的市场失灵问题

市场失灵的存在要求政府进行干预，以解决科技创新活动投资不足的问题。市场失灵的第一个原因是科技创新具有明显的正外部性。除了创新企业的自身收益，研发活动还具有显著的社会效益。多数研究表明，科技创新的私人收益与社会效益的差距是私人收益的50%～100%[1]。但创新企业很难完全占有研发创新的全部收益，正外部性的存在使得企业创新动机下降，导致企业对研发活动的投入不足。此外，知识的非竞争性会形成正向的知识溢出，模仿企业可生产低成本仿制品并展开价格竞争[2]，这会使创新企业的利益受损，也会降低企业的研发意愿。市场失灵的第二个原因是科技创新的结果具有高度不确定性，导致私人投资回报率波动较大，

[1] LERNER J.When bureaucrats meet entrepreneurs: the design of effective “public venture capital” programmes[J].The economic journal，2002，112（477）：73-84.

[2] BRYAN K A，WILLIAMS H L.Innovation: market failures and public policies[J].Handbook of industrial organization，2021，5（1）：281-388.

面临着较高风险[1][2]。理论上，金融工具能够有效对冲风险，不确定性不会损害经济效率。但在研发活动中，由于研发者投入的不可观测性，投资者无法区分项目失败是源于客观的不确定性还是研发者主观的怠惰。因此，科技创新中的不确定性无法被完全对冲[3]。

要克服市场失灵，政府可以通过财政手段来弥补私人投资的不足，从而促进科技创新。政府财政工具主要分为两大类：传统财政工具和新型财政工具。传统财政工具致力于提高创新主体的研发意愿，包括研发资助、税收优惠和公共采购。一是研发资助，其特点是直接对企业的科技创新进行资助，具有无偿性，但资助规模较小。对企业进行研发资助能够缓解企业研发资金不足的问题，但具体政策效果受到企业自身特点和资助工具设计等多种因素的影响。二是税收优惠，其作用是降低企业的创新成本。税收优惠的常见形式包括对研发支出进行税收抵扣，对符合条件的高科技企业、创投机构和个人给予所得税优惠，以及降低创新链条各环节的增值税等。三是公共采购，即政府直接购买创新企业的产品或服务。公共采购能够为创新企业提供“早期客户”，是对新技术新产品的官方认可。公共采购不仅能够增加创新企业的研发收益，而且能够降低科技创新的市场风险。此外，公共采购还可以提示国家和社会目前需求未被满足的潜在创新点，比如国防、节能减排等领域所需的技术，一方面，可以提高市场对潜在创新点的关注度，促进私人资本投资，从而塑造产业的发展方向；另一方面，可以引导企业研发方向，推动企业技术能力提升。

与传统财政工具不同，政府引导基金作为新型财政工具，参照私人风投的模式设立，直接参与风投市场。大多数政府引导基金是采用母基金（FOF）的形式运

[1] NELSON R R.The simple economics of basic scientific research[J]. Journal of political economy，1959，67（3）：297-306.

[2] ARROW K J.Economic welfare and the allocation of resources for invention[M]//NBER. The Rate and direction of inventive activity：economic and social factors.Princeton：Princeton University Press，1962：609-626.

[3] BRYAN K A，WILLIAMS H L.Innovation：market failures and public policies[J].Handbook of industrial organization，2021，5（1）：281-388.

作，只有少量政府引导基金进行项目直投。相较于私人风投，政府引导基金具有一定的优势，但也存在不足之处。

理论上，与市场化母基金相比，政府引导基金在促进科技创新方面有独特优势。政府引导基金的第一个优势建立在认证假说的基础上。由于信息不对称的存在，私人风投对初创型高科技企业投资不足，如果政府能够识别出高质量企业并进行投资，相当于向市场释放信号，降低私人风投的事前筛选成本，从而在较大程度上缓解信息不对称问题。一方面，私人风投更偏好信息技术与生物医药等特定行业，对其他行业中有发展前景的企业投资不足，政府可以投资被私人风投忽视但具有发展前景的行业和企业[1]；另一方面，政府在识别和认证高质量的初创企业上有着独特优势，比如部门专家可能会具有更强的专业知识。

政府引导基金的第二个优势是失败容忍与让利机制。由于政府引导基金本质是非营利性质的，所以不会给风投机构施加短期业绩压力。同时政府引导基金一般会配套分红让利和风险补偿等机制，对其他金融机构或合伙人进行补偿[2][3]。

政府引导基金的第三个优势在于财政资金的杠杆效应。政府引导基金能够发挥财政资金的杠杆效应，通过政府信用吸引保险资金、社保资金等机构投资者的资金，以及民间资本、国外资本等社会资本，形成资本供给[4]，从而降低企业的融资成本。

政府引导基金也存在一些不足。与私人风投相比，政府引导基金可能面临权力寻租、多重代理等问题。关于权力寻租，特定利益集团或官员会以利于自己的方式对财政资金进行分配。一个代表性理论是监管俘虏理论。监管俘虏理论是指为获

---

[1] LERNER J.When bureaucrats meet entrepreneurs：the design of effective“public venture capital”programmes[J].The economic journal，2002,112（477）：73-84.

[2] GRAHAM J R，HARVEY C R，RAJGOPAL S.The economic implications of corporate financial reporting[J].Journal of accounting and economics，2005，40（1-3）：3-73.

[3] 杨道广，陈汉文，刘启亮. 媒体压力与企业创新[J]. 经济研究，2017，52（8）：125-139.

[4] COLOMBO M G，CUMMING D J，VISMARA S.Governmental venture capital for innovative young firms[J].The journal of technology transfer，2016，41（1）：10-24.

得监管收益，被监管者将动用各种资源和手段“俘虏”监管者[1]。例如，利益集团会采用游说等方式获取资源。权力寻租会导致风投市场的扭曲和政府引导基金的错配。多重代理问题的存在也会影响政府引导基金的效果。与私人风投不同，政府引导基金还多了一重政府官员与风投基金的委托代理问题。因为政府官员、基金管理人与企业家的目标不一致，多重委托代理的存在使得激励不相容的问题更加难以解决。多重委托代理问题同样会造成资源错配，一方面会使得政府引导基金更多地投向与政府有利益关联的企业，另一方面会使投资偏向更有可能成功、风险更低的企业，而非处于初创期或风险更高的企业。从政府引导基金在中国的实践来看，当前还存在一些问题，主要包括对私人投资的“挤出”、退出困难、资源错配、导致地方财政负担加重等。此外，不同层级的政府引导基金实际发挥作用的效果有着较大区别。近年来，政府引导基金“下沉”现象明显，但地方政府引导基金存在着明显的资金大规模结存、市场化运作能力不足、资源整合能力不足等问题[2]。

二、政府的另一个重要作用是对市场机制的设计与维护

（一）政府需要扮演好市场的“守夜人”角色

亚当·斯密在《国富论》中将市场形容为“看不见的手”，认为市场在经济运行与国民财富增长中居于核心地位，能够有效地配置资源。相应地，政府不应该干预市场主体的自由经济活动，而只需要扮演好“守夜人”的角色[3]。政府作为“守夜人”，其定位是维护公平竞争的市场秩序，具体包括营造法治环境和维护市场规则。

法治是公平竞争的保障，扮演好“守夜人”角色要求营造良好的法治环境。现代市场经济体制有效运作的条件是法治。法治主要通过两个经济作用来为市场经济

[1] LERNER J.When bureaucrats meet entrepreneurs: the design of effective“public venture capital”programmes[J].The economic journal，2002，112（477）：73-84.

[2] 谢宗博.地方政府引导基金组建及运营探究[J].中国财政，2017（15）：51-53.

[3] 亚当·斯密.国民财富的性质和原因的研究[M].郭大力，王亚南，译.北京：商务印书馆，1972.

提供制度保障。第一个作用是约束政府行为，第二个作用是约束经济人行为[1]。约束政府行为意在防止政府对经济活动的任意干预。通过法治约束政府行为的依据在于政府权力天然大于企业和个人，在法治缺失的情况下，政府随意干预经济的倾向会不受抑制。当市场主体预期到政府行为不受约束时，则会相应地调整其经济决策，从而出现市场扭曲和交易成本增加等现象。约束经济人行为则在于维护市场秩序。如果经济人行为不受约束，他们就会为了自身利益进行欺诈，交易成本也会因此增加。此时，政府就需要在经济交易中充当公正的第三方角色，通过界定和保护产权、执行合同和法律等，使交易双方约束自己的经济行为从而达到“可信承诺”（credible commitment）。

政府能够通过法治建设维护市场秩序。首先，构建涵盖产权法、合同法、破产法等在内的法律体系。其中，产权法与合同法是建立公平竞争的市场秩序的基础，能够为市场参与主体提供有效的激励与保障。在科技金融中，资本市场反欺诈是重要内容。政府作为“守夜人”，需要建立起完善的反欺诈与投资者保护相关法律法规体系，使市场交易“有法可依”。其次，政府行政机关作为执法主体，需要严格执法，依据相应的法律法规，公平地对待各类市场主体。政府不仅要确保各类市场主体平等地进入市场并平等地获取生产要素，还要保护各种所有制经济产权和合法利益。在科技金融的实践中，政府要严格执法，敢于对资本市场欺诈行为，尤其是损害公众利益的行为“亮剑”，维护好投资者权益。再次，司法机关应依法独立公正地行使审判权、检察权，不受任何机构和部门的干预。司法机关的独立公正是反欺诈和投资者保护的重要一环，能够通过事后惩罚对资本市场欺诈行为形成震慑，规范资本市场行为。最后，政府一方面要规范自身行为，建立法治化的营商环境，另一方面要加强宣传教育，以政府带头守法来推动全民守法。政府还可以加强投资者教育，为广大中小投资者提供必要的协助，从而维护资本市场的良好生态。

除了营造法治环境，维护市场规则也是政府作为“守夜人”的重要职能。公平

[1] 钱颖一. 市场与法治 [J]. 经济社会体制比较，2000（3）：1-11.

开放透明的市场规则是提高市场调节效果、降低市场运行成本的重要途径。市场公平的原则包括权利平等、机会均等、交易公平、规则公平。市场机制之所以能够有效配置资源，就在于其坚持市场公平的原则[1]。市场公平主要体现在两个方面：一是体现在市场准入上。实行统一的市场准入和市场化退出制度，有助于实现各类市场主体的机会均等。其中，市场化退出制度对风投产业的退出具有重要意义。风投的退出安排建立在市场化退出制度之上，这要求相关金融监管机构在企业IPO审核上做到“非歧视”，不区别对待不同企业。二是体现在市场竞争上。市场所决定的资源配置效率是充满活力的企业在充分竞争中实现的。建立有效的激励机制有助于促进竞争，减少行政干预则有助于扩大竞争的范围。政府还可以通过规范市场行为，建立市场信息披露制度，降低市场参与者的信息获取成本。制定反垄断的相关法律法规则有助于形成有秩序的竞争，提高市场配置资源的效率。

（二）政府需要不断改革和完善市场机制

政府的“守夜人”角色更多地强调维护市场秩序。市场机制并非一成不变，而是随着经济发展需要不断更新，政府在改革和完善市场机制中能够发挥重要作用。为了保证资源配置效率，政府需要着力建设和完善市场机制，使市场对资源配置起决定性作用。从理论上看，比较制度理论提出，政府通过设计相机性租金、发展协商委员会等方式可增强市场解决自身失灵问题的能力[2]。但也有学者指出，导致市场失灵的不完全信息等因素也对政府干预绩效形成严重约束，并且政府面临的俘获困境还将对市场机制产生额外的竞争损害效应[3]。因此，政府在改革和完善市场机制方面也应有所为、有所不为。

改革和完善市场机制的一个重要方面是完善市场体系。市场体系是资源有效配

[1] 洪银兴.关于市场决定资源配置和更好发挥政府作用的理论说明[J].经济理论与经济管理，2014，34（10）:5-13.

[2] 青木昌彦，金滢基，奥野-藤原正宽.政府在东亚经济发展中的作用：比较制度分析[M].张春霖，等，译.北京：中国经济出版社，1998.

[3] STIGLER G J.The theory of economic regulation[J].The bell journal of economics and management science，1971，2（1）：3-21.

置的载体。而资本市场相关制度的完善在促进科技创新上发挥着重要作用。完善市场体系应从以下两个方面着手：第一，培育市场主体。充满活力的市场主体是市场配置资源的微观基础。企业是重要的市场主体，如果企业因为所有制不同而受到区别对待，市场的作用就会被弱化。通过硬化国有企业的预算约束，能够提高市场运行效率。在风投产业中，风投基金是重要的市场主体，不同性质的风投基金应该得到平等对待。第二，推动要素市场建设。在构建要素自由流动环境的基础上，扩大人力资本公共投资，吸引国外技术、人才等要素流入，在供给侧使所有企业面对统一的、扩大的、更高质量的要素供给市场[1]。在风投产业的实践中，扩大资本的供给尤为重要，因此政府需要改进相关机制，取消外资投资限制与门槛，从而拓宽风投资金来源渠道，促进我国风投产业发展。

改革和完善市场机制的另一个重要方面是推动统一市场建设。市场配置资源要求资本、土地、劳动力、技术等生产要素都进入市场，只有在各种要素进入市场并在市场上自由流动的情况下，才能实现市场决定资源配置[2]。统一市场建设有三个方面的含义：一是资本和劳动力等生产要素的自由流动；二是各类市场主体的自由流动，包括市场进入与退出、生产要素的获取等；三是市场规则的统一，各个地区市场应当按照统一的规则运作，而不加歧视。政府在统一市场建设中的重要作用在于可以有效破除地方保护等行为。地方保护虽然能在短期内给所在地区带来经济效益，但是长期来看不利于经济效率的提升。政府应打破行政性垄断与地区保护，实现商品和各种生产要素在全国范围内的自由流动。完善的风投机制能够提高资源配置效率。具体到风投产业中，地方政府层面的引导基金一方面应尽量降低返投比例等要求，另一方面不应对被投企业采取地域性歧视。

[1]　黄先海，宋学印.赋能型政府：新一代政府和市场关系的理论建构[J].管理世界，2021，37（11）：41-55，4.

[2]　洪银兴.论市场对资源配置起决定性作用后的政府作用[J].经济研究，2014（1）：14-16.

Chapter 4

第四章

中国科技金融现状

通常而言，科创融资模式大致可分为财政主导、银行主导与资本市场主导三类。苏联是财政主导型融资模式的代表，日本和德国是银行主导型融资模式的代表，美国则是资本市场主导型融资模式的代表。从创新的角度看，改革开放之前，中国的主要任务是加速公共品的追赶式创新，财政主导型融资模式提供了有效支持；改革开放之后，主要任务是加速产业的追赶式创新，与之相匹配，逐步形成了银行主导型融资模式。中国当前的发展阶段叠加国际竞争形势，意味着更多领域需要尽快强化引领式创新能力。引领式创新具有较强的原创性、颠覆性，不确定性较大，与偏好抵押物多、现金流稳定的银行不匹配，也不适合由追求精准执行政府意图的财政主导。资本市场在本质上是高度分散化的直接融资体系，能够为各类风险项目提供资金支持，更有利于促进引领式创新。这意味着科技金融未来应补齐资本市场的短板，更好地发挥资本市场的枢纽功能。为实现此目标，有必要坚持“产融分离、分业经营”的监管框架。

第一节

需要重视市场在科创融资中的作用

一、财政主导模式下，产业创新的转化效率待提升

创新类型复杂多样，不存在适用于所有创新活动的最优科创融资模式。除银行主导与资本市场主导这两类基本的融资模式外，财政主导也是支持创新的重要融资模式。从理论分析和历史实践来看，这三种科创融资模式各有优劣，各有其更匹配的创新类型。财政主导的科创融资模式主要由国家财政为科技创新提供资金支持。这一模式的典型代表是苏联。采用这一模式，在一定程度上可以精准执行政府意

图，有效推动公共品领域的科技创新。

财政主导模式推动公共品创新的一个体现是对科学研究的有效支持。科学研究通常由基础研究和应用研究两部分构成，基础研究是指不预设研究目标的探索性研究，应用研究则是指具有预设目标的实用性研究。科学研究成果通常以论文、著作、研究报告等形式呈现，具有较强的非竞争性、一定的非排他性，呈现出公共品或准公共品特征。对于科学研究的重要性及其特点，《科学：无尽的前沿》一书中这样阐述：新产品和新工艺建立于新的原理和概念之上，这些新的原理和概念源自最纯粹的科学领域的研究；基础研究是一个长期的过程，如果我们寄希望于短期支持产生即时结果，那么它就不再是基础研究[1]。

因此，《科学：无尽的前沿》强调应以国家财政力量来支持科学研究尤其是基础研究工作。事实也证明，苏联的财政主导模式确实有效支持了具有公共品属性的科学研究。冷战期间，苏联不仅整体的研发投入强度高于美国，其研发投入中科学研究的占比也远高于美国。苏联研发投入规模在20世纪50年代约为美国的一半，到了1970年即达到美国的80%左右（见图4-1）。更重要的是，从研发投入强度来看，20世纪70年代至80年代苏联持续高于美国（见图4-2）。而且70年代末，苏联的科研人员数量接近美国的两倍，每万名劳动力中的科研人员数量也高于美国。从20世纪70年代末美国、苏联两国的研发支出构成来看，基础研究都占到了近13%，两国基本持平，但苏联的科学研究（基础研究和应用研究）占比远高于美国（见图4-3）。大量科研投入造就了苏联在数学、物理等基础研究领域的强大实力，这种地位一直保持到苏联解体的90年代初（见图4-4）。

[1] 详见中金研究院《中庸策2022·双支柱举国体制》第四章“基于美、苏比较的美国科创举国体制研究”。

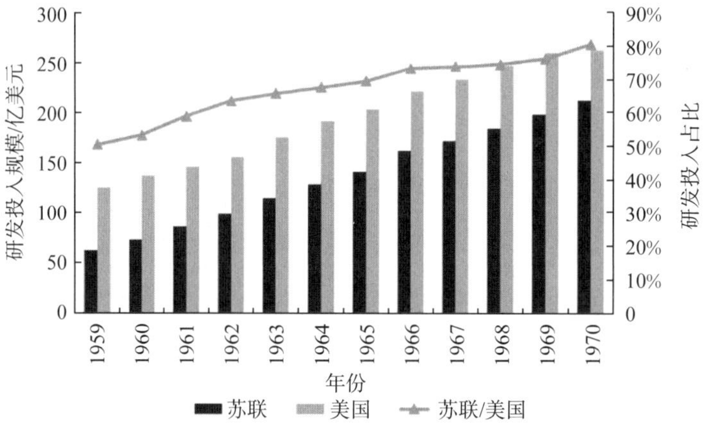

图4-1　苏联和美国的研发投入规模（R&D）

资料来源：CIA，NSF，中金研究院。

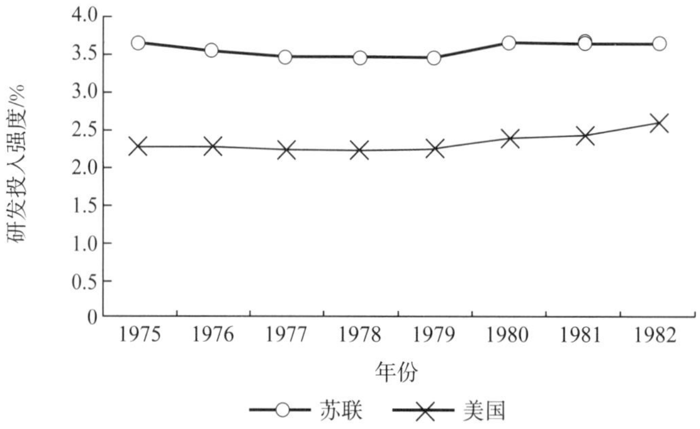

图4-2　苏联和美国的研发投入强度（R&D/GNP）

资料来源：National Science Board，中金研究院。

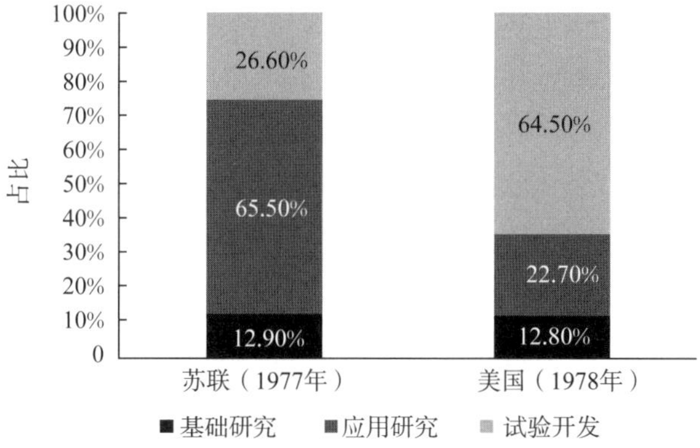

图4-3　20世纪70年代末苏联和美国的研发支出构成

资料来源：郭碧坚（1986）[1]，中金研究院。

注：苏联的数据为文献中的原始数据。

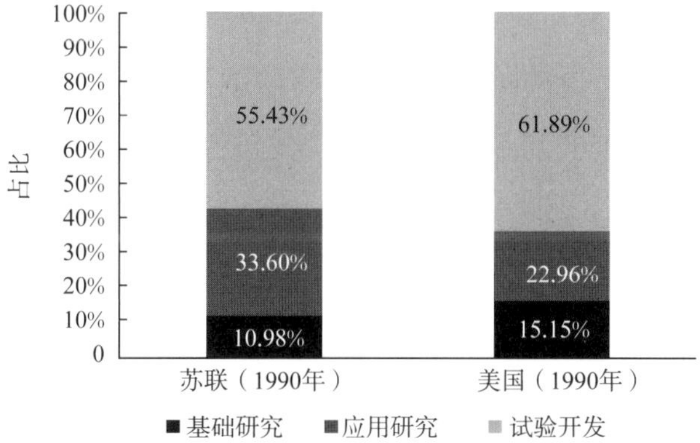

图4-4　20世纪90年代初苏联和美国的研发支出构成

资料来源：NSF，中金研究院。

通常而言，研发资金和人力资本投入规模、投入强度越大，越有利于科技创新和经济增长。但是，研发投入规模接近美国、研发资金和人力资本投入强度高于美国、科研人员总数量远高于美国的苏联，最后却受到了较大拖累。财政主导的科创融资模式存在一些问题，尤其是在将科学研究成果转化为民用品及现实生产力方面的激励不足，导致可持续性较差。当研发的最终产品是民用品时，财政主导的科创融资模式意味着此时最终产品的需求方是普通民众，供给方是国企等公共部门。民

[1]　郭碧坚. 从科学技术的投入和产出看美苏等国的基础研究[J]. 科学学研究，1986，4（1）：60-69.

众在与公共部门的谈判中处于弱势地位，使得公共部门缺少足够的激励去响应民众的需求，结果是大量的科学研究成果被束之高阁，无法有效转化为现实的产品及生产力。

由于公共部门缺少根据民众诉求来对相关产品进行及时改良的足够动力，因此，即使是那些得到转化的科学研究成果，可能也无法很好地激发社会潜在需求，从而削弱了科技创新对生产力进步和经济发展的促进作用。这在美苏冷战期间表现得尤为明显。在财政主导的科创融资模式下，苏联缺少将科学研究成果转化为民用品及现实生产力的顺畅机制，使得科研支出成为苏联政府的一项成本，难以形成对科学研究支出进行持续融资的良性循环，这不仅给苏联财政造成了巨大负担，也拖累了经济增长。财政主导的科创融资模式具有不可持续性。

了解科学研究与试验开发的差异，有助于理解这种不可持续性。试验开发以产业化为导向，强调通过工程开发等生产产品原型、原始样机及装置，将从科学研究和实践经验中获得的知识，用于生产新材料、新产品或新设备，建立新的工艺、系统和服务，以及大幅改进已经生产或安装的设备（见表4-1）。通常而言，试验开发中不存在未突破的科学问题，其主要目的是运用既有科研成果，服务工程开发目标。试验开发所生产的产品原型、原始样机及装置等，大多以专利为主要体现形式。基础研究是无法直接形成生产性资本的，应用研究离现实生产力的距离也要远于试验开发。在各研发环节中，试验开发是最接近产业化的环节，也是科学研究转化为生产力的关键一步。

表4-1　研发类型、定义与成果体现形式

类型	定义		成果体现
	OECD	国家统计局	
基础研究	一种实验或理论工作，主要是为了获得现象和可观察事实的基础的新知识，没有任何特定的应用或使用	一种不预设任何特定应用或使用目的的实验性或理论性工作，其主要目的是获得（已发生）现象和可观察事实的基本原理、规律和新知识	其成果通常表现为提出一般原理、理论或规律，并以论文、著作、研究报告等形式呈现

续表

类型	定义		成果体现
	OECD	国家统计局	
应用研究	为了获得新知识而进行的初始研究，但是主要针对一个特定的实际目的或目标	为获取新知识，达到某一特定的实际目的或目标而开展的初始性研究。应用研究是为了确定基础研究成果的可能用途，或确定实现特定和预定目标的新方法	其成果通常以论文、著作、研究报告、原理性模型或发明专利等形式为主
试验开发	一个系统的工作，利用从研究和实践经验中获得的现有知识，生产新的材料、产品或设备，建立新的工艺、系统和服务（或大幅改进已经生产或安装的设备）	利用从科学研究、实践经验中获取的知识和研究过程中产生的知识，开发新产品、新工艺或改进现有产品、工艺而进行的研究	其成果以专利、专有技术为主，通常以具有新颖的产品原型、原始样机及装置等形式出现

资料来源：《2020中国科技统计年鉴》，OECD，中金研究院。

基础研究作为应用研究和试验开发的基础，从政府现金流量表来看，其投入是一种典型的成本支出和资金流出。如果缺乏为这种开支进行持续融资的机制，则该项投入从长期来看是不可持续的，整个科创体制最终可能被大规模的持续支出拖垮。事实上，这个问题不仅存在于基础研究领域，也存在于科学研究范畴的应用研究领域，应用研究在直接形成生产力方面也弱于试验开发。试验开发成果带来的生产力进步与经济增长，意味着政府税基扩大与资金流入。一个经济体如果没有大量的试验开发，就很难将基础研究等科学研究成果转化为现实的生产力；如果忽视了试验开发在研发投入中的重要性，科学研究则缺乏可持续的融资机制。

冷战期间的数据表明，苏联的试验开发在整体研发投入中的比重过低，这意味着苏联的科创体制无法将政府资助下产生的科研成果有效转化为生产力，无法通过促进经济增长形成对基础研究等科研支出进行持续融资的良性循环。总之，苏联所代表的财政主导型融资模式，长处是精准执行政府意图、支持公共品创新，但这种模式难以有效促进经济利益导向的产业创新，对于非公共品、民生产品的转化的支持力度不足，缺乏促进产品创新的一环，对于产业追赶可能是低效的。这也体现出从科创融资转向科技金融的重要性。

二、政府与市场互动的科创举国体制，重视市场的作用

美苏冷战时期的研发支出构成对比表明，并不是对基础研究等科学研究越重视越能够在冷战中胜出。美国作为冷战的另一方，绝大部分研发支出投向了试验开发，而非基础研究等科学研究。从创新链的角度看，基础研究等科学研究需要通过试验开发的转化，才能促进现实的生产力进步与经济增长，继而为政府进一步加大基础研究等科研投入提供更多的收入来源。

试验开发是科研成果转化为生产力的关键一环，而生产力发展的最主要体现是消费品等非公共品产出的大量增加。如果用来满足消费品等非公共品生产需要的试验开发是由政府主导的，则意味着其技术的供给侧是政府，需求侧是个人。而供给要有效响应需求，需要建立在供求双方比较平等的谈判地位上。作为消费品等非公共品技术供给者的政府，与作为需求者的个人，明显不在同一个谈判地位上。政府主导试验开发环节，意味着消费品等非公共品技术供求双方谈判地位高度不对等，供给方没有动力为其开发投入足够的资源。

因此，苏联试验开发占比过低的原因，可能不仅是试验开发的花费远高于科学研究，根本原因或许在于政府主导试验开发环节，在消费品等非公共品技术供求双方地位高度不对等的情况下，供给方缺乏足够的动力为其开发投入资源，这大大阻碍了基础研究、应用研究等科学研究成果转化为生产力，导致苏联在数学、物理等基础研究领域的实力并没有促进社会财富较大丰富与经济繁荣，这也意味着苏联的科创体制是缺乏可持续融资机制的。

在美国的科创体制下，试验开发环节由企业主导，企业与消费者处于较为平等的谈判地位，有足够的激励来响应消费者的需求，围绕消费者需求积极从事试验开发活动，进而将基础研究等科学研究的成果通过产业化的方式转化为生产力。由此形成的经济增长意味着税基上升，能够为政府资助基础研究等科学研究工作提供可持续的融资保障。

总之，如果将举国体制定义为动员国家一切可以动员的力量来可持续地实现特定目标的话，那么同时调动了政府与企业的力量，实现了政府主导的科学研究与市场主导的试验开发良性互动，能够将政府资助的科研成果通过企业试验开发的方式转化为生产力促进经济增长，或许是真正具有生命力的举国体制，比如冷战时期美国的科创体制。与苏联单纯依靠行政力量驱动的模式不同，美国举国体制的最大特点是政府主导的科学研究与市场主导的试验开发形成互动，比苏联的模式更有利于调动全部的社会资源和积极性。其中，科学研究尤其是基础研究，外部性较强、直接的商业价值有限，企业投入意愿高度不足，需要由政府持续投入；试验开发是科学研究外部性落地的重要渠道，也是科研成果转化为生产力的关键一环，由企业作为试验开发主体，可以确保消费品等非公共品技术的供求双方处在相对平等的地位，提高科研成果向消费品等非公共品技术的转化效率，以促进消费品等非公共品生产力进步。

消费品等非公共品增长又是经济增长的最主要体现，只有较大地丰富消费品等非公共品的生产，政府可用的税基才会有充分增长，进而为政府筹措更多资源投入下一轮科学研究提供足够的物质保障；持续的科学研究成果产出，反过来不断拓展着试验开发的可能性边界，通过企业的逐利动机促进生产力的不断进步。这种政府主导的科学研究与企业主导的试验开发互相促进的驱动模式，解决了苏联举国体制的不可持续问题。总之，在政府与市场互动的科创举国体制下，虽然政府、企业都出现在了基础研究、应用研究和试验开发三个环节，但是外部性较强的基础研究等科学研究由政府主导，能够直接转化为生产力的试验开发则由企业主导（见图4-5）。

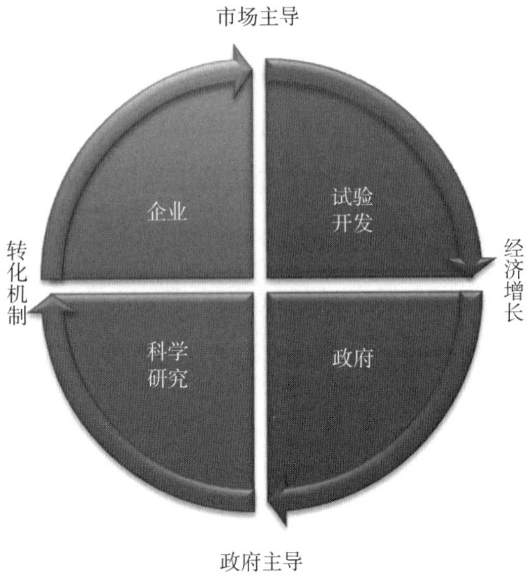

图4-5 政府与市场互动的科创举国体制

资料来源：中金研究院。

当然，这并不是说在政府与市场互动的科创举国体制下，企业完全不做基础研究。事实上，无论是在新冠疫情前的2019年，还是在美苏冷战时期的1953年，来自企业的资金均占到美国基础研究资金投入的30%以上。只是说由于基础研究的外部性较强、短期商业利益有限，仅靠企业投入是不够的；正如并不是试验开发不需要政府投入，而是仅靠政府投入会导致试验开发投入不足一样。事实上，即便到了2019年，来自美国政府的资金依然占到了试验开发资金投入的12%。对于政府与市场互动模式下的转化机制而言，如果基础研究是企业做的，企业就有足够的积极性将这些基础研究成果进行自发的产业化；如果政府做了试验开发，试验开发成果的外部性能否转化为消费品等非公共品生产力的进步依旧是一个需要探讨的问题。

综上所述，虽然构建新型举国体制需要加大基础研究的力度，但新型举国体制的生命力可能并不仅取决于基础研究的力度，也取决于转化机制，即基础研究等科学研究向试验开发转化、政府资助的科研成果向消费品等非公共品生产力转化的效率。由于在各研发环节中基础研究的外部性最强，因而适合由政府主导；消费品等非公共品是经济产出的主要组成部分，消费品等非公共品技术也是试验开发的主要方向，由不存在公权力背书的企业作为消费品等非公共品生产及其相关技术开发的主力，有助于提高试验开发和消费品等非公共品生产的效率。总之，基于美国、苏联研发支出构成比较的科创举国体制的研究表明，科创体制的生命力或许在于政府与市场的良性互动，实现政府主导的基础研究等科学研究向市场主导的试验开发的有效转化。从科创融资模式的角度看，这意味着需要从财政主导转向市场主导的科技金融。市场主导的科技金融模式大致又可以分为两种，一种是银行主导的，另一种是资本市场主导的。

第二节

银行主导的科技金融模式更适合支持追赶式创新

一、从改革开放开始，我国逐步形成银行主导的金融结构

改革开放40多年来，我国在产业方面的最主要任务是追赶，与之相匹配，逐步形成了银行主导的科创融资模式（见图4-6），这背后少不了政策的推动。1985年，中国人民银行、国务院科技领导小组办公室联合发布《关于积极开展科技信贷的联合通知》，正式开展科技贷款。1985—1996年，中国工商银行等五大国有银行累计发放科技贷款700多亿元。2004年，国家开发银行和科技部科技型中小企业技术创新基金管理中心签署了科技型中小企业贷款业务合作协议，当年打包贷款总额达3亿元。2006年，国务院发布的《国家中长期科学和技术发展规划纲要（2006—2020年）》及其配套政策中，涉及科技金融的政策达9项，涵盖银行信贷、资本市场、保险、担保、创业投资等。这一时期，信贷方面出现了科技贷款风险补偿基金、贷款贴息、知识产权质押贷款、商业银行科技支行、科技小额贷款公司等[1][2][3]。

2011年，科技部、财政部、中国人民银行等八部委联合发布的《关于促进科技和金融结合加快实施自主创新战略的若干意见》明确提出，引导银行业金融机构加大对科技型中小企业的信贷支持。优化信贷结构，加大对自主创新的信贷支持。金融机构要把落实自主创新战略放在突出位置，加强对重点科技工作的信贷支持和金融服务。金融机构要加强与科技部门合作，在国家科技重大专项、国家科技支撑计

[1] 张明喜，魏世杰，朱欣乐. 科技金融：从概念到理论体系构建[J]. 中国软科学，2018（4）：31-42.

[2] 房汉廷. 中国科技金融发展未来之像[J]. 科技与金融，2023（5）：3-7.

[3] 王伟，王硕. 中国政策性科技金融模式演化特征与优化研究[J]. 农业发展与金融，2023（2）：43-51.

划、国家高技术研究发展计划（863计划）、星火计划、火炬计划等国家科技计划以及国家技术创新工程、国家高新区基础设施及地方科技重大专项和科技计划、科技型企业孵化抚育、科技成果转化、战略性新兴产业培育等重点科技工作领域内，进一步加大对自主创新的信贷支持力度。

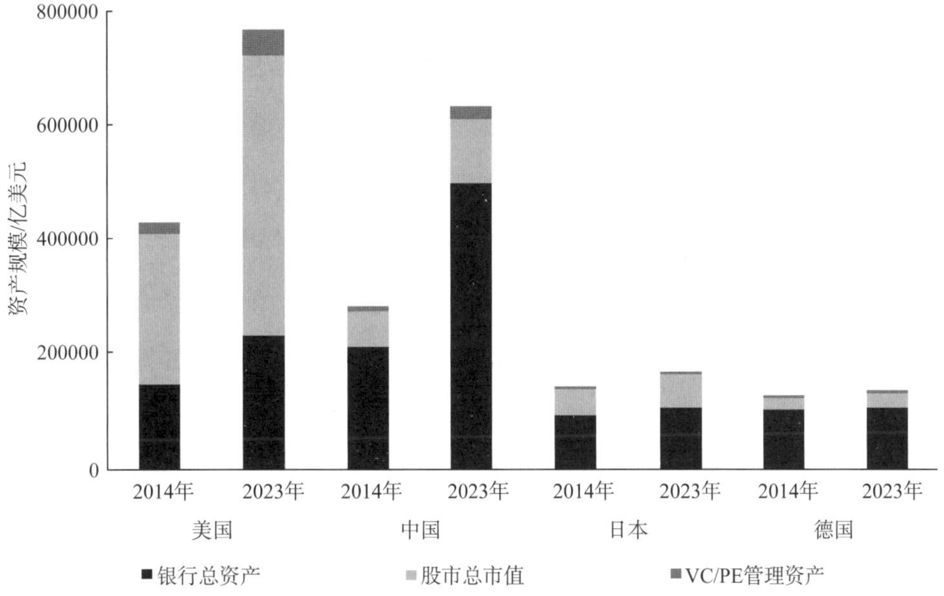

图4-6　美、中、日、德金融结构对比

资料来源：世界银行，PitchBook，iFinD，中金研究院。

注：由于银行总资产数据的可获得性，中国、美国的银行总资产是指商业银行总资产；德国的银行总资产包括商业银行、州立银行、储蓄银行、信用合作社、抵押贷款银行、建筑和贷款协会、特定银行和外资银行的资产；日本的银行总资产是指日本国内银行和在日外资银行的总资产，其中，日本国内银行包括城市银行、地方银行、地方银行Ⅱ、信托银行和长期信用银行。

二、银行主导有助于追赶式创新，但可能无法有效支持引领式创新

对不同金融机构在创新中作用的理解，需要与不同的创新类型结合起来考虑，尤其应统筹考虑资本市场、银行与引领式创新、追赶式创新的关系。在当前的国际竞争形势下，半导体产业链“卡脖子”成为中国经济面临的重要挑战之一，亟须加速追赶式创新予以应对。半导体产业链“卡脖子”虽然给国家经济安全带来了

挑战，但是本质上并非国防或科研的公共品问题，而是面向普罗大众的民用品问题。衡量追赶式创新是否成功的关键在于国产半导体是否能够得到市场青睐，而非公共部门认可。因此，对于“卡脖子”问题的融资模式选择，应以金融为主，而非财政。

从科技金融的角度看，有两个因素决定了银行而非资本市场更适合支持追赶式创新。一是银行有利于政府集中力量进行追赶。资本市场作为一种直接融资模式，其投融资决策是高度分散的，难以由政府统一调配资源。银行作为一种间接融资模式，虽然其资金来源高度分散，但投资决策由少数银行作出，更有利于政府集中金融资源办大事。现代银行基本上是因为得到了政府担保才得以稳健运营，因而更有必要服务于政府意图。二是银行的风险偏好与大企业更匹配。一方面，银行为解决资产端信息不对称问题，通常需要债务人提供抵押物，大企业的抵押物多于小企业；另一方面，银行负债端通常有稳定的现金流出，为了与之相匹配，通常也需要资产端有稳定的现金流入，成熟企业的现金流远比初创企业更稳定。

在美日经贸摩擦加剧的20世纪70年代，日本半导体产业链面临着被美国“卡脖子”的风险。为了尽快实现对美国的追赶，日本在1976年推出了超大规模集成电路（VLSI）计划（见图4-7）。该计划主要有三个特点：一是大政府，日本政府直接组织相关企业形成紧密的合作集团；二是大企业，以日立、三菱、富士通、东芝、日本电气等五家大型企业为骨干；三是纵向一体化，五家骨干企业构成的合作集团对产业链各关键环节进行了纵向的全覆盖。银行是日本VLSI计划重要的资金来源方。得益于“大企业+大政府”的纵向一体化，日本通过VLSI计划实现了在主流芯片（存储芯片）市场对美国进行追赶的目标。1980—1986年，日本的全球半导体市场份额由26%上升至45%，美国的市场份额则由61%下滑至43%。

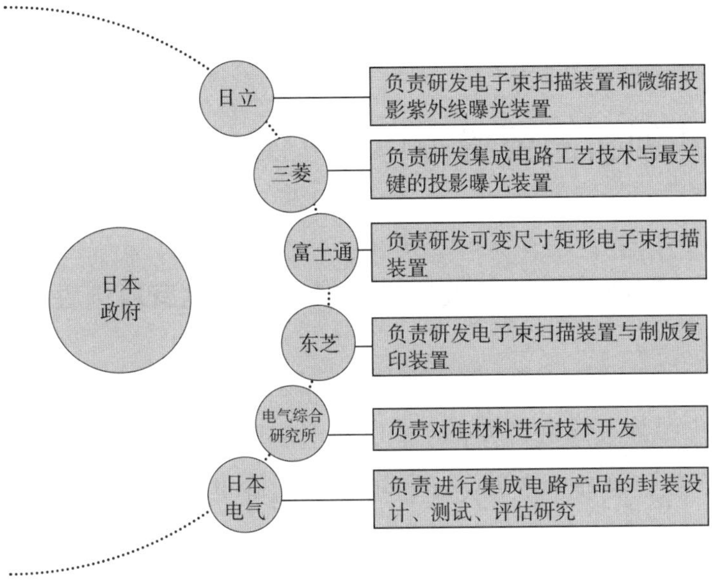

图4-7　日本的VLSI计划

资料来源：冯锦锋 等（2020）[1]，谢志峰 等（2018）[2]，中金研究院。

银行主导对于追赶式创新很有效，但它可能无法有效支持引领式创新。银行更适合支持抵押物较多的大企业和现金流稳定的成熟企业创新。考虑到“卡脖子”问题通常需要持续、大量的资金供给，大银行应该成为追赶式创新中的科技金融主力。与此同时，在人才储备、研发投入、知识产权积累等创新要素所衡量的创新能力方面，成熟的大企业远强于中小型创业企业，应当成为追赶式创新的主力，“大企业+大银行+大政府”的科技金融模式因而更有利于加速追赶。但受限于对过往成功发展模式的路径依赖以及内部较高的组织变革成本，大企业推动可能颠覆自身市场地位的引领式创新的意愿较弱，这意味着金融资源向大企业集中的银行主导模式，不利于提升引领式创新能力。日本的经验教训也印证了这一点。在美国开辟出新的算力芯片赛道后，日本再次成为追赶者，无法摆脱“落后—追赶—再次落后—再次追赶”的循环。

[1]　冯锦锋，郭启航. 芯路：一书读懂集成电路产业的现在与未来[M]. 北京：机械工业出版社，2020.

[2]　谢志峰，陈大明. 芯事：一本书读懂芯片产业[M]. 上海：上海科学技术出版社，2018.

第三节

引领式创新需要资本市场主导的科技金融模式

一、中国经济增长将更多地依靠科技进步，具有原创性颠覆性的新质生产力是重点

2023年中央经济工作会议提出，要以颠覆性技术和前沿技术催生新产业、新模式、新动能，发展新质生产力。2024年7月，《中共中央关于进一步全面深化改革 推进中国式现代化的决定》发布，强调“健全因地制宜发展新质生产力体制机制”“推动技术革命性突破”“引导新兴产业健康有序发展”“健全促进实体经济和数字经济深度融合制度”。通常而言，科技创新成果只有在产业化后才能成为现实的生产力，这一过程离不开金融支持。

经济体量决定了中国将更加依靠创新来实现熊彼特式增长。西蒙·库兹涅茨曾提出大经济体和小经济体的不同发展模式，他认为，大经济体通常具有自主开发创新的比较优势，可以实现熊彼特式增长；而小经济体则依赖于自由贸易的专业化收益，即斯密式增长[1][2]。中国虽然人均GDP仍然较低，但经济总量已经排在全球第二，未来将越发依靠创新来实现熊彼特式增长。

中国经济增长将更多地依靠科技进步推动的全要素生产率增长。我国人口红利渐行渐远，未富先老问题日益加剧。我国青壮年人口已经在2011年跨过增长拐点，处于下降趋势，未来储蓄率也可能随之持续下降，这将导致资本积累速度逐渐放缓。在当前金融周期下行、劳动年龄人口负增长的背景下，全要素生产率对经济增

[1] 欧阳峣，汤凌霄.大国创新道路的经济学解析[J].经济研究，2017，52（9）：11-23.

[2] 中金公司研究部，中金研究院.创新：不灭的火炬[M].北京：中信出版社，2022.

长的重要性不断上升[1]，要实现我国中长期发展目标，经济增长将更多地依靠科技进步推动的全要素生产率增长（见图4-8）。根据我们估算，要实现2035年的中长期发展目标，我国全要素生产率增速要维持在2.5%～3%，需将研发投入强度由当前的2.4%提升至约3.4%[2]。

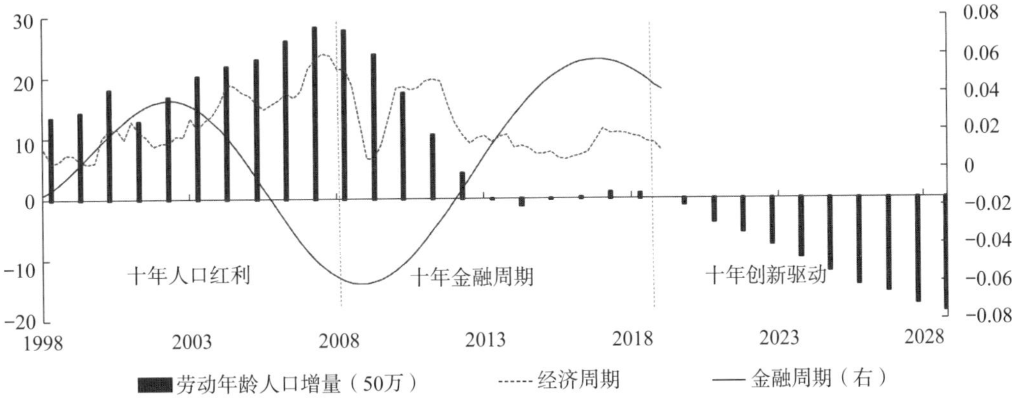

图4-8　中国经济增长模式变迁的三个阶段

资料来源：Wind，联合国人口司，中金研究院。

注：劳动年龄人口为20～59岁。

二、资本市场更有利于促进引领式创新，我国资本市场发挥科技金融的作用仍然不足

从国际竞争的角度看，通常可以把创新划分为创造新产品的引领式创新和改良老产品的追赶式创新。创造新产品是一种不稳定的生产行为；改良老产品则可以起到范围经济的效果，有利于提升企业经营的稳定性[3]。

引领式创新更符合熊彼特提出的创造性破坏特点，其破坏性体现在两个方面，一是对竞争对手的破坏，这是社会舆论关注最多的方面，比如电商平台“抢”了实

[1]　中金公司研究部.中国宏观热点速评：高远而务实|三中全会《决定》简评[R].北京：中金公司研究部，2024.

[2]　中金公司研究部，中金研究院.创新：不灭的火炬[M].北京：中信出版社，2022.

[3]　比如诺基亚在传统手机框架下每年开发出多个机型，这时的创新成果有利于企业现存机器设备等有形资产和品牌等无形资产利用效率的不断提升。

体店的生意、“抢”了菜贩的生意。二是对创新者自身的破坏，这种破坏受舆论关注较少。以柯达和诺基亚为例。柯达是数码技术创新的先锋和多项数码技术初期专利的保有者；诺基亚在2004年就已经推出了基于触屏的智能手机原型机[1]，时间上领先苹果智能手机三年。但最终的结果是，数码技术终结了柯达长达百年的垄断地位，诺基亚在智能手机时代迅速崩溃。

引领式创新作为一种创造性破坏，有可能威胁创新者现金流的稳定性。因此，在商业银行的稳定偏好约束下，对于现金流稳定的成熟企业而言，避免融资困境的理性做法是顺着熟悉的道路不断渐进创新，但这会导致内外部利益共同体的利益日益锁定在旧模式下。久而久之，即便历史积淀让成熟企业有足够的能力进行引领式创新，即便企业不再需要外部融资，这种锁定了大多数人利益的路径依赖也会导致企业主动回避引领式创新。

从微观的商业实践来看，稳定导向的追赶式创新铸就了德国制造的所谓“严谨”形象与日本制造的所谓“工匠”精神。然而，一旦出现苹果手机和特斯拉电动车等革命性新产品，即便这些新产品的质量存在瑕疵（比如，苹果手机的信号问题一直饱受诟病，特斯拉公司首席执行官马斯克也承认产能爬坡期难以保证质量），依旧能够在商业竞争中“击败”充满严谨与工匠精神的老产品。持续的追赶式创新虽然有利于稳定，但是缺失了引领式创新的精神，最终难免在新经济时代落伍。

因此，所谓引领式创新就是做他人未做过的创新，没有先例可循，引领式创新的激进程度越高，结果的不确定性就越大。由银行作出集中决策的间接融资体系，风险偏好相对单一，难以匹配这种风险分布高度分散的创新活动。相较于银行来说，资本市场本质上是高度分散化的投融资体系，由风险偏好高度差异化的投资者直接作出资金供给决策，因而有能力为各类高风险项目提供资金支持。

因此，促进引领式创新需要资本市场更多地发挥作用，这恰是中国金融的短

[1] ALIBAGE A，WEBER C.Nokia phones：from a total success to a total fiasco[R].Honolulu：Portland international conference on management of engineering and technology，2018.

板。如果从总量来看，中国金融的整体规模已然较大。过去几十年，中国金融业发展有了长足进步，金融业增加值占GDP的比重超过日本和德国，接近美国，有效支撑了中国的经济增长（见图1-2）。然而，从2023年的数据看，美国是典型的资本市场主导的金融结构，股市总市值与银行总资产之比约为211%。中国、德国、日本是银行主导的金融结构（见图4-9），股市总市值与银行总资产之比分别为21.7%、19.4%和58.4%。从结构上看，中国资本市场的科技金融作用尚未充分发挥。

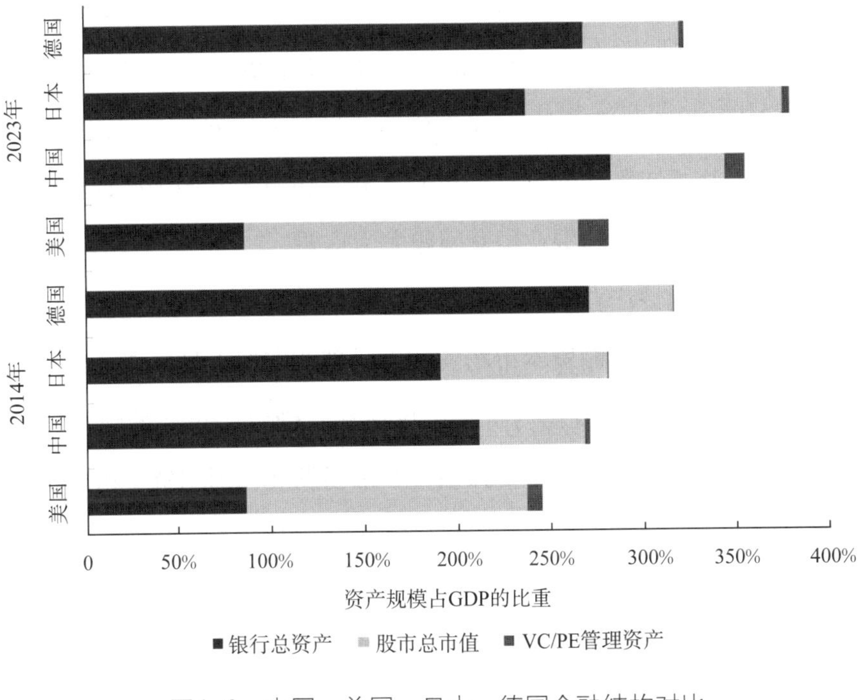

图4-9　中国、美国、日本、德国金融结构对比

资料来源：世界银行，PitchBook，iFinD，中金研究院。

注：由于银行总资产数据的可获得性，中国、美国的银行总资产是指商业银行总资产；德国的银行总资产包括商业银行、州立银行、储蓄银行、信用合作社、抵押贷款银行、建筑和贷款协会、特定银行和外资银行的资产；日本的银行总资产是指日本国内银行和在日外资银行的总资产，其中，日本国内银行包括城市银行、地方银行、地方银行Ⅱ、信托银行和长期信用银行。

第四节

产融结合、混业经营不利于资本市场发展

资本市场主导的美国，引领式创新能力较强；银行主导的德国，金融稳定性较好。但这并不意味着只有资本市场才能促进科技创新，银行主导的中国、日本、德国，过去几十年依然有比较活跃的创新活动；也并不意味着银行必然带来金融稳定，美国20世纪80年代的储贷危机、2008年的次贷危机，背后都是银行风险的暴露。事实上，之所以美国、德国的经济在创新与稳定表现方面存在较大差别，不只是因为银行主导与资本市场主导的融资体制差异，还源于不同金融结构下的监管机制差异。如何对待产融结合与混业经营问题尤为重要。

产融结合一般指允许产业资本开设银行，或者银行资本不受限制地直接投入产业。产融结合的金融结构抑制资本市场发展，对创新支撑不足。混业经营通常指允许受政府担保的商业银行深度参与资本市场活动。受政府担保的银行进行混业经营，可能导致资本市场不公平竞争，抑制资本市场发展，削弱资本市场促进创新的功能和作用。

一、美国：资本市场主导下的混业经营，增强银行过度扩张资产负债表的能力，带来系统性金融风险

无论是银行资本，还是实体资本，其本质都是追逐利润最大化，风险与收益匹配则是市场经济实现公平交易的一个基本规律。如果银行甲想要获得超过行业整体的超额收益，它就需要通过过度负债或将更多资产投放到高风险领域等方式，去承担更多的尾部风险。当尾部风险没有暴露时，银行甲的冒险行为所带来的超额收益，将会激励银行乙等银行效仿，这会导致整个市场的风险累积超过市场的风险约

束线，最后以危机的方式来惩罚这些过度追逐尾部风险的激进行为，从而限制银行的过度负债、不当放贷等冒险行为（见图4-10），这大致是1914年以前美国银行业的情形。以银行被迫宣布暂停支付存款为标志，在1845—1914年间大约出现了四次比较大的银行危机，时间间隔为15～20年，银行暂停支付的期限一般为2～3个月。这些较频繁发生的银行危机，可以被视为市场自发地对金融业过度追逐尾部风险的惩罚[1]。

1913年，美联储成立。作为面向银行的担保机制，美联储在降低金融危机发生概率的同时，也弱化了市场惩罚过度冒险的自发机制。美联储成立的初衷是作为"最后贷款人"来防范银行危机，数据表明，它确实在一定程度上起到了这个作用。美联储成立之后发生的第一次银行暂停支付事件是在1933年，距离美联储成立前的最后一次银行危机——1907年的"富人的恐慌"，过去了26年，与之前最长20年的危机间隔相比，间隔时间显著拉长了；而且此次暂停支付的时间也只有两周，比此前危机中的暂停支付时间也大大缩短了。因此，美联储的成立实际上是把原来的"市场风险约束线"外推到了"具有担保的市场风险约束线"的位置，原本会遭受市场自发惩罚的银行甲，因为得到政府的担保而免受惩罚。

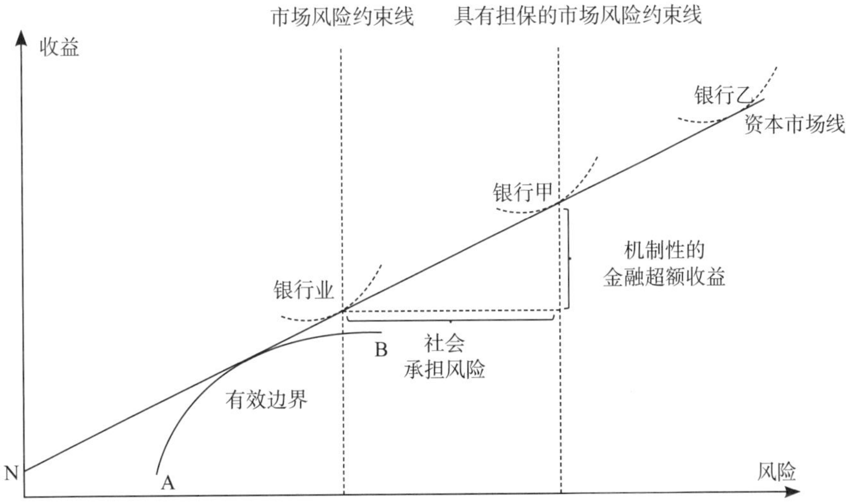

图4-10　政府担保带来机制性的金融超额收益

资料来源：中金研究院。

[1]　详见中金研究院《中庸策2023·双支柱金融体系与好的社会》第二章"新中间路线：双支柱金融体系"。

这会从资产端和负债端两个方面激励银行提升风险偏好。在负债端，政府担保可以增强储户信心，给银行带来更稳定和低廉的负债，激励银行持续扩大负债规模。更严重的问题出现在资产端。自由放任的阶段，存在比较严重的混业经营问题。以直接导致美联储成立的1907年危机为例，这次危机的起因是一些银行的实控人利用银行资金投机股票交易失败，引发储户恐慌，随后的银行挤兑可以看成是市场对银行投机股票交易的自发惩罚。

美联储成立之后，银行恐慌概率的下降直接助长了金融系统的投机风气，一个重要表现是证券类贷款占比过高（见图4-11）。证券类贷款作为大萧条时期银行资金进入股市的重要通道，本身并非因美联储而产生。早在19世纪，追求利润最大化的投资者往往会向证券经纪人寻求更多的融资，而经纪人会向银行和其他机构借入"通知贷款（call loan）"。通知贷款是资本市场上证券经纪人以证券作为抵押向银行借入的可随时归还的证券贷款。这一机制形成了以股票为抵押物的古典金融周期，即股票价格与证券贷款相互促进、银行信用与股票市场深度绑定。

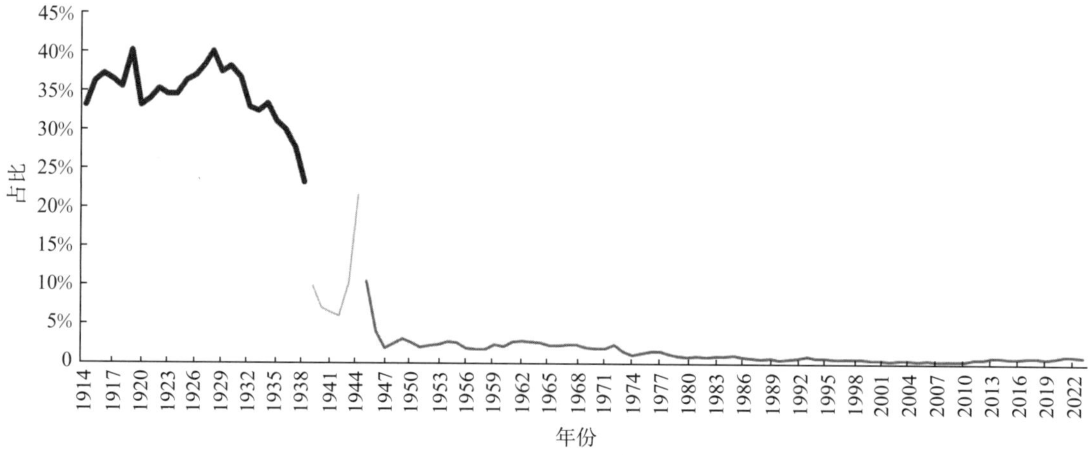

图4-11　美国证券类贷款占总贷款的比重

资料来源：米尔顿·弗里德曼 等（2009）[1]，Board of Governors of the Federal Reserve System（1959）[2]，Federal Reserve Economic Data，中金研究院。

[1]　米尔顿·弗里德曼，安娜·J.施瓦茨.美国货币史：1867—1960[M].巴曙松，王劲松，等，译.北京：北京大学出版社，2009.

[2]　Board of Governors of the Federal Reserve System.All-bank statistics，United States，1896-1955[S].1959.

更重要的是，在混业经营模式下，银行既可以经营信贷业务，也可以经营证券承销业务，还可以通过证券类贷款将银行资金借给自己下属的证券承销机构，这样一种深度绑定意味着银行成为投机于股票价格上升的多方。“混业经营+政府担保”的组合在较大程度上强化了银行更多放贷给股票投机的意愿，也将投行业务事实上纳入了政府担保的安全网，这增加了对投行过度举债的激励，进一步加剧了银行的顺周期行为。

20世纪80年代后，随着新古典综合派成为主流经济学，宏观政策也出现了由财政主导向信贷主导的转变。滞胀危机之后，新古典综合派虽然部分继承了凯恩斯主义的政策干预理念，但更多的是恢复了古典经济学的自由放任倾向，是“自由主义为主，凯恩斯主义为辅”。这种思潮也影响了美国的金融监管取向。政府对于银行系统的担保并没有弱化，但监管大大放松了，出现了以混业经营为特点的金融自由化现象。

1980年发布的《存款机构放松管制和货币控制法案》和1982年发布的《存款机构法》，打破了美国不同金融机构之间的业务限制，放宽了金融监管，取消了有利率上限管制的Q条例。1987年，美联储重新阐释了《格拉斯-斯蒂格尔法案》的第20条，允许银行通过成立子公司从事部分证券业务。根本性的改变出现在1999年美国发布的《金融服务现代化法案》，这个法案部分废除了《格拉斯-斯蒂格尔法案》，在银行控股公司的基础上，允许组建金融控股公司，以加强银行、证券和保险等业务之间的联系，并放开了交叉销售金融产品的限制。此后，金融控股公司成为美国混业经营的主要方式，并出现了明显增长。

取消Q条例意味着银行可以利用政府担保来积极扩张负债，恢复混业经营意味着银行可以通过资本市场来提升资产端的收益率，而且资本市场也受益于混业经营带来的政府安全网扩围与银行资产负债扩张。随着“市场逐利+政府担保”的回归，房地产价格和信用扩张相互促进，形成了现代金融周期。20世纪80年代，美国在完成金融自由化改革之后，混业经营取代分业经营成为美国金融行业的主流模式，造成金融不稳定。发达的资本市场与追求盈利最大化的银行一同“孕育”出影子银行，多个金融机构合作承担与传统银行类似的信用中介职能，但却游离于常规银行监管之外。以次级住房抵押贷款资产证券化为例，投资银行通过资产证券化和场外衍生品交易，将商业银行发放的次级住房抵押贷款打包出售给债券市场投资者。

以上正是2008年美国次贷危机发生的根源：投资银行协助商业银行规避严格的银行业监管，导致商业银行业务不受限制地增长，虽然满足了商业银行股东的盈利最大化需要，但是资产证券化过程涉及多个金融机构合作，长且复杂的交易链条掩盖了真实的风险，推高了金融机构和投资者的杠杆水平，埋下了金融危机的潜在风险。自由市场经济下，股东盈利最大化导向的监管机制[1]固然是美国银行系统风险发生的根源，但在银行占比并不高的美国，混业经营下的资本市场大大加剧了银行的顺周期行为，从而造成金融不稳定。

同时，20世纪80年代，美国的金融自由化并非彻底放开混业经营，而是在体制层面上取消分业监管的同时，通过功能监管的方式继续在机制上保持分业态势，以防范金融风险。“体制混、机制分”的体现即是金融控股公司（简称“金控公司”），银行想从事证券业务必须首先成为一家金控公司，这家金控公司作为一个整体可以同时开展商业银行业务和投资银行业务。但是，为了避免大萧条时期混业经营下的灾难重演，监管部门要求金控公司旗下子公司根据业务属性向对应的监管部门分别申请牌照并接受功能监管，并且明确要求商业银行子公司不得从事证券承销和交易业务，非银金融子公司也禁止从事商业银行业务，即在机制层面继续保留分业经营。

具体来看，美国于2010年推出《多德-弗兰克华尔街改革与消费者保护方案》（简称《多德-弗兰克法案》），较大地增强了美联储的宏观审慎监管权力，对金

[1] 根据罗伯特·希勒的《金融与好的社会》的阐述：自20世纪初，美国法律就明确着重保护股东权益，这使得股东能在发现董事会成员不能尽职保护股东权益时提起诉讼。受许多州立法案判决形成的经验影响，美国的法律将董事的“忠诚职责”演化为对股东的尽职尽责。

控公司的态度由此前的自由放任转向严格监管，并试图校正金融系统过度混业经营的问题。主要内容有：在美国，所有具有系统重要性的金控公司，均需向美联储注册并接受统一监管；美联储有权对金控公司和其他金融公司实施更严格的审慎标准，包括对资本、杠杆、风险管理、并购和压力测试等提出更严格的要求；赋予美联储更多权力审查金控公司及其子公司，并在必要时采取相应的法律行动；成立金融稳定监督委员会，负责协调和沟通各监管机构。针对业务层面的混业经营，推出“沃尔克规则”，要求限制商业银行的规模、限制银行利用自身资本做自营交易、禁止银行拥有或资助对私募基金和对冲基金的投资。

这些措施本质上与《格拉斯-斯蒂格尔法案》的严监管取向类似，都是限制银行利用政府担保过度追逐尾部风险的能力，也有利于弱化金融系统将政府担保红利转化为行业不公平竞争优势的能力。从该法案的实施效果来看，2010年后，美国无论是金控公司的数量还是单体规模均没有再出现2008年以前那种极速增长的态势。美国在2008年之后出台的《多德-弗兰克法案》试图通过实施机制层面更加严格的分业监管，来维护金融稳定。美国2008年次贷危机的教训表明，即便银行不是金融体系的主导部分，依旧可能成为金融不稳定的根源。

总的来看，机制层面不够严格的分业监管固然是2008年美国次贷危机的重要诱因之一，但根源在于20世纪80年代美国监管放弃了体制层面的分业经营要求。在“体制混、机制分”的情况下，机制上的分业监管不够严格，将导致金融不稳定；如果机制层面的严格分业监管能实现金融稳定，那么对于银行提升盈利能力而言，体制上混业经营的吸引力可能会显著下降。美国的教训说明，如果不限制银行的逐利动机，混业经营容易加剧银行的顺周期行为与金融的不稳定性。

二、日本：银行主导下的混业经营，导致资本市场银行化，不利于发挥金融的外部规模经济效应

在一战前夕的1913年，从资本化率来看，日本、美国、德国的资本市场发展水

平差不多，从金融结构来看，日本是典型的资本市场主导的金融结构，资本市场在日本的地位远高于其在美国、英国和德国的地位。一直到二战前夕，无论是从资本化率的提升速度看，还是从金融结构的角度看，资本市场都占据着日本金融体系的主导地位（见图4-12、图4-13）。从金融结构来看，资本市场对银行体系的优势在大萧条时期开始逆转，直接触发因素是日本为了在1931年“九一八事变”后确保金融资源最大限度地服务于侵华战争，刻意扶持政府容易掌控的大银行，打压不容易控制的资本市场。

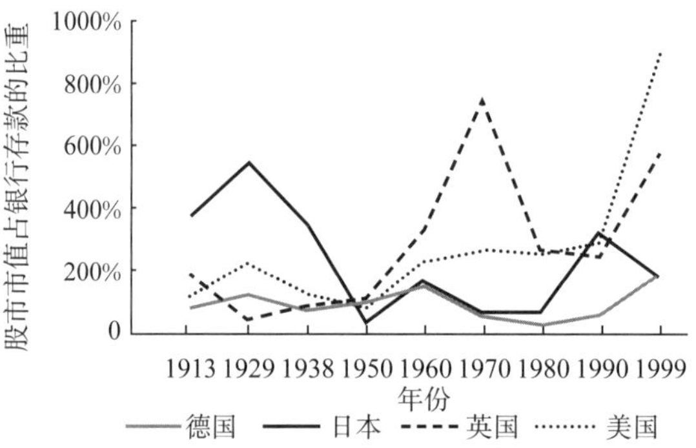

图4-12　主要经济体金融结构变化

资料来源：Rajan et al.（2003）[1]，中金研究院。

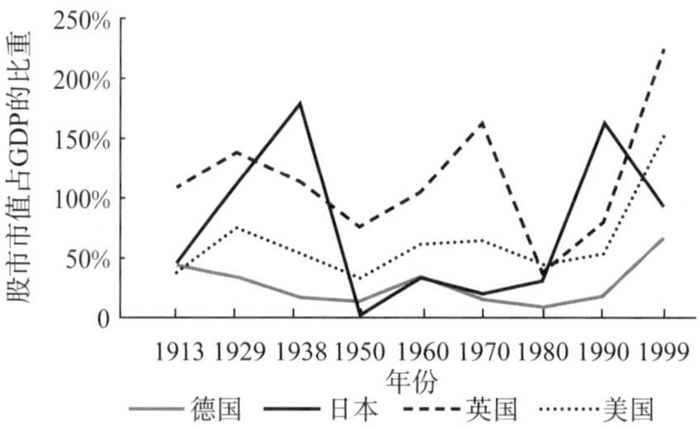

图4-13　主要经济体资本化率变化

资料来源：Rajan et al.（2003）[2]，中金研究院。

[1] RAJAN R G，ZINGALES L.The great reversals：the politics of financial development in the twentieth century[J]. Journal of financial economics，2003，69（1）：5-50.

[2] 同[1]。

大萧条之前，日本银行虽被禁止从事股票承销业务，但却保留着从事债券承销业务的权利[1]。日本大银行作为债券市场的主要购买者，一直谋求垄断金融市场。20世纪30年代经济危机爆发，对于日本大银行而言，这是一个重要契机。1931年，日本大银行以危机期间债券出现偿还问题为借口，联合保险、信托等机构组成承销卡特尔（该组织将券商排除在外[2]），一致要求对债券发行实行抵押保证。同年，“九一八事变”爆发后，日本军政府也迫切需要提升对金融资源配置的掌控能力，因而对大银行的这种卡特尔行为采取了默许态度，并最终于1933年以债委会的形式将其制度化地固定下来。军政府与大银行的这种“合作”，事实上将决定企业是否能够在资本市场上发债的权力交给了大银行。此后，大银行滥用自己在债券购买市场中的垄断地位与承销债券的权利，造成日本债券市场迅速萎缩[3]。1929年，日本大企业负债中26%是债券、17%是银行贷款；1936年，银行贷款比例上升至24%、债券比例下降至14%；1943年，债券比例进一步下降至6%。

从日本的教训来看，更严重的是，大银行一旦获得了干预资本市场的权力，就不会轻易放弃。即便是表面原因（短期危机）和当初支持它们的军政府都消失后，日本大银行依旧可以凭借历史累积的垄断地位来抑制资本市场的发展。再加上美国在二战后并未彻底瓦解日本的主办银行制度，导致日本大银行以“经连会”的形式重生。直到20世纪70年代，日本大银行组成的债委会一直牢牢控制着日本债券市场的发展[4]，即便是日立公司这种AA评级的优质大公司依然不被允许在日本发行无抵押债券，只能求助于银行贷款[5]。诞生于战争环境下的日本主办银行，其混业经营

[1] KONISHI M.Bond underwriting by banks and conflicts of interest: evidence from Japan during the pre-war period[J].Journal of banking & finance, 2002, 26 (4) : 767-793.

[2] RAJAN R G, ZINGALES L.The great reversals: the politics of financial development in the twentieth century[J]. Journal of financial economics, 2003, 69 (1) : 5-50.

[3] 拉古拉迈·拉詹，路易吉·津加莱斯.从资本家手中拯救资本主义[M].余江，译.北京：中信出版社，2015.

[4] 同[3]。

[5] 同[2]。

模式与纯粹商业模式虽有不同，但内在问题具有一致性：一旦允许有政府隐性担保（比如日本默许大银行决定企业是否可以发债）或显性担保（比如美国对银行的存款保险制度）的银行，通过混业经营干预资本市场，那么资本市场发展就难免受其抑制。

三、德国：产融结合将政府担保延伸为银行对实体企业的控制能力，抑制实体企业创新意愿和资本市场发展

二战后，产融结合成为监管部门无法回避的问题。20世纪30年代大萧条之后，美国在体制层面上实施了严格的分业监管，虽然银行盈利能力受到抑制，但也通过美国联邦存款保险公司（FDIC）等对银行体系进行了担保。不过，1933年美国发布的《格拉斯-斯蒂格尔法案》并未禁止非金融实体企业控股商业银行，在逐利动机的驱使下，银行开始通过产融结合的方式提升盈利能力。二战后，商业企业收购银行组建银行控股公司的情况增多。

具有政府信用担保的银行，通过产融结合将政府担保力量延伸至实体企业，进而赋予这些实体企业不公平的竞争优势，甚至会形成垄断势力，这有悖于自由市场经济下保护竞争机制的反垄断理念。自由市场经济强调企业应追求盈利最大化以回报股东，在体制层面的严格分业经营导致金融脱媒的情况下，美国监管者也需要照顾银行业的盈利诉求。在权衡利弊之后，美国监管者最终选择产融分离以维护公平竞争，同时放弃体制层面的分业经营，以提升银行系统的盈利能力，并试图通过机制层面的分业监管来继续维护金融稳定。

相较于美国对产融结合的严格限制，德国对于产融结合明显持有更宽容的态度。这一方面是因为包括德国在内的欧盟，在反垄断理念上与美国不同，没那么重视保护市场的自由竞争机制；另一方面是因为产融结合有助于提升德国金融系统和经济系统的稳定性。由于银行可以通过产融结合成为实体企业监事会成员乃至重要股东，甚至可以行使代管股票的表决权，这意味着深度产融结合实际上让德国银行

成为企业的内部人，好处是有利于稳定银企关系，尽可能避免“雨天收伞”的顺周期性，进而增强金融乃至整个经济系统的稳定性。

然而，这种银行占据优势地位的产融结合，意味着企业面临被银行控制的风险。根据德国复兴信贷银行对中小企业拒绝贷款融资原因的问卷调查，52%的受访中小企业完全同意保持公司独立性比获得银行贷款更重要，高居所有拒绝贷款融资原因认同率的首位；超过80%的受访中小企业完全同意或同意保持公司独立性更重要（见图4-14）。

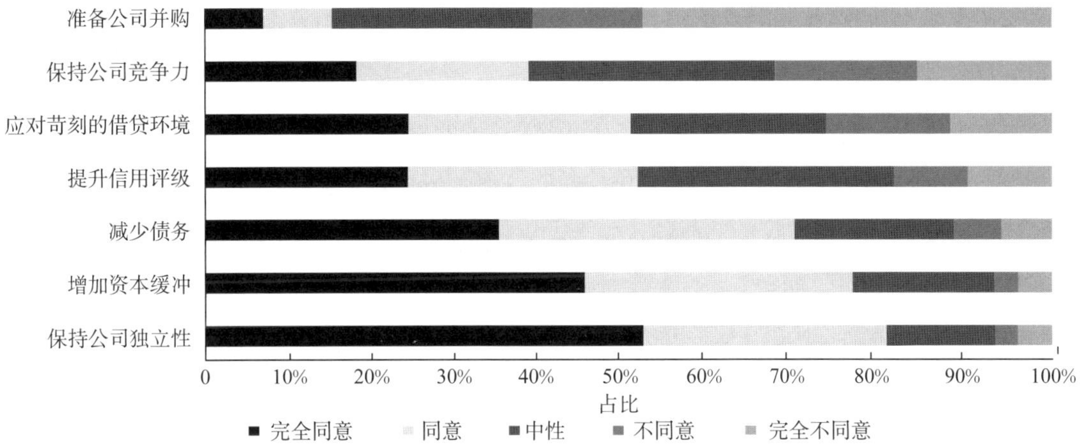

图4-14　德国中小企业拒绝贷款融资的原因调查

资料来源：KfW，中金研究院。

事实上，大多数企业家存在企业独立性偏好，或者说对企业的控制权激励着企业家为该企业奋斗。正因如此，美国资本市场才率先推出了同股不同权的制度安排，吸引了大批新经济企业在美股上市融资。相较于严格限制产融结合且允许同股不同权的金融环境，如美国资本市场，在德国资本市场上市，对于德国企业尤其是德国的中小企业而言，意味着将自己对企业的控制权暴露在随时可能被全能银行“夺走”的风险中，这将会抑制企业上市的意愿。而且，越是优秀的企业，企业家越担心控制权旁落，因而越会回避上市。

德国的产融结合允许银行同时做债权人和股东，且可以深度干预企业的运营。这在很大程度上抑制了德国企业尤其是中小企业的贷款融资意愿，在这样一种金融环境下，德国企业的理性做法是，致力于不断增强企业经营的稳定性与内源融资能力，以避免一旦遭遇意外冲击而被迫被银行控制。当然，这有利于进一步夯实宏观经济稳定的微观基础，但也意味着抑制了企业进行冒险活动的意愿，而引领式创新的本质就是冒险。最终，在全能银行主导的产融结合“威慑”下，德国企业倾向于从事风险较小的追赶式创新。这也意味着在银行主导的金融结构下，全能银行的产融结合方式会抑制资本市场的发展，这可能部分解释了为什么德国在过去的30年里虽然致力发展资本市场却劳而无功。

这也在一定程度上解释了为什么德国新经济的发展不但落后于美国，也落后于中国。从经济增长的质的方面看，一是技术对美国经济的贡献程度更大。根据经济合作与发展组织（OECD）对经济增长驱动力的分解，自1992年美国进入信息技术驱动的新经济时代，至新冠疫情发生前的2019年，全要素生产率（TFP）作为创新驱动力的代表，在27年间为美国经济贡献了年化1.1个百分点的增长，为德国经济仅贡献了0.7个百分点的增长。二是在新经济行业和企业层面，德国及以其为经济核心的欧洲全面落伍。以半导体产业链为例，除荷兰在设备环节占据一定的优势外，其他欧洲国家在半导体产业链各环节的存在感普遍不足。在2024年《财富》世界500强排行榜上，属于新经济的企业共有40家，其中美国16家，中国16家，日本4家，韩国2家，德国、法国各1家。而在新经济的前二十大企业中，没有一家来自德国或欧洲（见表4-2）。

表4-2　2024年世界500强中新经济领域营收前二十的企业名单

排名	企业	行业	2023年营业收入/百万美元	国家
2	亚马逊	互联网服务和零售	574785.0	美国

续表

排名	企业	行业	2023年营业收入/百万美元	国家
7	苹果公司	计算机、办公设备	383285.0	美国
17	字母表（Alphabet）公司	互联网服务和零售	307394.0	美国
26	微软	计算机软件	211915.0	美国
31	三星电子	电子、电气设备	198256.7	韩国
32	鸿海精密工业股份有限公司	电子、电气设备	197876.0	中国
47	京东集团股份有限公司	互联网服务和零售	153217.4	中国
66	Meta Platforms公司	互联网服务和零售	134902.0	美国
70	阿里巴巴集团控股有限公司	互联网服务和零售	131337.9	中国
103	华为投资控股有限公司	网络、通信设备	99470.3	中国
128	索尼	电子、电气设备	90091.8	日本
133	戴尔科技公司	计算机、办公设备	88425.0	美国
141	腾讯控股有限公司	互联网服务和零售	86028.3	中国
186	台积电公司	半导体、电子元件	69415.8	中国
196	日立	电子、电气设备	67313.8	日本
209	LG电子	电子、电气设备	64490.5	韩国
222	英伟达公司	半导体、电子元件	60922.0	美国
234	松下控股公司	电子、电气设备	58787.4	日本
246	思科公司	网络、通信设备	56998.0	美国
248	联想集团有限公司	计算机、办公设备	56863.8	中国

资料来源：2024年《财富》世界500强排行榜，中金研究院。

四、金融集团可能积聚垄断势力，不利于促进创新

混业经营使得金融体系过度集中于少数综合金融集团，导致金融业本身产生垄断问题。综合金融集团依托商业银行业务做大规模，同时涉足多类金融业务，这可

能使其积聚相当的市场势力，从而采取限制潜在市场进入者展业等妨碍竞争的策略。凭借其市场势力，综合金融集团还可能对金融消费者采取垄断定价、捆绑销售等行为。在这种情况下，金融体系将由若干大型综合金融集团占优，形成寡头垄断格局，导致金融服务的市场定价产生一定的扭曲。特别地，通过业务或资金之间的联系，综合金融集团可将银行业务的垄断势力延伸到旗下其他金融业务领域，这降低了其他金融业务的市场化程度，使其呈现出银行贷款的“关系型融资”特征[1]。由此，分业经营机构面临竞争劣势，混业集团本身则缺乏创新意愿，削弱金融业服务实体经济和科技创新的能力。

更具体地，综合金融集团垄断可能抑制资本市场的活跃性，不利于资金流向科技创新活动。德国的全能银行在一定程度上具有垄断特征，形成了以银行存贷款为主导的金融体系，20世纪90年代末，德国银行体系的总资产占金融体系总资产的近3/4。与此同时，德国的股票市场在经济合作与发展组织国家中相对欠发达，1996年股票市值占GDP的比重仅为27%，不足美国和英国的1/3[2]。德国企业的上市活跃度也较低，1991年德国仅有19家企业IPO，甚至不及瑞士的26家，而同年美国、英国分别有663家和116家企业上市[3]。特别是高科技企业的IPO在德国较为稀缺，在20世纪90年代初期，德国面向高科技初创企业的风险投资规模远小于美国，在一定程度上对科技创新造成抑制[4]。

综合金融集团还可能推行产融结合，利用金融端的资金和信用担保帮助旗下实业机构积累市场势力。19世纪末至20世纪初，美国银行业颇具全能银行特征，市场集中度较高，有观点认为，不超过6家银行公司负责管理美国的经济组织。商业

[1] LA PORTA R，LOPEZ-DE-SILANES F，ZAMARRIPA G.Related lending[J]. The quarterly journal of economics，2003，118（1）：231-268.

[2] VITOLS S. Changes in Germany's bank-based financial system: implications for corporate governance[J]. Corporate governance: an international review，2005，13（3）：386-396.

[3] Deutsches AKtieninstitut.DAI Factbook[R].Frankfurt: Deutsches Aktieninstitut,2003.

[4] PFIRRMANN O，WUPPERFELD U，LERNER J.Venture capital and new technology based firms: an US-German comparison （Vol. 4）[M]. Berlin: Springer science & business media，2012.

银行的发展就曾出现过抑制实体经济部门竞争的趋势[1]。美国1933年出台的《格拉斯-斯蒂格尔法案》强调银证分离，但并未禁止实业公司控股商业银行。二战后，实业公司收购银行组建银行控股公司的操作变得十分流行，美国银行业逐渐呈现出少数几个大型金融集团和众多中小银行并存的二元结构。大型实业公司利用产融结合增强自身市场势力，不仅有违公平竞争原则，也危及金融稳定和公共资金安全。因此，从1966年开始，美国三次更改银行控股公司的监管范围，相继对家族信托基金、单银行控股公司[2]、非银机构加强监管，以强化法案的实业反垄断作用[3]。

[1]　GERSCHENKRON A.Economic backwardness in historical perspective: a book of essays[M]. Cambridge MA: Belknap Press of Harvard University Press, 1962.

[2]　单银行控股公司是指旗下仅拥有一家银行的银行控股公司。1956年，单银行控股公司多以一家本地商业企业和一家本地小银行结合的方式存在，这种形态在当时的美国相当普遍，且对本地经济有较大贡献。

[3]　OMAROVA S T, MARGARET T E.That which we call a bank: revisiting the history of bank holding company regulations in the United States[J]. Review of banking & finance law, 2011, 31: 113-198.

第五节

思考与启示

一、坚持产融分离、分业经营的监管框架

我国2023年中央金融工作会议强调，“完整、准确、全面贯彻新发展理念，深刻把握金融工作的政治性、人民性，以加快建设金融强国为目标，以推进金融高质量发展为主题，以深化金融供给侧结构性改革为主线，以金融队伍的纯洁性、专业性、战斗力为重要支撑，以全面加强监管、防范化解风险为重点，坚持稳中求进工作总基调，统筹发展和安全，牢牢守住不发生系统性金融风险的底线，坚定不移走中国特色金融发展之路，加快建设中国特色现代金融体系”。

如何在中国特色金融发展之路中兼顾发展与安全，首先是要确立金融监管框架。我们认为，应当坚持产融分离、分业经营的监管框架。关于如何发挥资本市场的作用，有一种观点认为，应当让银行参与资本市场，发展出金控公司、全能银行等混业模式。我们认为，这种观点是值得商榷的，发展混业经营意味着把政府信用担保延伸到资本市场，有可能显著削弱资本市场配置资源的效率，事实上这种混业经营很难发挥科技金融的作用[1]。

分业经营有利于促进金融行业的外部规模经济，主要体现在两个方面。一是不同类型金融机构的定位不同，聚焦主业、发挥各自优势能更好地协同。2023年中央金融工作会议指出，国有大型金融机构要“做优做强，当好服务实体经济的主力军和维护金融稳定的压舱石”，中小金融机构要“立足当地开展特色化经营”，政策性金融机构要强化职能定位，保险公司要“发挥保险业的经济减震器和社会稳定器

[1] 彭文生. 从规模经济看金融强国：有关中央金融工作会议精神的学习体会[R]. 北京：中金研究院，2023.

功能”，“培育一流投资银行和投资机构”[1]。

二是分业经营有利于金融的多市场协同，或者说有利于构建服务实体经济高质量发展的金融市场体系。银行做存贷款业务，很多时候不需要和外部机构合作，吸收存款、发放贷款、风险评估是内部做的。如果内部做不好或没有这个能力做，可以要求客户提供抵押品。银行贷款通常和房地产紧密相连，因为房地产不需要做信用评估，有抵押品就可以了。资本市场则不同，资本市场的参与者有很多，有上市公司、投资机构、中介机构、监管机构，其中，中介机构也不只是证券公司，还有律师事务所、会计师事务所、审计机构，甚至媒体记者、自媒体从业者等，他们可以对上市公司进行监督与评估。资本市场更能实现金融业外部规模经济。

二、将金控公司作为对混业经营进行严监管的载体

在20世纪30年代之前自由放任的年代，世界各国普遍采用混业经营方式，即商业银行可以从事投资银行业务。但在大萧条暴露了混业经营的弊端后，美国于20世纪30年代之后严格禁止了这种混业经营方式。中国的商业银行目前仍存在这种传统的混业经营方式，比如中国的商业银行普遍可以从事债权类的承销业务，还有部分商业银行通过持有香港券商牌照，或以多层嵌套的方式间接持有内地券商牌照，事实上实现了混业经营。不过，按照《中华人民共和国商业银行法》（1995年）、《中华人民共和国证券法》（1999年）的规定，在法律层面上我国基本上还是“分业经营、分业监管”体制，这意味着由商业银行作为主体进行混业经营的方式很难作为一种主要方式大规模推开。事实上，目前这种传统混业经营方式大多是通过“国家另有规定的”例外方式实现的。

从微观角度看，具有混业载体性质的金控公司无疑提高了单个金融机构的效率，在2008年次贷危机爆发前也通常被认为有效促进了经济增长。在这种背景下，

[1]　中央金融工作会议在北京举行 习近平李强作重要讲话[EB/OL].（2023-10-31）[2024-10-08]. https://www.gov.cn/yaowen/liebiao/202310/content_6912992.htm.

2002年中国有关部门批准了中信集团、光大集团和平安集团开展综合金融控股集团试点。此后，以“金融控股”“金控”等为名的企业数量出现了快速增长，很多金控公司并没有得到有关部门批准或授权，而是通过交叉持股、关联交易等手段，事实上实现了多种业态的混业经营。对此，2017年全国金融工作会议明确要求规范金融综合经营。2020年9月，《关于实施金融控股公司准入管理的决定》和《金融控股公司监督管理试行办法》正式发布，标志着中国已初步搭建起对金控公司进行监管的政策框架。但总的来看，中国对于如何监管金控公司的探索仍处于起步阶段，未来还有两个问题需要明确。

一是明确金控公司的产融分离。中国的金控公司不仅有美国金控公司的混业经营问题，还有美国金控公司没有的产融结合问题。如前所述，产融结合存在不公平竞争和不利于资本市场发展等问题，金控公司也应该坚持产融分离的原则。

二是明确金控公司作为对混业经营进行严监管的载体。如何看待金控公司的定位，究竟是用来推进混业经营大发展的工具，还是对混业经营进行规范的载体？应该说，无论是在美国，还是在中国，2008年次贷危机前，金控公司都是用来促进混业经营发展的。但是2008年次贷危机的爆发再次暴露了混业经营的内在风险，资产证券化等业务层面的混业模式，帮助银行将政府担保红利再次转化为金融行业的不公平竞争优势，由此过度累积的尾部风险却由全社会承担。

即便是具有悠久全能银行历史的德国，也在2013年8月通过了《银行分离法案》。该法案的核心内容是要求信贷机构及金融集团将银行核心业务（储蓄业务）和高危业务分离开来。其中高危业务包括金融工具的自营交易、自己账户下的高频交易（一些做市交易除外），以及为特定高杠杆另类投资基金或这些基金的投资管理公司（如对冲基金和对冲基金的母基金）发放信贷或担保。与“沃尔克规则”相似，德国该法案本质上也是限制银行利用自身资本进行自营交易，以及限制银行资助高杠杆、高风险的投资基金。德国该法案留下了一个“合法分离”的口子，即允许信贷机构或金融集团将高危业务分离至专门的金融交易机构，这个机构依旧可以是原企业的成员，但需要保证该机构在经济上、组织上和法律上均与原来的信贷机构或金融集团保持严格分离。

在当前的国际、国内金融环境下，回到20世纪30年代后那种体制层面的严格分业已经不太现实，但可以在业务层面进行严格的分业经营、分业监管。具体到中国金控公司的未来定位，不应将其视为促进混业经营大发展的工具，而应将其作为对混业经营进行严监管的载体。在对金控资本金等指标进行审慎监管的同时，银行业务与非银行业务可考虑分别采取独立子公司的方式存在，并实现银行与非银子公司的隔离，尤其应限制业务、人员等微观层面的交叉。

三、发挥好资本市场枢纽功能，促进引领式创新

2023年中央金融工作会议提出，优化融资结构，更好发挥资本市场枢纽功能。资本市场的枢纽功能是指资本市场通过上下游合作协同，通过合理分工、合理布局来共同降低成本、提高效率。资本市场是典型的外部规模经济，少数公司做大了也并不能掌控一切，还有很多其他方面对资本市场运行发挥着重要作用。这是因为从根本上来讲，资本市场是靠信息来给风险定价的，信息的披露、评估、定价由很多不同的环节构成，不同类型的机构扮演着不同的角色。“更好发挥资本市场枢纽功能”的关键就是要做好信息披露，构建起包含多方参与者的信息市场以给风险定价。同时，资本市场本质上是高度分散化的投融资体系，由风险偏好高度差异化的投资者直接作出资金供给决策，具有生态效应和筛选效应，有能力为各类高风险项目提供资金支持。

对于当下的中国而言，尽管同时面临着追赶与引领的问题，但追赶仍然很重要，在半导体等领域还存在着一些纵向风险，可能需要“大银行+大企业”的追赶式创新金融模式发挥作用。同时，中国已经是世界第二大经济体，在客观上已无法止步于追赶者的角色，需担负起引领世界的重任。然而，在银行主导的金融体系中，由银行作出集中决策的间接融资体系，风险偏好相对单一，难以匹配风险分布

高度分散的创新活动。相较于银行来说，资本市场的优势在于能更好地促进引领式创新，科技金融成为资本市场的一项主要使命，这也是我国的金融结构需要从银行主导变为资本市场主导的根本原因。然而，目前我国资本市场发挥科技金融的作用仍然不足。考虑到引领式创新在短期和中长期均有重要意义，中国需加速发展以资本市场为主导，尤其是“资本市场+中小企业”的引领式创新金融模式。在当前形势下做好科技金融这篇大文章，关键是补齐资本市场这个短板，更好发挥资本市场枢纽功能。

市场篇

Chapter 5

第五章

中国资本市场发挥科技金融功能的问题分析与建议

如本书前四章所述，创新活动具有较强的正外部性，这意味着企业自发的创新投资水平可能低于社会合意水平，因而需要公共政策及外部资金的支持。通常而言，为创新活动提供资金支持的方式有财政、银行、资本市场三种，考虑到引领式创新对中国未来发展的重要性，需构建以资本市场为核心的科创融资模式以促进引领式创新。资本市场促进引领式创新的机制是公开股票市场（简称“股票市场”）与私募股权市场（简称“股权市场”）有效互动，对于资本市场发挥科技金融功能的研究，需要聚焦股票市场、股权市场、股票市场与股权市场互动三个方面。

第一节

资本市场促进引领式创新的机制及优势

一、资本市场促进引领式创新依赖于外部规模经济

规模经济在金融促进创新的过程中发挥着重要作用。从整体上看，金融支持创新存在两类规模经济，一类是内部规模经济，典型代表是银行。单个银行的规模越大，其掌握的信息、对客户的了解就越多，银行内部各个部门都可以分享这些信息，同时信息技术（IT）等固定成本可以分摊到每单位产品上、每个人身上，有助于降低银行单位经营成本。此外，规模更大的银行还能享受更低的融资成本。简言之，内部规模经济有助于提升银行为科创企业提供低成本资金支持的能力。

但银行利用内部规模经济支持创新，也会存在负外部性问题。考虑到银行绝大部分资金来自广大储户的存款，一旦银行因大规模参与高风险科创活动而出现大额亏损，便有可能导致系统性金融风险，对金融体系与宏观经济产生负面冲击。特别

地，银行规模扩张的收益归银行自己所有，但当银行出现系统性金融风险时，由于政府对银行信用担保的存在，政府对银行的救济实际上意味着银行冒险行为的损失由全社会承担，这种风险与收益的不匹配会进一步激发银行扩张规模并从事高风险、高收益业务的冲动。因而，利用银行支持创新，需解决好银行规模扩张的负外部性问题，在创新收益与金融风险之间取得平衡。

金融支持创新的另一类规模经济是资本市场的外部规模经济，即通过资本市场中各参与主体、各细分市场之间的分工协作来为科创企业提供资金支持、促进创新。资本市场的外部规模经济体现在两个方面。一方面，资本市场促进创新不是仅仅依赖某几个机构发挥作用，而是需要通过资本市场中融资者、投资者、中介机构、监管部门等各类参与主体的有效沟通与协作，推动企业科创活动信息完整、准确、真实地披露及传递，解决资本市场信息不对称问题，使投资者能够基于真实有效的信息对各个创新企业与创新项目进行评估、定价，最终推动资金流向那些真正具有发展潜力的科创项目和科创企业。另一方面，资本市场促进创新需要股权市场、股票市场分别发挥作用，同时还需要这两类市场能够有效互动。资本市场由股权市场和股票市场两类市场构成，两类市场的关键区别在于是否面向公众公开发行证券，这使得二者在投资者构成、信息披露严格程度、流动性、资金规模等方面存在明显差异。通常而言，股权市场是指发行并交易非公开证券的场所，典型的就是风投对各种未上市企业的投资；而股票市场则是指发行并交易公开证券的场所，典型的就是投资者对上市公司股票的投资。

研究表明，企业规模、创新类型、资本市场类型之间存在紧密的联系[1]。通常而言，大企业在研发投入、专利储备、研发人员数量等创新要素积累方面具备明显优势，但大企业之所以是大企业，是因为其产品是当前市场中的主流产品，而引领式创新本质上是创造一种不同于当前主流产品的新产品、新技术，因此其天然带有颠覆当前市场主流产品的属性，这意味着尽管大企业具有更强的研发能力，但受限

[1]　中金公司研究部，中金研究院. 创新：不灭的火炬[M]. 北京：中信出版社，2022.

于对过往成功产品及发展模式的路径依赖，大企业在推动可能颠覆自身市场主导地位的引领式创新方面的意愿较低，而更有意愿推动渐进式、追赶式的创新。与大企业相比，尽管初创型中小企业的研发能力相对较弱，但创新技术可以通过专利、论文、人员流动等方式从大企业外溢到中小企业，更重要的是，中小企业具有很强的通过引领式创新来颠覆当前市场竞争格局、改变自身弱势竞争地位的意愿，因而中小企业更有可能将创新技术落地为创新产品，即初创型中小企业是引领式创新的主力军。以近两年火热的大语言模型为例，本轮以ChatGPT为代表的大语言模型主要是基于Transformer架构开发的，而Transformer架构则是谷歌于2017年率先提出的。为何谷歌作为Transformer架构的提出者却没有最早开发出大语言模型？一个重要原因是搜索引擎广告是谷歌重要的收入来源，大语言模型直接输出问题答案而不需要用户逐个浏览网页的模式，有可能会使得谷歌的广告收入大幅下降，这抑制了谷歌基于Transformer架构来开发大语言模型的意愿[1]。与谷歌相比，尽管OpenAI当时是一家初创型小公司，但其通过研读论文、聘用谷歌工程师等方式享受到了谷歌的知识外溢，通过“站在巨人肩膀上”的方式率先基于Transformer架构开发出ChatGPT这一引领式创新产品，成为本轮AI技术进步的引领者。

进一步地，股权市场、股票市场这两类资本市场也分别有其适合支持的创新类型。尽管股权市场的资金规模相对较小，但股权市场的投资者主要由风险投资（VC）、私募股权投资（PE）等专业机构投资者组成，其风险偏好整体更高，因而更有能力和意愿为初创型中小企业高风险的引领式创新活动提供支持，即股权市场是促进引领式创新的主战场，在本轮AI技术进步中，风投等股权投资者也是OpenAI的主要资金来源。与股权市场相比，股票市场中投资者数量更多、资金规模更大，但股票市场往往存在硬性的上市标准，对上市公司的资产、盈利、现金流等指标有着一定的要求，初创型中小企业难以满足这些上市要求，即使是股票市场

[1] SULLIVAN M.Google，not OpenAI，has the most to gain from generative AI[EB/OL].（2023-01-27）[2024-10-08].https://www.fastcompany.com/90839649/google-not-openai-has-the-most-to-gain-from-generative-ai.

中的小市值公司，其在整个经济系统中也已经属于规模较大的企业。此外，研究表明，尽管IPO可以增强企业资金实力，但IPO后严格的信息披露约束、股价波动压力等也降低了企业上市后从事高风险的引领式创新活动的意愿[1]，表现为IPO后企业创新数量上升但引领式创新占比下降（见图5-1左），因而股票市场的发展更有利于促进大企业的追赶式创新。

但这并不意味着股票市场的发展对于促进引领式创新没有作用，股票市场通过为股权投资者提供退出渠道，能够间接促进股权市场的发展和中小企业的引领式创新。风投等股权投资者愿意为初创型中小企业高风险的引领式创新活动提供资金支持，一个重要原因是为了未来能够顺利退出并获得理想的投资回报，这意味着退出渠道是否畅通对于风投等股权投资者的投资意愿有着明显影响。实践中，IPO和并购是股权投资者最主要的两种退出方式，而这两种退出方式的畅通与否均与股票市场是否繁荣密切相关（见图5-1右）。

就IPO退出而言，繁荣的股票市场意味着股市能够容纳更多上市公司，提供更多IPO退出机会，且统计数据表明通过IPO退出的投资收益率明显高于通过并购等渠道退出的收益率[2]，因而繁荣的股票市场通过为股权投资者提供IPO退出渠道、创造更高的投资回报率，能够提升股权投资者的投资意愿和扩大未来用于新一轮股权投资的资金规模；同时，由于上市公司是并购市场的主要参与主体，且上市公司在进行并购时大量采用股票作为支付手段[3]，因而繁荣的股票市场有助于提升上市公司的并购实力，推动并购交易更加活跃，进而为风投等股权投资者提供更多并购退出机会。统计数据还表明，美国风投通过并购退出的规模与美股市场的涨跌高度正相关。

[1] BERNSTEIN S. Does going public affect innovation?[J].The journal of finance，2015，70（4）：1365-1403.

[2] GOMPERS P A. Optimal investment，monitoring，and the staging of venture capital[J]. The journal of finance，1995，50（5）：1461-1489.

[3] MASSOUD N，SONG K，TRAN N.Lender effects on gains from mergers and acquisitions[J]. Journal of banking & finance，2024,163.

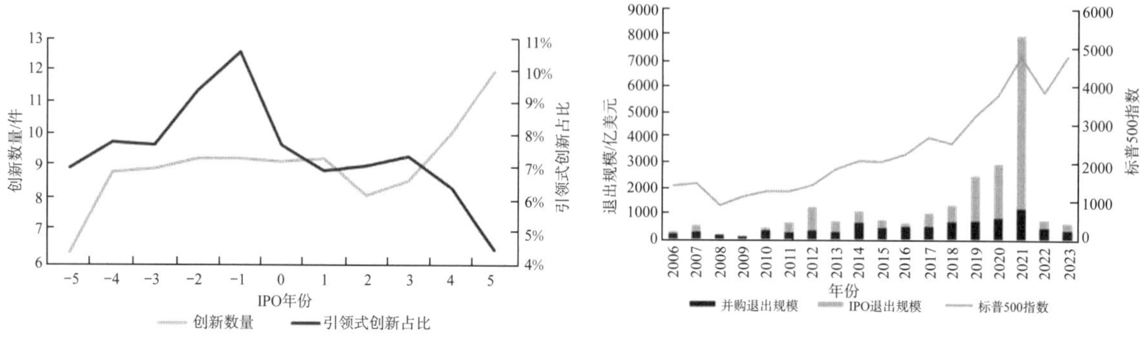

图5-1　资本市场与引领式创新的关系（左）及IPO和并购退出规模与美国股票市场的关系（右）

资料来源：Wies et al.（2015）[1]，PitchBook，中金研究院。

注：左图横坐标的0代表公司上市当年，-1代表公司上市前一年，1代表上市后一年，以此类推。统计样本为1980—2011年间美国消费品包装行业上市公司。

这意味着，资本市场促进引领式创新不仅需要一个活跃的股权市场，也需要一个繁荣的股票市场，且二者之间的互动效率对于资本市场促进引领式创新有着至关重要的影响。

二、生态效应与筛选效应是资本市场促进引领式创新的独特优势

相较于财政和银行来说，资本市场之所以能够更好地促进引领式创新，不仅是因为资本市场较高的风险偏好使其有能力和意愿为高风险的引领式创新活动提供支持，也是因为资本市场具有生态效应和筛选效应，使其能够有效应对引领式创新的静态不确定性和动态不确定性，这是资本市场促进引领式创新的独特优势[2]。

引领式创新本质上是创造一种不同于当前产品、技术的新产品、新技术，因而其发展路径存在较强的不确定性，这种不确定性可以进一步分为静态不确定性和动

[1] WIES S，MOORMAN C.Going public：how stock market listing changes firm innovation behavior[J].Journal of marketing research，2015，52（5）：694-709.

[2] 详见中金研究院《中庸策2024·新质生产力需要分布式资本市场》第二章“资本市场区别于财政与银行的创新金融机制分析”。

态不确定性。

所谓引领式创新的静态不确定性，是指人的不完全理性决定了人类不可能精准、完整地认识到任一时点上万事万物之间的所有逻辑联系，因而如果在培育引领式创新的过程中追求精准，并寄希望于仅通过对部分领域的重点支持便获得持续的引领式创新能力，则可能会经常出现“有意栽花花不发，无心插柳柳成荫”的情况。例如，图形处理器（GPU）作为当前大语言模型训练的主要算力来源，其在发明之初并不是为大语言模型训练服务的，而是用于满足游戏这种软创新对于高清画质的需求，从反事实假设的角度看，如果电子游戏因为种种原因而发展受限或被禁止，则GPU的发展乃至本轮AI技术进步都可能会滞后。

因此，对于促进创新尤其是原创性、颠覆性较强的引领式创新而言，应当认识到人类决策的不完全理性问题，承认横截面上的万事万物之间可能存在尚未被认识到的逻辑联系，通过构建有利于各领域共同发展、相互促进的创新生态体系来促进引领式创新。从这个角度看，财政、银行主导的科创融资模式均属于集中决策的投融资模式，均存在决策主体单一的问题。这意味着，当由财政或银行主导科创融资过程时，不可避免地会因为决策主体相对单一的风险偏好、投资偏好或认知偏误等而使得其仅对部分领域提供支持，不利于形成各领域共同发展、相互促进的创新生态体系。与之相比，资本市场由风险偏好、投资偏好、知识体系均存在明显差异的众多投资者组成，属于分散决策的投融资体系，即使部分投资者排斥对某些领域进行投资，仍会有其他投资者看好这些领域而进行投资，因而资本市场通过为各个领域均提供资金支持，更有利于形成不同领域相互促进的创新生态体系，进而推动引领式创新，这是资本市场在促进引领式创新方面的生态效应的含义。

所谓引领式创新的动态不确定性，是指引领式创新的未来发展路径充满了不确定性，即使确定了某一领域是重要的，该领域中往往也存在多条技术路线，在未来某一条技术路线最终成功之前，没有人能够准确地预测哪条技术路线能够成功，甚至当前看上去最有希望成功的技术路线在未来也有很大概率被证伪，而当前不被主流观点看好的技术路线未来反而可能获得成功，AI的发展便是这方面的一个典型案例。在2017年谷歌提出Transformer架构之后，AI领域不仅存在Transformer与非Transformer技术路线之分，即使在Transformer架构下，也存在Encoder-Only、Encoder-Decoder和Decoder-Only三条不同的技术路线。在2022年OpenAI正式推出ChatGPT之前，没有人能准确预测出上述技术路线中哪一条能够成功，甚至OpenAI所采用的技术路线也并不是当时最被业界和投资人看好的路线。面对如此巨大、复杂的动态不确定性，2022年前AI领域追求精准投资的投资者根本无法先验地预知Transformer架构会成功，即便幸运地选择了支持Transformer架构，也很难无视主流观点而在事前就精准选择出那条最终成功的技术路线。

实践中，面对引领式创新的这种动态不确定性，资本市场主导的科创融资模式表现出了更强的“押中”成功技术路线的能力，原因主要在于两个方面。一方面，资本市场是分散决策的投融资体系，由风险偏好、投资偏好、知识体系各异的众多投资者组成，这意味着资本市场能够为各条技术路线均提供资金支持，比如，2018—2022年AI的各条技术路线中均有大量美国风投机构进行了投资，换言之，对于未来存在较强不确定性的引领式创新而言，资本市场之所以能够“押中”最终成功的技术路线，不是因为资本市场的投资者足够聪明，而是因为资本市场对各条技术路线均进行了投资，这是集中决策的财政及银行融资体系难以实现的效果。另一方面，一条技术路线最终能否获得成功，关键是其产品能否获得消费者的广泛认可，而资本市场中众多的投资者恰恰也是现实中的消费者，众多投资者作为消费者的良好代表，其对特定技术路线的认可很大程度上反映了消费者对该技术及其产品的认可，因而获得资本市场更多支持的技术路线在推向市场后往往有着更高的成功概率，这提升了资本市场“押中”最终成功的技术路线的可能性。与资本市场相比，政府与银行并不是市场中最主要的消费主体，这使得财政、银行主导的科创融资模式“押中”最终成功的技术路线的能力低于资本市场主导的科创融资模式。资本市场这种更强的“押中”最终成功的技术路线的能力，就是资本市场在促进引领式创新方面的筛选效应的含义。

综上所述，资本市场发挥科技金融功能、促进引领式创新需依赖外部规模经济。一方面，通过投资者、融资者、中介机构、监管者等各参与主体的分工协作，来实现对科创项目和科创企业的合理定价，推动资金流向真正具有创新潜力的项目和企业；另一方面，需要构建有利于股权市场与股票市场有效互动的机制，发挥股权市场作为促进引领式创新主战场的作用。此外，相较于财政和银行，分散决策的资本市场通过发挥生态效应和筛选效应，能够更有效地促进引领式创新。需要强调的是，股票市场作为股权投资者最主要的退出渠道，其IPO包容性的强弱——股票市场是否允许不同领域、不同技术路线公司平等享有上市机会——直接决定着股权投资者是否愿意对不同领域、不同技术路线公司进行投资，进而决定着资本市场能否顺利发挥生态效应和筛选效应以促进引领式创新，而IPO恰恰是股权市场与股票市场互动的关键环节。因此，对于资本市场发挥科技金融功能、促进引领式创新的研究，不仅需要聚焦于股权市场、股票市场分别进行研究，也需要对股权市场与股票市场的互动效率进行研究。

第二节

A股市场：融资功能突出，但投资者获得感不足，不利于长期繁荣

自1990年上海证券交易所、深圳证券交易所成立以来，A股市场已经历30余年的发展。在发展过程中，A股市场取得一系列成就和进步，截至2023年末，A股市场上市公司数量为5335家，上市公司总市值为83.73万亿元，A股市场上市公司数量及总市值均位居全球前列。A股市场为国内实体企业提供了大量的资金支持，培育了诸多优质上市公司，推动了相关产业的发展。

与此同时，作为新兴资本市场，A股市场在发展过程中也暴露出一些问题。比如，在过去很长一段时间里，A股市场的一个典型问题是融资功能突出但投资功能不足，这表现为A股市场IPO及再融资规模较大，但股票指数涨幅、上市公司分红及回购规模较为有限，这也使得很多投资者认为A股市场是融资市而非投资市，A股市场对投资者不够友好。如何看待这一问题？我们可以从融资者、投资者、国民收入分配三个视角来进行分析。从融资者视角来看，在中国经济高速发展过程中，企业存在非常强烈的融资扩产需求，这意味着A股市场重视融资功能以支持企业发展或许具备其内在合理性。从投资者视角来看，除A股市场在功能定位方面更偏向于融资功能外，是否还有其他因素限制了A股的持续上涨、影响了投资者的投资体验及获得感？比如，过去十多年间中国经济快速增长，但A股主要指数涨幅有限，如何看待A股走势与宏观经济之间的这种“偏离”？从国民收入分配视角来看，中国国民收入分配中企业部门占比偏高、居民部门占比偏低，而A股市场重融资意味着利好于企业融资，轻投资意味着不利于居民部门通过股市实现资产保值增值。中国国民收入分配格局与A股投融资功能不平衡之间是否存在联系？A股投融资功能

不平衡是否是国民收入分配格局的映射?

考虑到繁荣的股票市场是股权市场促进引领式创新的必要前提，而投资者是股市长期繁荣的微观基础和流动性来源，投资者获得感不足会打击其参与股票市场的积极性，不利于股市的长期繁荣，进而不利于通过股权市场与股票市场的有效互动来促进引领式创新。本节将从融资者、投资者、国民收入分配三个视角，对A股投融资功能不平衡、投资者获得感不足等问题进行分析，这对于建设对投资者更友好的股票市场、推动A股市场持续繁荣具有重要意义。

一、融资者视角：A股市场融资功能突出，且超过投资功能

从融资者视角看，不同发展阶段的国家对股票市场的功能定位存在一定的差异。通常而言，发展中国家经济增速相对更快，这意味着发展中国家的上市公司存在更多的业务增长机会，因而发展中国家的股票市场通常更侧重于为上市公司提供融资支持以帮助其拓展业务，即发展中国家更加强调股票市场的融资功能。学术界的研究也证明了这一观点，Petry et al.（2021）[1]对中国、印度、巴西、南非等新兴国家股票市场的研究表明，上述新兴国家的股票市场均呈现出一定的政策引导特征，即其资本市场建设的一个重要目标是为企业提供融资支持并贯彻国家发展战略，这些战略包括增强国家对关键行业的控制、通过金融手段实现国家对产业及经济发展方向的引导等。Lazonick（2017）[2]对美国股票市场功能变迁的分析也表明，在美股发展早期，其主要发挥了为企业提供融资支持的作用，体现为美股净融资额长期为正值，而随着美国经济增速趋于稳定、上市公司分红增加及回购规模提升，美股净融资额逐渐转为负值，其投资效应日渐凸显。此外，Aivazian et

[1]　PETRY J，KODDENBROCK K，NÖLKE A.State capitalism and capital markets：comparing securities exchanges in emerging markets[J].Environment and planning A：economy and space，2021，55（1）：143-164.

[2]　LAZONICK W.The functions of the stock market and the fallacies of shareholder value[Z].Institute for new economic thinking working papers，2017：117-151.

al.（2003）[1]对8个发展中国的家股市与美股的对比分析表明，相较于美国上市公司而言，成长性更高的发展中国家上市公司更偏好于将净利润转为留存收益，以支持公司未来投资新的业务机会，这也反映出发展中国家上市公司更加重视股市融资功能，而相对轻视通过分红等方式增加对投资者的回报。

具体到A股市场，在过去很长时间里，A股市场建设的主要目标也是为企业提供融资支持。2004年，国务院颁布《关于推进资本市场改革开放和稳定发展的若干意见》，对国内多层次资本市场建设思路进行详细阐述，提出“逐步建立满足不同类型企业融资需求的多层次资本市场体系……继续规范和发展主板市场，逐步改善主板市场上市公司结构。分步推进创业板市场建设，完善风险投资机制，拓展中小企业融资渠道。积极探索和完善统一监管下的股份转让制度”。作为多层次资本市场体系的重要组成部分，A股市场的建设基本也是按照上述思路推进的。2004年5月，深交所推出中小板，为中小企业提供直接融资渠道；2009年10月，深交所推出创业板，为创新型企业提供上市融资渠道；2012年9月，新三板正式成立，为不满足上交所、深交所上市条件的中小企业提供融资渠道，此后，经过两次分层调整，新三板逐步形成包含基础层、创新层、精选层的多层次结构，以满足不同规模中小企业的融资需求；2019年7月，上交所推出科创板，为面向世界科技前沿、经济主战场和国家重大需求的科技创新企业提供上市融资服务；2021年9月，北交所正式成立，定位于服务创新型中小企业。不难看出，过去20多年，A股市场的建设主要是从满足企业融资需求的角度出发的，即通过建立多层次、多板块的股票市场来满足不同规模、不同类型企业差异化的融资需求。

在上述目标定位下，过去20多年来，A股市场为中国企业提供了大量的融资支持，有效推动了国内产业及经济发展。以A股市场完成股权分置改革的2007年初为起点，2007—2023年，A股市场累计新增IPO企业4113家，累计IPO募资额46073亿

[1] AIVAZIAN V，BOOTH L，CLEARY S. Do emerging market firms follow different dividend policies from U.S. firms?[J].The journal of financial research，2003，26（3）：371-387.

元，IPO企业数量及募资规模均位居全球前列。分行业来看，工业、信息技术、材料行业IPO企业数量居前，累计IPO企业数量分别为1147家、1016家、601家，IPO企业数量占同期A股市场IPO企业总数的比重分别为27.9%、24.7%、14.6%；工业、信息技术、金融行业IPO募资额居前，累计IPO募资额分别为10644亿元、9746亿元、6374亿元，累计IPO募资额占比分别为23.1%、21.2%、13.8%。特别地，近年来，信息技术、医疗保健等科技行业公司在A股IPO中的占比持续提升，A股市场有效支持了相关行业的科技创新活动。除IPO外，增发、配股、可转债等上市后再融资也是A股上市公司重要的募资手段，2007—2023年，A股市场累计发生再融资事件7253起，累计募资额达147307亿元。其中，工业、信息技术、材料行业再融资次数居前，分别为1897次、1412次、1292次，累计再融资次数占比分别为26.2%、19.5%、17.8%；金融、工业、材料行业再融资募资额居前，分别为31771亿元、31061亿元、21722亿元，累计再融资募资额占比分别为21.6%、21.1%、14.7%[1]。

横向对比来看，以股市总市值与名义GDP的比值来衡量各国股市发达程度，截至2023年末，中国、美国、日本的股市总市值与同期该国名义GDP的比值分别为61.6%、173.9%、146.3%（见图5-2左），A股总市值与中国名义GDP的比值明显低于美股与日股，显示出A股市场发展仍处于相对早期阶段。但从融资角度看，不论是股市融资额（IPO+增发）与名义GDP的比值还是股市净融资额（IPO+增发-回购-分红）与名义GDP的比值，2007—2023年，A股市场上述指标均明显高于美股与日股，特别地，2007—2023年，美股和日股净融资额与本国名义GDP的比值持续为负，而同期A股净融资额与中国名义GDP的比值则一直保持正值（见图5-2右），这也体现出A股市场发挥了较强的融资功能。

[1]　本段数据来源：Wind。

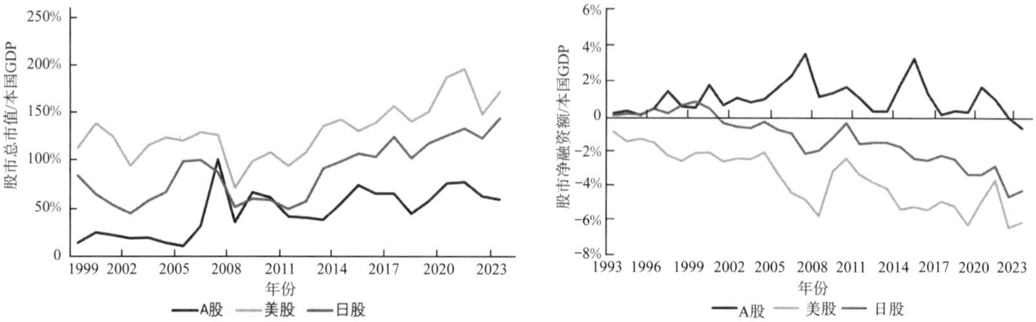

图5-2　中国、美国、日本股市总市值和股市净融资额与名义GDP的比值变化

资料来源：Bloomberg，中金研究院。

注：股市净融资额=IPO募资额+增发募资额−回购金额−现金分红金额。

从股市功能来看，融资是股市的基本功能之一，A股市场通过为上市公司提供融资支持以推动中国产业及经济发展本无可厚非，但长期以来，很多投资者认为A股市场的融资功能远大于投资功能，这造成A股市场投资者投资体验不佳、获得感不足，不利于A股市场的长期繁荣。

如何客观地对比A股市场融资功能与投资功能的相对大小？对此，可以从股市总市值变动的角度来进行分析。将股市整体视为一家上市公司，则股市总市值的变动可以拆分为股市整体股价变动和股份数量变动两个因素，其中个股的价格涨跌共同汇聚成股市整体的价格涨跌，进而影响股市总市值的变化，而上市公司IPO、增发、回购注销等行为通过改变股市整体股份数量来对股市总市值产生影响。进一步地，前者可以通过股票指数的涨跌变化来刻画，这体现出投资者在股市中投资回报率的高低，即股市投资功能；后者则可以通过剔除股市总市值增幅中股价变动所导致的部分，进行量化刻画，其数值反映了股市中上市公司整体股份数量变化，比如正值代表股市中上市公司通过IPO、增发等途径发行的股份数量多于通过回购注销等方式购回的股份数量，即股市为上市公司提供了正向的融资支持，这便是股市融资功能的体现。

基于上述思路对A股总市值的变动进行拆分，以对比A股市场融资功能和投资功能的相对大小。如表5-1所示，2007—2023年，A股总市值累计增长961.5%，拆分来看，在此期间，A股整体价格水平上涨214.9%，A股整体股份数量增加237.1%[1]，这意味着2007—2023年A股投资者整体累计回报率为214.9%，但同期上市公司股份数量增加237.1%，即此期间A股总市值的增长主要由企业发行股份融资所贡献，而股价上涨的贡献则相对较小。换言之，2007—2023年，A股市场确实表现出融资功能大于投资功能的特点。考虑到2007年初处于2006—2007年大牛市的早期阶段，2007年万得全A指数年涨幅高达166.2%，以其作为统计区间起点，可能会高估股市价格涨幅，因而以处于震荡市状态的2010年为统计起点，2010—2023年，A股总市值累计增长220.4%，拆分来看，在此期间，A股整体价格水平上涨55.3%，A股整体股份数量增加106.3%，即2010—2023年，A股市场表现出更加明显的融资功能大于投资功能的特点。

与A股市场相比，2007—2023年，美股总市值累计增长154.0%，拆分来看，在此期间，美股整体价格水平上涨369.2%，美股整体股份数量减少45.9%[2]；2010—2023年，美股总市值累计增长224.9%，拆分来看，在此期间，美股整体价格水平上涨451.7%，美股整体股份数量减少41.1%。美股整体股份数量负增长意味着美股上市公司通过回购注销、兼并重组等方式从投资者手中购买的股份数量多于其通过IPO、增发等方式新发行的股份数量，即从整体上看，美股为上市公司提供的净融资规模为负值，这与图5-2中美股净融资额长期为负的客观事实相吻合。由此可见，相较于A股市场融资功能更加突出的特点，美股市场则表现出更为显著的投资功能。

[1]　A股整体股价变动用万得全A指数涨跌进行刻画，A股整体股份数量变动由A股总市值涨幅及A股股价涨幅反推计算得出。

[2]　美股整体股价变动用威尔希尔5000总市场指数涨跌进行刻画，美股整体股份数量变动由美股总市值变化及美股股价涨幅反推计算得出。

表5-1 A股、美股融资功能与投资功能对比

国家	中国		美国	
统计区间	2007—2023年	2010—2023年	2007—2023年	2010—2023年
区间内股市总市值变动	961.5%	220.4%	154.0%	224.9%
区间内股市整体股价变动	214.9%	55.3%	369.2%	451.7%
区间内股市整体股份数量变动	237.1%	106.3%	-45.9%	-41.1%

资料来源：Wind，中金研究院。

简言之，从融资者视角来看，过去十多年间A股市场表现出较强的融资功能，体现为A股净融资额长期为正，且A股融资事件数量及融资规模均位居全球前列，这是对中国经济高速增长阶段企业旺盛融资需求的客观反映及回应。但与此同时，过去十多年间，A股市场也表现出融资功能大于投资功能的特征，这不利于提升投资者获得感，也不利于A股市场的长期繁荣。当前国内有关监管部门已经关注到了这一问题，并积极出台政策予以解决。比如，2024年4月发布的资本市场新“国九条”[1]明确提出“更加有效保护投资者特别是中小投资者合法权益，助力更好满足人民群众日益增长的财富管理需求”，鼓励上市公司通过回购、分红等方式反馈投资者，大力推动中长期资金入市以平滑市场波动，引导基金公司从规模导向向投资者回报导向转变。2024年9月，中国证监会主席吴清在国新办举行的关于金融支持经济高质量发展的新闻发布会上明确表示，“突出增强资本市场内在稳定性。树立回报投资者的鲜明导向，提高上市公司质量和投资价值”[2]。在政策持续推动下，预计未来A股市场有望在融资功能与投资功能之间取得更好的平衡，从而建立起一个对投资者更加友好的股票市场。

[1] 这里的新“国九条”是指2024年4月国务院出台的《关于加强监管防范风险推动资本市场高质量发展的若干意见》。

[2] 国新办举行新闻发布会 介绍金融支持经济高质量发展有关情况图文实录[EB/OL].（2024-09-24）[2024-10-24].http://www.scio.gov.cn/live/2024/34875/tw/?flag=1.

二、投资者视角：过去A股市场表现不佳的重要原因是估值持续下行

除过去A股市场重融资而相对轻投资外，还存在其他因素降低了A股投资者的投资回报与获得感，其中，在中国经济由高速增长转向中高速增长的背景下，A股市场估值持续回落是一个不可忽视的因素。

A股投资者投资体验不佳、获得感不足的最直观表现就是A股股票指数长期涨幅有限，上证指数更是常年在3000点徘徊。对于股票指数涨跌趋势的分析，“P（股价）=EPS（每股盈利）×PE（市盈率）”的股价公式为我们提供了一个基本的分析框架。根据该公式，可以将股市视为由全部上市公司组成的一个独立的上市公司集团，将股票指数点位视为该上市公司集团的股价，因而股票指数的涨跌可以进一步拆分为该上市公司集团盈利与估值的变化，其中，该上市公司集团盈利等于股市内所有上市公司盈利之和，其估值等于股市内所有上市公司整体估值水平。

进一步地，就EPS而言，企业盈利是一种货币现象，在一个上市公司构成具有广泛代表性的股票市场中，股市内上市公司的整体盈利规模及增速应该与名义GDP规模及增速高度正相关；就PE而言，根据现金流折现的股票定价模型，估值本质上反映的是投资者对上市公司未来盈利增速的预期，实践中，受投资者不完全理性、信息不对称等因素影响，趋势外推是绝大部分投资者预期形成的主要方式。这意味着，上市公司当前及过去的盈利增速会影响到投资者对其未来盈利增速的预期，进而影响到投资者愿意给予上市公司的估值水平。比如，当经济处于持续高速增长阶段时，过去较快的经济增速及上市公司盈利增速会使投资者对上市公司未来盈利增速预期趋向于乐观，进而倾向于给予上市公司较高的估值。反之，当经济持续低迷、经济增速持续回落时，趋势外推会使投资者对上市公司未来盈利预期变得悲观，进而倾向于给予上市公司较低的估值。

2008年金融危机之后，中国经济增长动能逐步从出口转向投资；2015年之后，受地方政府隐性债务压力增大、金融周期逐渐转为下行等因素影响，中国经济增

长动能再次从投资逐步转向高新技术产业和消费。产业转型带来经济下行压力，2008—2023年，中国实际GDP增速由2007年的14.2%降至2023年的5.2%，经济增速的持续回落造成A股估值下降压力，而估值大幅下降不仅抵消了同期A股上市公司盈利正增长对股票指数上涨的推动作用，甚至造成A股部分股票指数的下跌。如表5-2所示，2008—2023年，上证指数累计下跌43.5%，拆分来看，在此期间，上证指数EPS累计增长112.7%，而上证指数PE累计下跌73.4%，即此阶段上证指数盈利仍保持正增长，估值下跌是导致上证指数不涨反跌的主要原因。考虑到上证指数成分股主要以金融、地产、工业等周期股为主，其不能很好地代表A股上市公司整体结构，我们再以样本构成更具代表性的万得全A指数为研究对象进行分析，2008—2023年，万得全A指数累计上涨18.3%，其累计涨幅仍明显低于同期名义GDP累计增幅（366.7%），拆分来看，在此期间，万得全A指数EPS累计增长249.6%，但其PE累计下跌66.2%，由此可见，估值下跌仍是造成此期间万得全A指数涨幅大幅弱于同期名义GDP累计增幅的主要原因。

股市估值水平在经济增速下行阶段持续回落，进而拖累股票指数表现，并不是A股市场独有的现象，美国、日本等成熟资本市场在发展过程中也经历过类似的时期。比如，自20世纪60年代后半叶开始，受战后欧美基建高峰期已过、美国传统制造业与西欧及日本的竞争压力加剧等因素影响，美国进入产业转型期，经济增速也随之持续回落，直到80年代初期，随着美国的产业结构由传统制造业主导转变为以高新技术产业、金融业等服务业为主，加之里根政府出台了一系列促进经济增长的政策，美国经济才逐步企稳。1967—1982年，美国实际GDP增速由1966年的6.5%降至1982年的-1.8%，此后稳定在2%左右，尽管经济增速持续下滑，但美国经济总量仍保持正增长，在此期间，美国名义GDP累计增长311.0%。从股票市场表现来看，1967—1982年，标普500指数累计上涨75.1%，涨幅明显小于同期美国名义GDP累计增幅，拆分来看，在此期间，标普500指数EPS累计增长155.5%，但PE累计下跌31.5%，即估值大幅下跌是造成此期间标普500指数涨幅明显落后于同期名义GDP累计增幅的主要原因。

类似地，受日元大幅升值损害出口竞争力、日本地产泡沫破裂、日本劳动年龄人口增量开始趋势性下降等因素影响，日本自20世纪80年代末期开始进入经济转型期，GDP增速持续回落，1989—1993年，日本实际GDP增速由1988年的6.7%大幅回落至1993年的-0.5%，此后稳定在1%～2%。在此期间，尽管日本经济增速持续回落，但其整体仍保持正增长，日本名义GDP累计增长27.4%，但同期日经225指数大幅下跌42.2%。拆分来看，在此期间，日经225指数EPS小幅增长28.2%，与名义GDP累计增幅基本一致，但其PE大幅下跌55.0%，经济增速回落恶化了投资者对经济及企业未来盈利增长的预期，股市估值大幅下跌是造成此期间日本股市涨幅与名义GDP累计增幅及上市公司盈利增幅背离的主要原因。

表5-2　中国、美国、日本股票指数涨幅与同期GDP增幅的关系

	中国		美国	日本
经济增速下行期	2008—2023年		1967—1982年	1989—1993年
下行期内名义GDP累计增幅	366.7%		311.0%	27.4%
下行期内实际GDP累计增幅	201.8%		52.9%	16.0%
代表性股票指数	万得全A指数	上证指数	标普500指数	日经225指数
下行期内代表性股票指数变化	18.3%	−43.5%	75.1%	−42.2%
下行期内代表性股票指数EPS变化	249.6%	112.7%	155.5%	28.2%
下行期内代表性股票指数PE变化	−66.2%	−73.4%	−31.5%	−55.0%

资料来源：Wind，中金研究院。

简言之，过去十多年间，中国经济增速放缓，A股市场估值持续回落，估值回落与上市公司盈利增长相互抵消，最终使得A股市场呈现出股票指数长期涨幅有限、股票指数涨幅落后于同期GDP增幅的情况，这也是造成A股投资者投资体验不佳、获得感不足的重要原因。

三、国民收入分配视角：垄断性行业对股民回报不足

从国民收入分配视角来看，长期以来，中国国民收入分配结构存在企业部门收入占比偏高、居民部门收入占比偏低的特点。国民收入分配主要分为初次分配、再分配两个环节。初次分配是指企业、居民、政府等各部门按照其资本、劳动等贡献来进行收入分配，分配结果体现为居民劳动报酬、企业经营盈余、政府生产税净额等。再分配则是指政府通过税收、转移支付等方式在不同部门之间进行收入调节，经过再分配最终形成各个部门的可支配收入。与美国、英国等发达国家横向对比来看，2012—2021年中国企业部门可支配收入占各部门可支配收入总和的比重年均值为21.6%，而同期美国、英国企业部门可支配收入占比年均值分别为11.9%、13.1%。与中国企业部门可支配收入占比较高形成对比的是，2012—2021年，中国居民部门可支配收入占各部门可支配收入总和的比重年均值为59.3%，而同期美国、英国居民部门可支配收入占比年均值分别为78.0%、68.8%（见图5-3）。不难看出，与美国、英国等发达国家相比，中国国民收入分配格局呈现出企业部门占比偏高、居民部门占比偏低的特点。

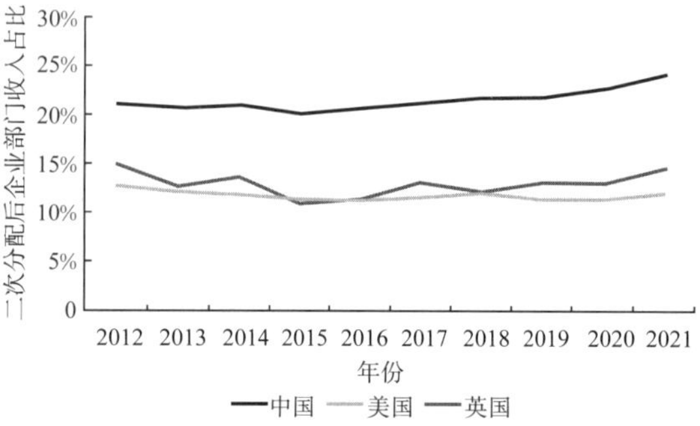

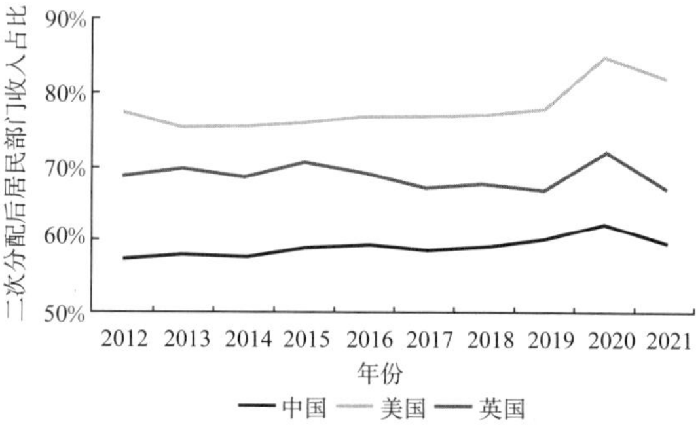

图5-3　二次分配后，中美英企业部门收入占比（左）与居民部门收入占比（右）变化

资料来源：OECD，中金研究院。

研究表明，中国垄断性行业利润占比较高，但其员工数量相对较少，对居民部门劳动报酬贡献相对有限，是导致中国国民收入分配中企业部门占比偏高、居民部门占比偏低的重要原因。一方面，从企业部门内部各行业的收入分配来看，能源、电信服务、公用事业等行业占据了中国企业部门大部分收入与利润（彭爽 等，2008[1]；孙殿明 等，2010[2]）。但另一方面，相较于批发、零售、餐饮等服务业，尽管上述垄断性行业的平均工资相对更高，但其员工数量较少，这使得其垄断利润并未大量转化为居民部门的劳动报酬（刘长庚 等，2015[3]；李实 等，2023[4]）。上述两方面因素叠加，造成了中国国民收入分配中企业部门占比偏高、居民部门占比偏低的状况。

上述国民收入分配格局映射到A股市场中，便体现为垄断性行业净利润在A股上市公司总净利润中占比较高。采用Wind一级行业分类标准，将11个一级行业中的能源、公用事业、金融、电信服务4个行业定义为垄断性行业。统计数据表明，截至2023年末，上述4个垄断性行业上市公司数量占A股上市公司总数的比重为6.7%，但其市值占比达到30.3%，净利润占比更是高达63.1%（见图5-4），可见上述垄断性行业贡献了A股市场绝大部分净利润。

［1］　彭爽，叶晓东.论1978年以来中国国民收入分配格局的演变、现状与调整对策[J].经济评论，2008（2）：73-80，86.

［2］　孙殿明，韩金华.建国60年来我国居民收入分配差距演变轨迹及原因研究[J].中央财经大学学报，2010（5）：44-48.

［3］　刘长庚，张松彪.行业垄断与企业劳动报酬差距：基于中国工业企业数据库的分析[J].经济学动态，2015（3）：52-61.

［4］　李实，陈基平.中国国民收入分配格局的长期变动趋势[J].社会科学战线，2023（9）：50-62.

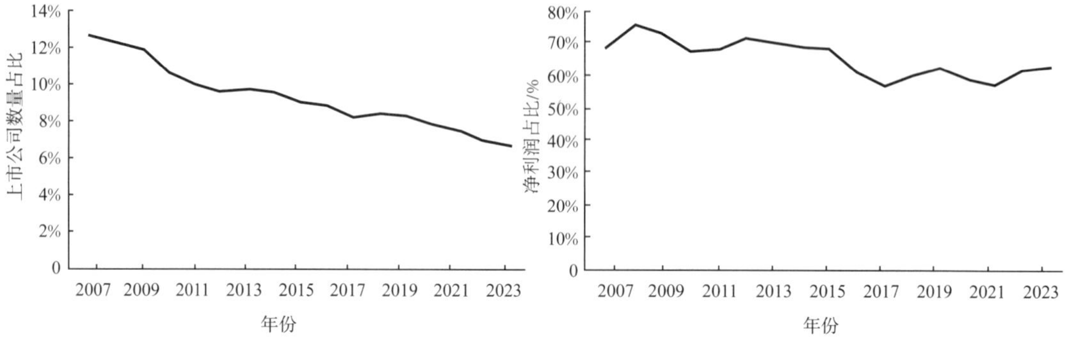

图5-4　A股市场中垄断性行业上市公司数量占比（左）及净利润占比（右）变化

资料来源：Wind，中金研究院。

注：垄断性行业定义为Wind一级行业中的能源、公用事业、金融、电信服务4个一级行业。

可以进一步对比A股垄断性行业上市公司与非垄断性行业上市公司在成长性（以归母净利润增速刻画）和分红意愿［以分红率（分红规模/归母净利润）刻画］方面的差异。其中成长性决定股价长期走势，进而决定投资者的资本利得回报；而分红意愿则决定投资者能够获得的分红规模，进而决定投资者的分红回报。考虑到资本利得与分红是股市投资者获取投资回报的两个最主要的渠道，因此上市公司的成长性与分红意愿是影响投资者投资体验与获得感的重要因素。

统计数据表明，在成长性方面，2007—2023年，A股垄断性行业上市公司归母净利润年化复合增速为10.0%，而同期A股非垄断性行业上市公司归母净利润年化复合增速为12.2%。在分红意愿方面，2007—2023年，A股垄断性行业上市公司分红率年均值为28.8%，而同期A股非垄断性行业上市公司分红率年均值为33.5%。垄断性行业较低的归母净利润增速和分红率，意味着其给投资者创造的回报也较为有限，以2007—2023年Wind一级行业指数的累计涨幅[1]来刻画各行业为投资者创造的累计回报，不难看出，能源、公用事业、金融、电信服务4个垄断性行业的长期回报率明显低于同期医疗保健、日常消费、信息技术等非垄断性行业（见图5-5）。

［1］ Wind一级行业指数属于全收益指数，其涨幅包含上市公司股价上涨与分红两部分收益，是各行业对投资者回报的全面刻画。

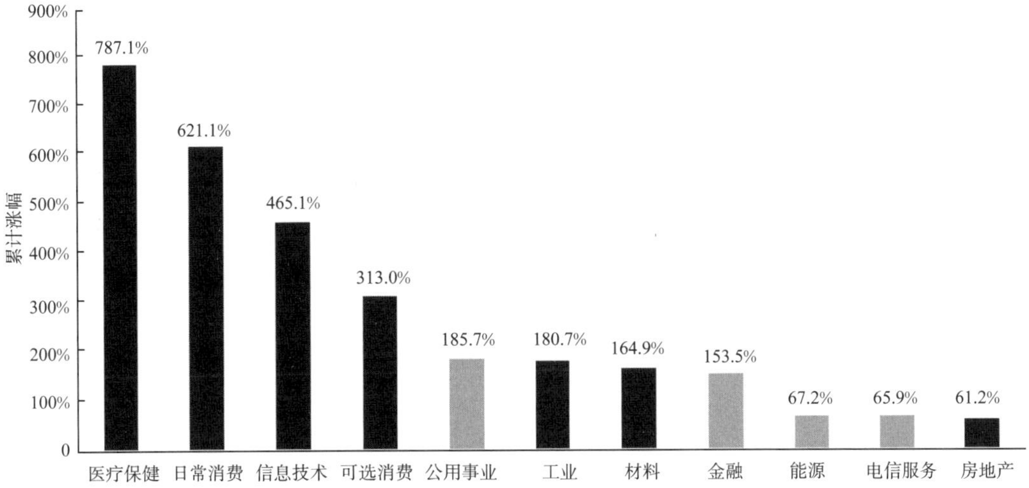

图5-5　2007—2023年Wind一级行业指数累计涨幅

资料来源：Wind，中金研究院。

注：该涨幅反映了各行业股价上涨与分红为投资者创造的整体回报。

需要强调的是，尽管股市作为经济的映射，其上市公司结构与实体经济中的公司结构存在一定的关联，但是二者并不一定完全重合，比如截至2023年末，美股市场中信息技术、医疗保健上市公司的市值占比分别为30.8%、11.9%，明显高于这两个行业在美国实体经济中的占比[1]（11.1%、5.2%），而美股市场中批发零售贸易、建筑业上市公司的市值占比分别为8.7%、0.5%，均低于这两个行业在美国实体经济中的占比（20.4%、6.1%）。换言之，美股对成长性更高、长期投资回报更高的科技行业给予了更多上市资源倾斜，使得美股上市公司的盈利增长速度快于美国名义GDP增速，这有利于提升投资者回报、促进美股持续繁荣。与美股相比，尽管A股垄断性行业上市公司存在成长性弱、分红意愿低、长期回报不足的特点，但其始终在A股市场中占据重要地位，而长期投资回报率高、受很多投资者欢迎的消费类公司近年来反而面临A股上市难的问题。

为何A股与美股存在这种差异？一个重要原因是中美股市在扩容思路及激励机

[1]　此处以各行业利润额占美国实体经济利润总额的比重来刻画各行业在美国实体经济中的占比。

制方面存在差异。美国各交易所均是追求利润的商业公司，IPO、股票交易撮合、股票市场数据服务是其重要的收入来源，而IPO规模、股市交易活跃程度则与投资者对各交易所上市公司的认可度密切相关，换言之，美国各交易所的商业利益是与投资者利益高度绑定的，这使得美国各交易所在进行IPO标准设定时更多地从投资者投资角度而非公司融资角度出发，进而使得美股市场表现出更强的对投资者友好的特征。这意味着，从建设对投资者更友好的股票市场的角度来看，推动交易所公司制改革以提升其满足投资者投资需求的积极性，或许是未来值得重点考虑的改革举措之一。

中国国民收入分配格局中，因部分垄断性行业的存在而导致企业部门整体收入占比较高，其映射到A股市场上，便体现为垄断性行业上市公司净利润占比较高。与此同时，A股垄断性行业上市公司具有成长性弱、分红意愿低的特点，这不利于A股市场整体盈利增长及分红，是导致A股投资者投资体验不佳、获得感不足的重要原因。在此过程中，国内交易所利益与投资者利益相对松散的绑定关系，使得国内交易所缺少推动那些对投资者更加友好的公司上市的动力，这也是造成A股投资者投资体验不佳的原因之一。

综上所述，从融资者、投资者、国民收入分配的角度来看，A股市场从不同角度反映了中国经济的特征，比如经济快速增长背景下企业融资需求旺盛、过去十几年国内GDP持续快速增长但增速边际回落、中国国民收入分配格局更利好于垄断性行业等。需要强调的是，考虑到引领式创新对于中国未来发展的重要性，以及股票市场是资本市场发挥科技金融功能、促进引领式创新的重要组成部分，因此未来仍需进一步探索如何更好地服务科技企业融资需求、更好地促进引领式创新。此外，投资者作为股市发展的微观基础及流动性来源，其对于股市长期繁荣有着重要影响，未来也需进一步探索如何提升上市公司对投资者的回报力度，在股市融资功能与投资功能之间取得更好的平衡，提升投资者获得感，通过建设一个对投资者更加友好的股票市场来更好地发挥资本市场对于促进引领式创新的积极作用。

第三节

股权市场：促进引领式创新的能力有所下降

如前所述，股权市场更有能力和意愿为初创型中小企业高风险的引领式创新活动提供资金支持，因而股权市场是促进引领式创新的主战场。但近年来国内股权市场促进引领式创新的能力似乎有所下降，中国在本轮以大语言模型为代表的AI技术进步中一度被美国拉开差距，便是这方面的一个典型案例。

以ChatGPT为代表的大语言模型是近几年最具代表性的引领式创新产品，其有望对经济中各个领域均产生深刻影响。推出ChatGPT的OpenAI成立于2015年，成立的目的是“创建造福全人类的通用人工智能（AGI）”，其成立初期的定位是非营利组织，而其初期资金主要来源于富豪群体的公益捐赠。AI领域的规模定律意味着AI模型的参数规模越大，模型效果越好，而要支撑模型持续扩大，就要持续推动算法优化、算力增长与数据积累，这均需大量的资金投入。OpenAI创建初期的公益融资模式难以为其带来足够的资金以支持其持续探索大语言模型的边界。2019年，OpenAI对其组织架构进行了重大调整，由一家非营利组织转型为具有“非营利母公司—股权基金—利润上限子公司”架构的新型商业组织。经过此次组织变革，OpenAI允许其员工和外部投资者通过持有股权基金的份额而间接持有利润上限子公司的股份，这事实上赋予了OpenAI进行商业化运营进而获取外部股权融资的能力[1]。

此后，OpenAI融资模式出现根本性变化，即从初期的依靠公益性捐赠转变为主要依靠商业性风投。据公开数据统计，2019—2023年，OpenAI至少开展了8次股权融资，累计募资规模超百亿美元，其中仅微软便通过三次股权投资向

[1]　中金研究院，中金公司研究部.AI经济学：宏观、产业与治理分析[M].北京：中信出版社，2024.

OpenAI承诺为其提供价值130亿美元的资金及云服务支持。风投的引入有效支持了OpenAI对大语言模型的开发，并帮助其于2022年底成功推出ChatGPT，在全球范围内掀起AI热潮。

OpenAI的案例再次证明风投及股权市场对于促进引领式创新的重要性。随之而来的问题是，为什么中国风投未能支持中国企业率先将Transformer开发成大语言模型？为何OpenAI这种引领式创新企业和ChatGPT这种引领式创新产品最先出现在美国而非中国？

有两种比较有代表性的解释：一种解释强调结构原因，即中国风投的风险偏好较低，导致其支持作为引领式创新代表的大语言模型开发的意愿较低。但统计数据表明，在Transformer架构刚出现的2017年，中国风投的风险偏好并不比美国风投低，二者基本处于同一水平（见图5-6），这意味着这一解释的说服力有限。另一种解释强调总量原因，即中国风投面临募资困难问题，没有足够的资金来支持大语言模型的大投入。尽管在Transformer架构提出的2017年，中国AI风投规模（256亿美元）明显超过同期美国AI风投规模（182亿美元），在全球主要经济体中位居第一，但恰恰是在Transformer拉开大语言模型开发的序幕后，中国AI风投规模开始明显下降，2018年被美国反超，随后两国的差距一度持续扩大（见图5-7）。中国AI风投规模的持续下降意味着国内股权市场无法为中小企业探索AI前沿边界提供充足的资金支持，这是中国在本轮AI技术进步中落后于美国的重要原因。

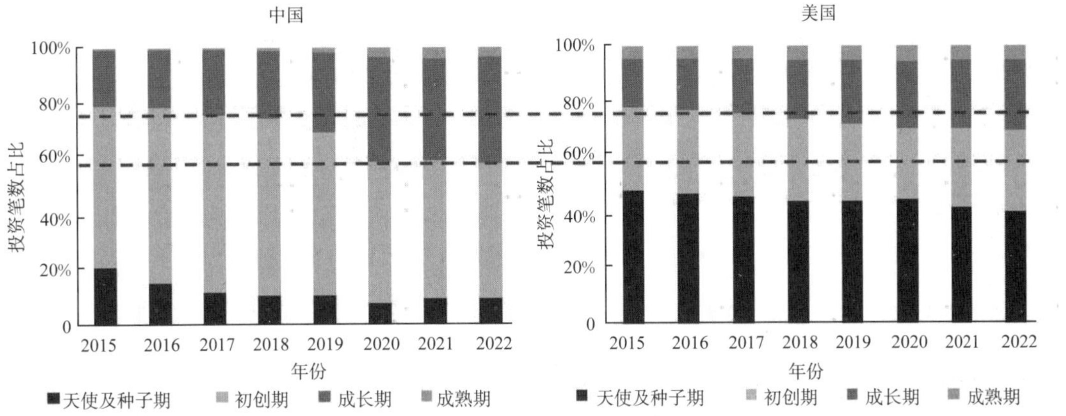

图5-6　中美风投不同投资阶段投资笔数占比对比

资料来源：PitchBook，中金研究院。

注：此处是投资笔数的占比。按照PitchBook的定义，天使及种子期是天使轮和种子轮的汇总（未作进一步区分）。天使轮指之前没有VC或PE且金额少于一定数值的投资（对于美国企业为100万美元，对于中国企业未指明标准）或公司方宣称的天使轮。种子轮指公司方宣称的种子轮或金额在特定数值区间的投资（对于美国企业为100万美元至1000万美元之间，对于中国企业未指明标准）。初创期一般指的是A轮和B轮融资；成长期一般指的是C轮和D轮融资；成熟期一般指的是E轮及以后的融资。通常而言，天使及种子期、初创期的投资风险远大于成长期及成熟期，因而天使及种子期、初创期投资占比越高，就意味着其风投的风险偏好越高。

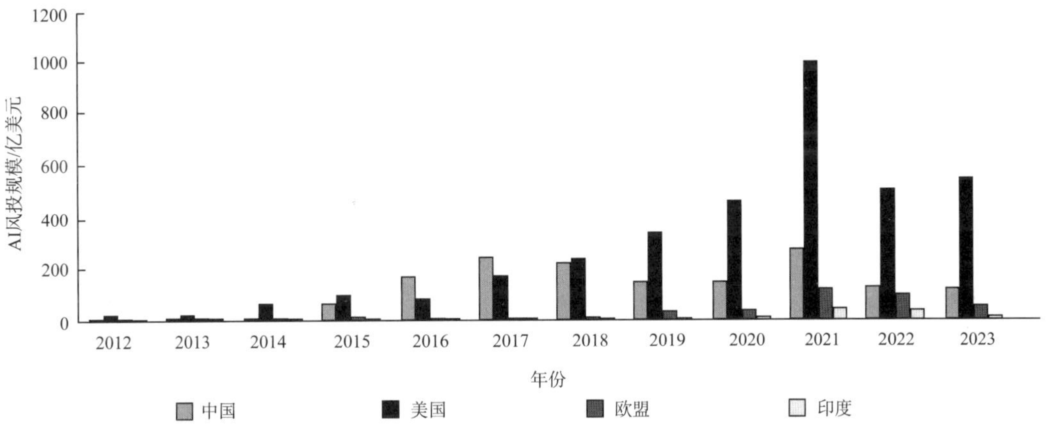

图5-7　2012—2023年全球主要经济体AI风投规模

资料来源：Preqin，中金研究院。

注：根据Preqin中被投资公司的细分类别Artificial Intelligence，对属于这一类的公司所获得的投资进行汇总。

进一步地，为何2017年之后中国AI风投规模会逐渐从领先变为落后？由于风投是在产业创新阶段介入的，我们需要从产业创新的驱动因素层面来探索这一问题的答案。考虑到2017年出现的Transformer架构是科学研究成果，2022年的ChatGPT则是基于Transformer进行试验开发的产业结果，对于产业创新而言，技术、人才、资金是基本的三要素，因而对于中国AI风投规模从领先到落后的原因解释有三种。

第一种解释是技术因素，即2017年后中国AI发展面临着技术限制，抑制了AI投资。根据“供给创造需求”的技术推动理论，技术进步通常会带来新的投资机会，因而投资减少可能反映了某些领域关键技术的停滞[1]。据此，一个似乎合理的猜测是，作为本轮技术进步的核心算法突破，Transformer在2017年率先出现在美国，而后2018年中美贸易摩擦加剧，可能导致中国在学习AI先进技术方面面临一些障碍，减少了AI投资的机会。但需要强调的是，作为一种科学研究成果，Transformer是公开发表的，因此其传播外溢受国际竞争的影响较小。而且即使在中国没有设立法人实体的情况下，作为Transformer架构原始开发者的谷歌也通过代理机构在中国提交了大量相关知识产权申请[2]，这意味着虽然Transformer率先出现在美国，但国际竞争并没有阻碍该算法作为一种科研成果向中国扩散，中国因无法获得Transformer算法而无法进行相关风险投资的可能性并不大。更重要的是，中美在Transformer方面的风投大幅增长都是在2022年底ChatGPT成功吸引了全球关注后出现的，2022年之前中美AI风投主要还是集中在非Transformer的传统AI领域，相关算法基本上都是基于传统深度神经网络的算法。根据美国安全与新兴技术研究中心（CSET）2021年的研究[3]，在传统深度神经网络主导的时代，中美在AI算法方面是各有长短的。然而在2018—2022年，在基于传统深度神经网络的AI各细分领域，几乎均呈现美国

[1] MOWERY D，ROSENBERG N.The influence of market demand upon innovation：a critical review of some recent empirical studies[J].Research Policy，1979，8（2）：102-153.

[2] 如2024年3月12日谷歌被授予发明专利“基于关注的图像生成神经网络”（授权公告号CN 109726794B）。

[3] CHAHAL H，TONER H，RAHKOVSKY I. Small data's big AI potential[R].Washington，D.C.：Center for Security and Emerging Technology，2021.

风投规模上升、中国风投规模下降的态势。这意味着技术因素无法完全解释中国AI风投在2018—2022年出现的逆转性变化。

第二种解释是人才因素，即中国AI人才的缺乏限制了国内AI产业的发展，进而使得中国AI风投缺少投资机会，投资规模持续下降。在AI人才方面，美国不但自己培养了大量AI人才，而且吸收了包括中国在内的大量其他国家的AI人才去美国发展。有关AI优秀人才工作地和来源地的统计数据可以印证这一点。在2019—2022年，全球AI优秀人才的主要工作地是美国；而从人才来源地的角度来看，中国则是全球培养AI人才最多的国家。与此同时，来自中国的AI优秀人才占全球AI优秀人才的比例持续远高于在中国工作的AI优秀人才占全球AI优秀人才的比例，而来自美国的AI优秀人才占全球AI优秀人才的比例持续远低于在美国工作的AI优秀人才占全球AI优秀人才的比例。也就是说，即便是在中国AI风投规模领先全球的时期，中国大概率也是AI优秀人才的输出国，当时的人才外流情况并没有成为制约中国AI风投繁荣的因素。更重要的是，在2019—2022年，虽然从整体上来看中国依旧是AI优秀人才流出国，但在中国工作的AI优秀人才的比例从11%大幅增加到了28%，而在美国工作的AI优秀人才的比例则从59%减少到了42%（见图5-8）。由此可见，过去几年，中国AI领域的人才状况其实已得到改善，这意味着AI人才外流、短缺也难以作为同期中国AI风投规模逆转的主要解释因素。

第三种解释是资金因素，即中国AI风投自身出现了募资困难、资金短缺的情况，进而导致其投资规模持续回落。值得注意的是，中国风投在2017年后从领先到落后的变化，并不局限于AI领域，而更像是整个风投市场变化在AI风投方面的一个体现。从中国与美国风投募资额的年度对比来看，2018年之前中国风投募资额逐年增加，且明显高于同期美国的风投募资额，但在2018年之后中国风投募资额持续回落，2021年中国风投募资规模被美国反超且二者差距不断拉大（见图5-9左）。考虑到募资是投资的前提，股权市场募资困难会导致投资规模持续下降，因此过去几年中国风投规模（不限于AI领域）的持续下降便不难理解了。进一步地，股权市场是促进引领式创新的主战场，中国风投募资额的持续回落，使得国内股权市场促进引领式创新的能力也有所下降，一个突出表现便是中国年新增独角兽企业数量不仅被美国反超且差距不断拉大（见图5-9右）。

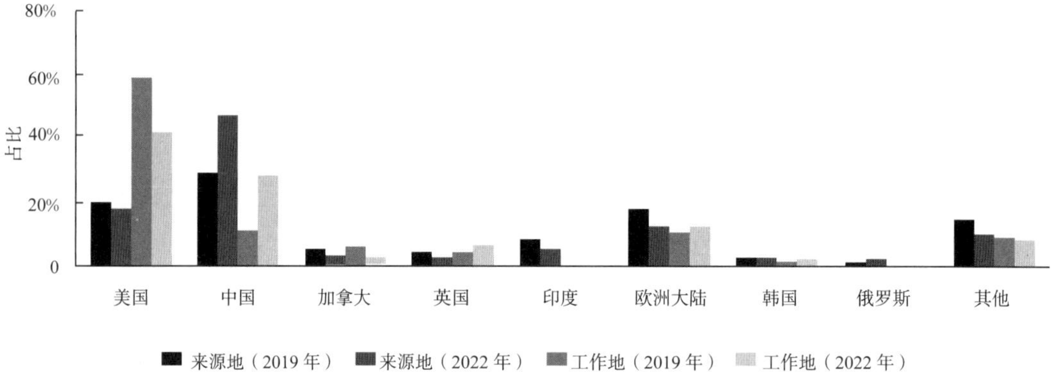

图5-8　2019年及2022年全球AI优秀人才来源地及工作地占比

资料来源：MacroPolo，中金研究院。

注：此处是MacroPolo对AI优秀研究者的来源地和工作地的统计，AI优秀研究者是指被人工智能顶级会议NeurIPS接收文章的作者，来源地是指研究者本科毕业学校所在地，工作地是指研究者工作机构总部所在地。

需要注意的是，金融既是原因也是结果。国内股权市场募资额的下降确实削弱了国内股权市场对引领式创新的推动作用，而对造成国内股权市场募资额下降原因的分析，则涉及对资管新规、反垄断、A股IPO节奏等多方面因素的讨论[1]，这意味着，需要对造成国内股权市场募资额持续下降的因素进行深入分析，才能够有针对性地解决国内股权市场募资困难问题。

[1]　对这些因素的具体分析，详见本书第九章。

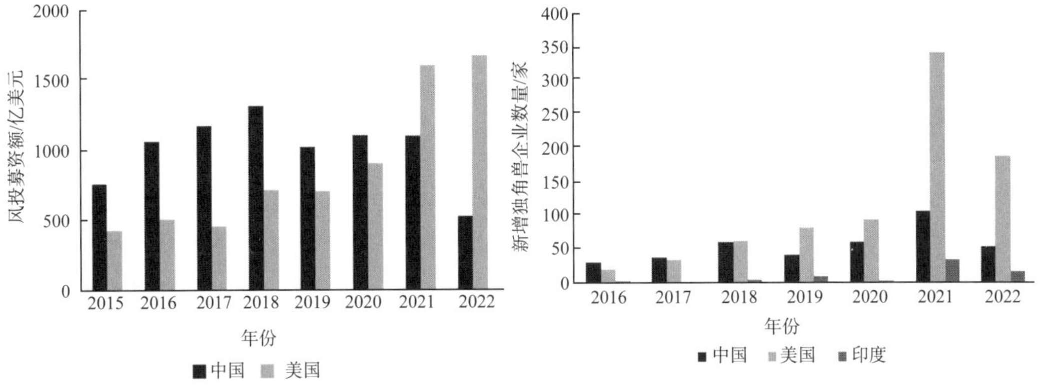

图5-9　中美风投年度募资额与中美印年新增独角兽企业数量

资料来源：PitchBook，中金研究院。

注：PitchBook对独角兽企业的定义是获得风险投资后估值在十亿美元以上的初创公司。

综上所述，募资困难使得过去几年中国股权市场促进引领式创新的能力出现明显下降，这既体现为中国在本轮以大语言模型为代表的AI技术进步中逐渐落后于美国，也体现为中国年新增独角兽企业数量被美国反超且差距不断拉大。除此之外，从“募、投、管、退”的股权投资四个环节来看，当前国内股权市场还存在一系列其他问题，比如国内股权市场投资日渐呈现出投资方向单一化、低风险化的特征，不利于通过发挥资本市场生态效应和筛选效应来支持高风险的引领式创新活动。与此同时，优秀外资风投和企业系风投的退出，也削弱了国内风投整体的投后管理能力等。具体是哪些因素导致上述问题？应如何解决上述问题，以更好地发挥股权市场促进引领式创新的积极作用？本书第九章将进行详细分析。

第四节

股票市场与股权市场互动：互动效率有所下降

资本市场促进引领式创新，不仅需要股票市场与股权市场分别发挥作用，还需要二者之间能够有效互动，IPO是连接股票市场与股权市场的重要桥梁，也是决定两类市场互动效率高低的关键环节。但当前A股市场与国内股权市场之间出现互动效率下降的情况，比如监管部门主动收紧了对A股IPO的审核，体现为A股IPO节奏持续放缓、A股IPO包容性有所降低等。为何国内监管部门要主动收紧对A股IPO的监管？这背后有哪些深层次的原因？此外，港股、美股等境外市场也曾是中国风投重要的IPO退出渠道，但近年来中国企业赴境外市场IPO也面临一些现实困难。这些现实困难具体表现在哪些方面？什么原因导致这些现实困难？本节将对上述问题进行初步讨论与分析。

一、A股市场与股权市场互动：IPO节奏放缓，IPO包容性有待提升

对于风投等股权投资者而言，IPO和并购是其主要退出渠道，与美国风投相比，中国股权投资者在退出时更加依赖IPO。但当前国内股权投资者在通过A股IPO退出时面临一些困难，主要体现在以下几个方面。

第一，当前A股IPO审核明显放缓，IPO数量及融资规模持续下降，使得国内股权投资者越发难以通过IPO的方式退出。A股于2019年设立科创板，并开始试点注册制，此后，创业板、北交所也陆续进行了注册制改革，自2023年2月起，A股市场已全面实行注册制。相较于传统的核准制，注册制的一个突出特点是将定价权归还给投资者，以提高IPO定价效率，提升IPO审核及发行节奏，缩短IPO时间。但过去几年随着A股市场的持续下跌，大多数投资者遭受了较大幅度的亏损，在此背景

下，投资者普遍对股市中各类负面信息变得更加敏感，而此时注册制IPO过程中出现的部分欺诈发行、上市前突击分红等负面案例，使得投资者对注册制产生了较多批评和较大抵触。面对投资者舆情，监管部门主动收紧了对A股IPO的审核，统计数据显示，2019年A股注册制新股从交易所受理IPO申请到企业最终上市的平均时间间隔约为144天，与2014—2018年美国IPO平均审核天数（154天）基本相同，而到了2023年，A股注册制新股IPO审核的平均时间间隔已大幅拉长至383天（见图5-10左）。随着A股IPO审核放缓，A股新增IPO数量及IPO募资规模出现了明显下降，2021年A股新增IPO数量为522家，IPO募资额为5426亿元，而2023年A股新增IPO数量已降至313家，IPO募资额降至3565亿元（见图5-10右）。

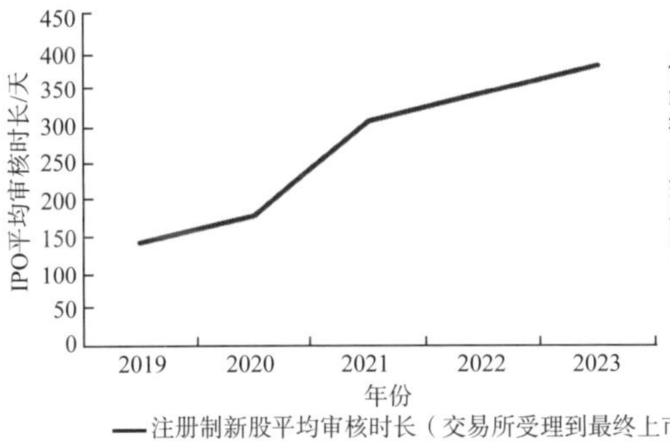

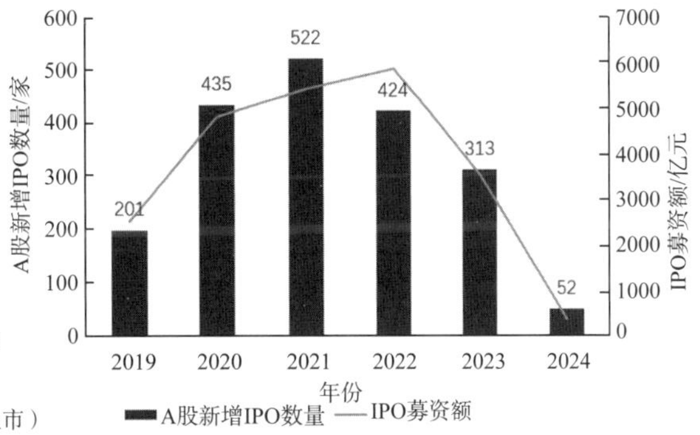

图5-10　A股注册制新股IPO审核时长（左）与A股新增IPO数量及IPO募资额（右）

资料来源：Wind，中金研究院。

注：2024年数据截至2024年8月。

第二，当前A股IPO存在上市标准包容性不强的情况，也降低了A股市场与国内股权市场的互动效率。比如，面对过去几年国内部分领域存在的“卡脖子”风险，监管部门对于股票市场存在一种认知倾向，认为股票市场应主要支持半导体等硬科技领域发展。这一倾向映射到IPO过程中，便体现为过去几年A股IPO资源逐渐向半导体等硬科技领域倾斜（见图5-11左），这一方面使得国内股权投资者之前对于消费、软创新领域的投资难以通过IPO方式退出，拖累了国内股权投资者的投资业绩表现，加剧了其在募资时所面临的困难，另一方面也使得国内股权市场投资快速向半导体等硬科技领域集中（见图5-11右），反而不利于资本市场通过发挥生态效应与筛选效应来促进引领式创新，或者说，当前A股IPO并没有很好地反映并满足各类投资者多样化的投资偏好，存在资本市场财政化的倾向。

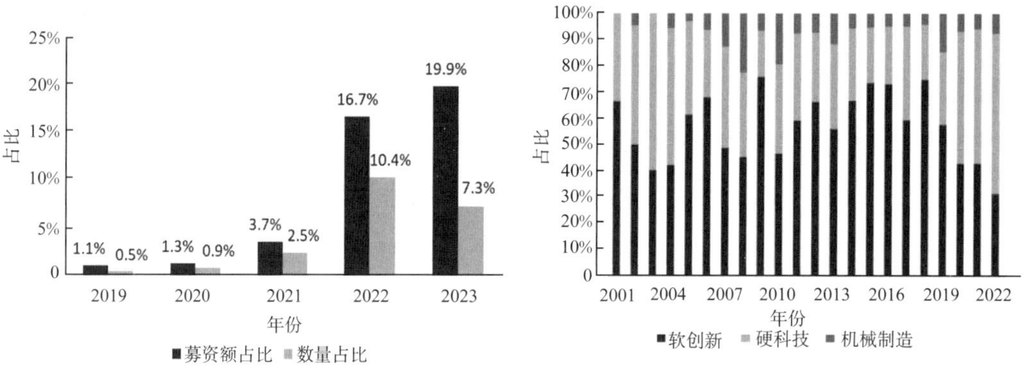

图5-11　A股IPO中半导体公司占比（左）与国内股权市场投资中各领域占比（右）

资料来源：Wind，清科私募通，中金研究院。

注：硬科技主要包括半导体及电子设备、清洁技术、生物技术/医疗健康，软创新主要包括互联网、IT、电信及增值业务、金融、娱乐传媒。

第三，面对部分投资者对注册制新股中未盈利公司投资价值的质疑，对未盈利公司上市的审核日趋严格。需要强调的是，企业当前盈利能力与其未来能否成长为优质公司之间没有必然联系，亚马逊、特斯拉等美股科技龙头企业在IPO时均属于未盈利企业，其在上市后借助资本市场的支持才进一步发展壮大，并最终实现盈利。此外，科创企业大多具有研发投入大、前期盈利不稳定甚至盈利困难等特点，企业创新活动的颠覆性、引领性越强，其前期盈利不稳定甚至无法盈利的特点往往越突出，对科创企业盈利能力的严格要求会进一步加大未盈利科创企业上市的阻力，使得股权投资者对相关企业的投资面临退出困难的情况，甚至可能导致风投等股权投资者拒绝对尚未盈利的优质科创企业提供资金支持，这不利于资本市场发挥促进引领式创新的作用。

需要说明的是，在过去两年A股市场估值处在历史低位但仍有大量企业排队等待上市的背景下，有关监管部门主动收紧IPO审核标准、放缓IPO节奏是应对低迷市场中上市公司逆向选择风险的必要之举。IPO本质上是企业现有股东向新股东出售股份的过程，因此IPO估值水平的高低对于发行人现有股东的上市意愿有着深刻影响。在一个股指持续下行、估值处在相对低位的股市环境中，IPO意味着企业现有股东可能存在“贱卖”企业的风险，因此企业上市意愿通常会比较低；反之，在一个股指持续上涨、估值处在相对高位的股市环境中，企业上市意愿会比较高，美股市场IPO就体现出这种明显的自我调节机制，即美股IPO规模会随着股市估值变化而自我调整（见图5-12上）。但A股市场IPO并未表现出这种自我调节机制，在A股市场持续下跌、估值已处在历史低位的过去几年里，仍有大量企业选择上市（见图5-12下），这意味着，过去几年低迷环境中A股市场中可能存在逆向选择风险。在此背景下，监管部门主动收紧A股IPO审核标准、放缓A股IPO节奏是完全有必要的，这有助于保护投资者的合法权益。

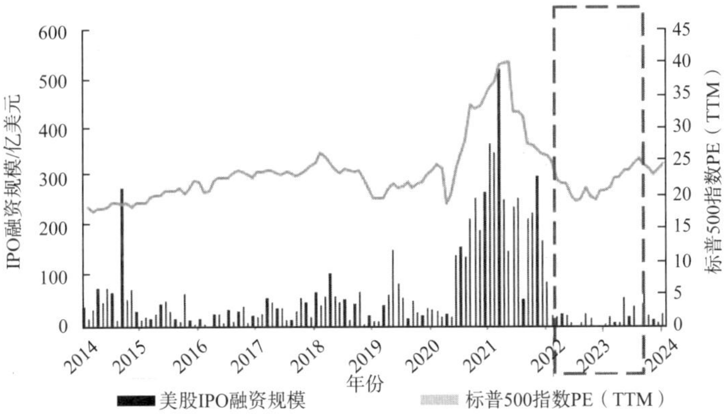

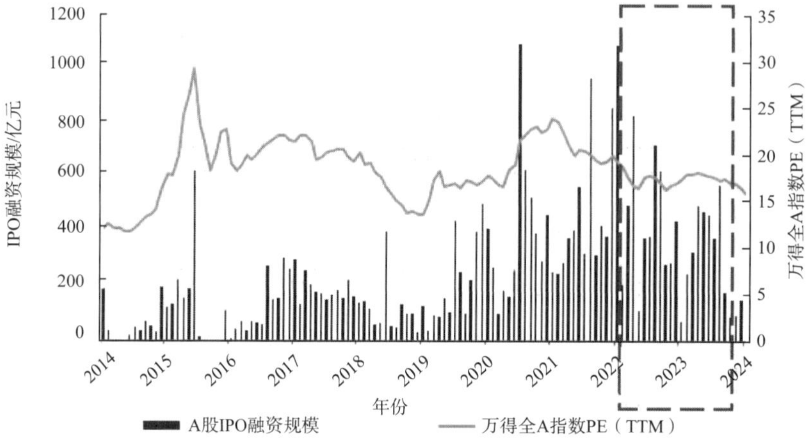

图5-12　美股（上图）与A股（下图）的估值变化及其IPO规模

资料来源：Wind，中金研究院。

注：2024年数据截至2024年2月。

但为何美股与A股在IPO自我调节机制方面存在如此明显的差异？一个重要的解释是二者在事后反欺诈能力方面存在差异。经过200多年的发展，美股市场已建立起完善且严格的事后反欺诈制度，上市公司一旦被发现存在欺诈行为，将面临严厉的调查及处罚，同时投资者也能够通过集体诉讼等途径得到合理赔偿，这一方面震慑了发行人潜在的欺诈发行行为，降低了低迷市场中的逆向选择风险，另一方面也有效保护了投资者合法权益、维护了投资者信心，使得美股市场虽有欺诈事件发生，投资者的信心仍有维持的可能。A股市场作为一个新兴的资本市场，反欺诈能力仍有待提升，事后反欺诈能力的不足难以对上市公司潜在的欺诈行为产生足够的震慑，因而在低迷市场中仍会有很多存在欺诈风险的低质量公司申请上市。为尽可能降低逆向选择风险、保护投资者合法权益，国内监管部门选择将反欺诈监管前置，从IPO阶段（而非上市后）便开始进行反欺诈监管，以期防患于未然。

需要强调的是，一方面，欺诈行为根源于欺诈主体的机会主义动机，这意味着欺诈行为无法被彻底消除，寄希望于严格的事前监管以消除潜在欺诈行为，很可能是低效的；另一方面，过于严格的事前审核也可能导致部分优质企业无法上市融资，使得投资者失去了对这些优质企业进行投资的机会，典型例子就是21世纪初A股因担心同股不同权的互联网企业可能存在大股东侵占小股东投票权的风险而拒绝其上市，使得A股投资者丧失投资互联网龙头企业并分享其成长红利的机会。考虑到投资者是股市发展的微观基础，而资本市场反欺诈的根本目标是保护投资者合法权益、维护投资者信心以建立一个长期繁荣的股票市场，因此对反欺诈监管效果的评价不应以严厉程度为标准，而应以其是否有效震慑了潜在欺诈行为、保护了投资者合法权益为标准，从这个角度看，美股市场中以事后反欺诈为主的反欺诈制度值得A股市场借鉴。

事后反欺诈不仅包括发现欺诈行为后对欺诈主体进行严格惩处，也包括对受欺诈行为侵害的投资者进行合理赔偿。为何A股投资者会对A股欺诈发行、财务造假等欺诈行为如此痛恨，甚至导致舆情风险？根本原因在于这些欺诈行为给投资者造成了投资损失，相关欺诈主体却没有被严格惩处或者投资者损失没有得到及时、合理赔偿。

简言之，在A股市场事后反欺诈监管能力有待提升的背景下，监管部门主动收紧IPO审核标准、放缓IPO节奏是有必要的，但这同时会降低A股市场与国内股权市场互动的效率，不利于资本市场通过发挥外部规模经济效应以促进引领式创新。因此，从长期来看，提升A股市场事后反欺诈监管能力仍是提高A股市场与股权市场互动效率、提升资本市场促进引领式创新效果的必要前提。

二、港股、美股等境外市场IPO退出渠道面临现实困难

除A股市场外，港股、美股等境外市场也曾是中国企业重要的上市地点，为国内风投等股权投资者提供了更加多元的退出渠道，特别是在历史上A股IPO暂停或明显放缓的时期，中国企业赴港股、美股IPO的规模会出现明显上升（见图5-13），这意味着港股、美股等境外市场是A股IPO退出渠道的良好补充。此外，

港股、美股等境外市场实行注册制，其上市标准包容性较强，也更有利于国内资本市场发挥生态效应和筛选效应以促进引领式创新。

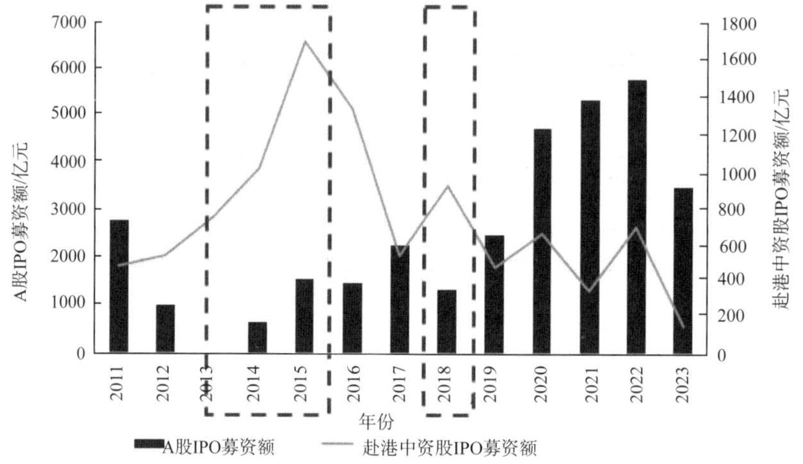

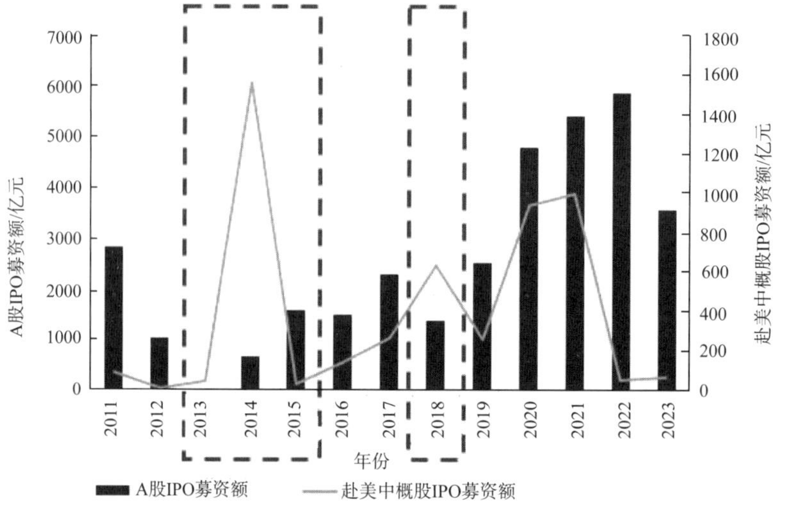

图5-13　A股IPO规模与中国企业赴港、赴美IPO规模变化趋势

资料来源：Wind，iFind，中金研究院。

但当前中国企业赴港股、美股上市均面临一些现实困难。就内地企业赴港股上市而言，一方面，如前所述，IPO本质上意味着企业现有股东向新股东出售股份，因此估值水平对企业IPO意愿有着显著影响。长期以来，港股的估值水平明显低于同期的A股及美股，对内地企业赴港上市意愿产生了负面影响。以成分股构成较为相似的A股、港股、美股医疗保健指数估值对比来看，港股医疗保健指数估值长期低于美股，并大幅低于A股，随着港股市场近几年持续下跌，港股估值水平已逼近历史最低水平（见图5-14左）。另一方面，香港作为国际金融中心和自贸港，允许资本自由流动，由于外资是港股市场中重要的资金来源，近年来出于对国际竞争加剧、国际局势动荡的担忧，部分外资开始净流出港股市场，港股流动性的降低不仅对港股估值产生了负面影响，同时也使得港股IPO活跃度持续下降，表现为港股IPO募资额持续大幅回落（见图5-14右）。

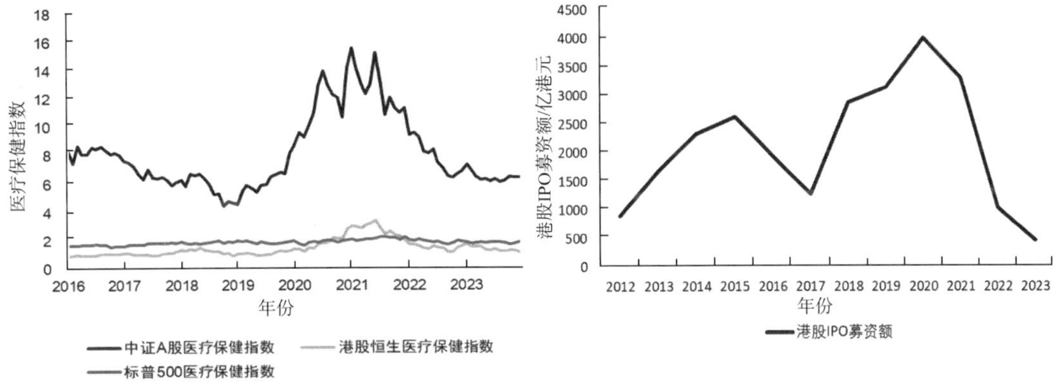

图5-14　不同市场医疗保健行业估值对比（左）与港股IPO规模（右）

资料来源：Wind，中金研究院。

注：由于A股、港股、美股上市公司的行业构成存在明显差异，所以直接对比这三个市场的综合型股票指数估值水平并不合理，而对比同一行业在不同股市的估值差异更合理。

中国企业赴美股上市的难度也在持续上升。2020年12月，时任美国总统特朗普签署所谓的《外国公司问责法案》，大幅提高了在美股上市中概股的信息披露要求，并提出如果中概股连续三年未能满足美国公众公司会计监督委员会（PCAOB）的相关审计要求，会被强制摘牌并禁止在美股市场交易。此后，多家中概股被美国证券交易委员会（SEC）指出不符合相关审计底稿要求，面临强制退市风险，中概股遭遇系统性冲击。2023年8月，时任美国总统拜登以国家安全为由，签署行政令设立对外投资审查机制，限制美国主体在涉及国家安全的高新技术领域投资中国，或要求相关交易事后通报。在上述限制性政策作用下，近年来，中国企业赴美中概股IPO融资额及其占美股IPO总融资额的比重大幅下滑（见图5-15左），同时，每年从美股退市的中概股数量保持高位（见图5-15右）。

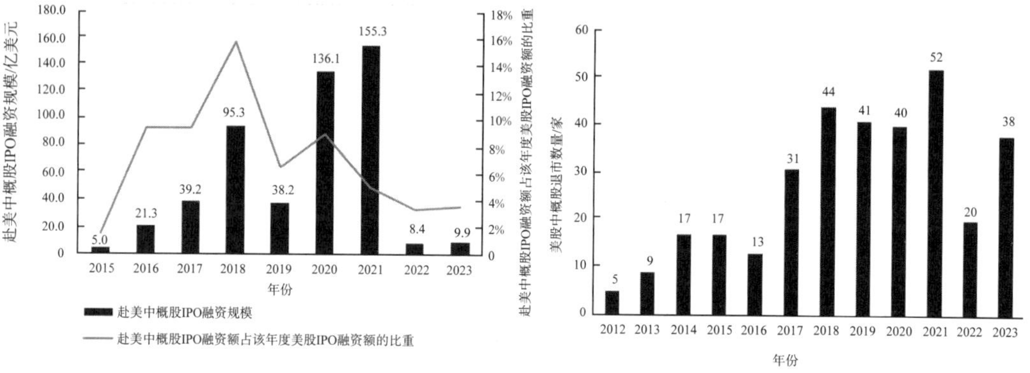

图5-15　赴美中概股IPO规模水平（左）与赴美中概股退市数量（右）

资料来源：Wind，中金研究院。

综上所述，从A股市场与股权市场互动角度来看，当前A股市场事后反欺诈监管能力的不足是导致二者互动效率明显下降的重要原因。需要提升A股市场事后反欺诈监管能力，构建更加有效的事后反欺诈机制；与此同时，进一步优化A股IPO标准及流程，以更好地促进引领式创新。从国内股权市场与境外市场互动角度来看，目前也存在一些对二者的互动效率产生了负面影响的因素，未来这些负面因素将如何演变、如何更好地利用境外市场来疏通中国股权投资者的退出渠道，也是需要我们进一步探讨的重要课题。

第五节

思考与启示

资本市场促进引领式创新的关键是发挥其外部规模经济效应，这一方面需要通过投资者、融资者、中介机构、监管者等各参与主体的分工协作，来实现对科创项目和科创企业的合理定价，推动资金流向真正具有创新潜力的项目和企业，另一方面则需要建设一个繁荣的股票市场和一个活跃的股权市场，并通过二者的有效互动，来发挥资本市场的生态效应与筛选效应，从而更好地促进引领式创新。这意味着，对资本市场如何发挥科技金融功能、促进引领式创新的研究，需要从股票市场、股权市场、股票市场与股权市场互动三个方面展开。

对于股票市场而言，过去A股在为企业提供融资支持以促进中国产业及经济发展方面发挥了重要作用，体现为A股融资规模在全球股市中居前、A股净融资额与名义GDP的比值明显高于美股及日股等，但与此同时，过去A股也存在重融资而轻投资的问题，影响了投资者的体验与获得感。此外，中国经济增速下行背景下A股估值持续回落进而拖累股票指数表现、垄断性行业在A股中占比高但其成长性及分红意愿不足等因素，也是造成A股投资者投资体验不佳、投资获得感不足的重要因素。考虑到投资者是股市发展的微观基础及流动性来源，投资者的投资体验及投资积极性对于建设一个繁荣的股票市场，进而发挥资本市场科技金融功能至关重要，因此，未来A股市场仍需在融资功能与投资功能之间做好平衡，努力建设一个对投资者更加友好的股票市场。关于A股市场更加详细的分析及思考，详见本书第七章。

对于股权市场而言，股权市场是促进引领式创新的主战场，但近年来国内股权市场在促进引领式创新的效率方面似乎存在下降的迹象。中国在本轮以大语言模型为代表的AI技术进步中逐渐落后于美国，便是这方面的一个例证。国内股权市场面临募资困难问题，导致国内股权投资者无法为中小企业高风险的引领式创新活动提供充足的金融支持，是造成近几年国内股权市场促进引领式创新能力下降的重要原因。此外，当前国内股权市场也存在投资方向日渐单一化及低风险化、投后管理能力不足等问题。对国内股权市场问题的更全面的分析详见本书第九章。

对于股票市场与股权市场互动而言，IPO是连接股票市场与股权市场的重要桥梁，也是决定两类市场互动效率高低的关键环节，但当前这两类市场的互动效率也有所下降。A股方面，当前A股市场事后反欺诈监管能力的不足使得监管部门选择将反欺诈监管前置，寄希望于通过加强事前监管以减少A股欺诈行为、保护投资者合法权益，但过于严格的事前监管也造成A股市场与国内股权市场互动效率下降，体现为A股IPO节奏持续放缓、IPO标准包容性不足。因此，要解决A股市场与国内股权市场互动效率下降的问题，关键在于提升A股市场的事后反欺诈能力，建设更加有效的反欺诈监管机制。关于反欺诈制度建设的分析详见本书第六章。与此同时，如何进一步优化A股的各项制度安排，更好地满足科创企业上市需求，促进引领式创新，详见本书第七章。除A股市场外，港股、美股等境外市场也曾是中国企业IPO的重要目的地，但目前境内企业赴港股、美股上市均面临一定的现实困难。哪些因素导致国内企业赴境外股市上市困难？未来应如何更好地发挥港股、美股等境外市场对于疏通国内风投退出渠道的积极作用？相关分析详见本书第八章。

Chapter 6

第六章

加强股市投资者保护的路径分析

投资者是资本市场微观流动性的来源，投资者信心是股市繁荣的微观基础。从科技金融视角来看，加强A股投资者保护不仅有助于繁荣股市，更有助于推动科技创新。在当前A股更加侧重融资而非投资的现实背景下，如何加强对股市中的投资者的保护？对此，鉴于投资者保护工作的核心是反欺诈，我们可以从制度和技术两个层面来探索建立有效的反欺诈机制。制度上，具体到“上市公司—看门人—监管者—公众”的反欺诈链条而言，除了需要集体诉讼机制来震慑上市公司与看门人的机会主义动机外，更重要的是要建立激励相容的监督机制，设立举报人保护与奖励计划来弥补监管者的信息劣势。在这个过程中，完善信息公开机制，让公众发挥“最终监督者”作用也是不可或缺的。技术上，随着AI等数字技术的快速发展，数字监督愈加重要。无论是让数字技术协助监管机构解决信息不对称问题，还是赋能公众监督以分担监管机构的反欺诈压力和成本，或是通过技术手段减少人为欺诈空间，都为反欺诈提供了新的解决思路。

第一节

反欺诈是投资者保护的核心

一、有效的反欺诈机制是股市长远发展的基石

投资者保护的内涵非常丰富，反欺诈是其核心。在《中华人民共和国证券法（2019年修订）》中，第六章是有关投资者保护的章节，涵盖了事前的投资者适当性管理、事中的股东在公司治理和收益分配的权益、事后的投资者救济等多个方面的内容。在所有旨在保护投资者的措施中，反欺诈工作始终处于核心地位。这是因

为资本市场是典型的外部规模经济，其健康运行有赖于各类机构在市场不同环节中发挥各自功能，而这一切的根基在于通过真实信息对风险进行准确定价。如果信息的真实性无法得到有效保障，资本市场的正常运作将受到严重阻碍，投资者的利益保护也将无从谈起。

如果资本市场缺乏有效的反欺诈机制，那么它难以实现长远的健康发展。捷克和波兰资本市场发展的对比或许可以作为一个例证。作为转轨国家，捷克在20世纪90年代初期发展资本市场时，明显受到了当时“华盛顿共识”思想的影响，认为只需政府推动私有化，资本市场就可以自发地繁荣发展起来。在激进的私有化推动下，捷克确实一度较快形成了大股东和中小股东的自由交易机制。然而，由于资本市场缺乏保护中小投资者的反欺诈措施，处于信息优势地位的大股东和处于信息劣势地位的中小股东之间的交易实际上是一种高度不公平的自由交易。因此，捷克资本市场成为一个交易成本高昂且不公平的市场，很多中小投资者被内部人欺骗，这阻碍了捷克资本市场后续的发展。

作为同期的转轨国家，波兰则走了一条渐进式改革的道路，它首先引进了严格的信息披露标准，随后建立起监督市场运行的监管机构，以确保信息披露和其他保护中小股东的反欺诈制度安排能够得到执行。在这些基础制度建立之后，波兰才进行了私有化改革。实践表明，波兰资本市场的发展要好于捷克资本市场的发展（见图6-1）[1]。

[1]　GLAESER E，JOHNSON S，SHLEIFER A. Coase versus the coasians[J].The quarterly journal of economics，2001，116（3）：853-899.

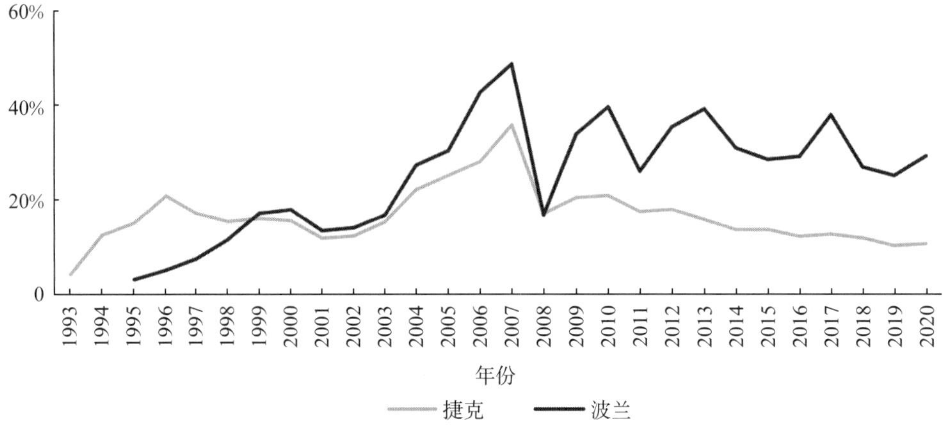

图6-1　捷克与波兰的资产证券化率（股市市值/GDP）

资料来源：世界银行，布拉格证券交易所，中金研究院。

对于科技金融而言，其面临的信息不对称问题更为严重，这使得反欺诈工作显得更加重要。由于科技金融通常涉及复杂的技术架构、创新的金融产品以及海量的数据处理，信息不对称体现在技术水平、金融产品等多个方面。这种信息不对称可能导致市场误导、投资决策失误，甚至引发系统性风险。因此，建立健全的反欺诈机制，确保信息的透明和真实，也是保障科技金融市场稳定与投资者权益的关键举措。

二、反欺诈的内涵探讨：基于新制度经济学视角的分析

在探讨如何反欺诈之前，有必要先探讨什么是资本市场欺诈。当前一种流行的观点是，反欺诈工作的重心应放在强化事前监管上，以期将欺诈行为的萌芽扼杀在摇篮里。这种观点的一个潜在假设是资本市场的欺诈行为可以进行明确而清晰的判断，如此才能针对性地开展事前监管。但是，对欺诈的内涵深入分析，这种观点可能显得过于理想化。在人们的朴素理解中，欺诈通常被视作一种诈骗行为，即在资本市场中通过欺诈手段骗取钱财。从这个角度来讲，上市公司通过财务造假发行上市等手段骗取中小投资者的钱财，无疑属于资本市场欺诈行为。那么市场操纵、内

幕交易等典型的资本市场违法行为是否也属于欺诈？

《中华人民共和国证券法（2019年修订）》第一章第五条规定：“禁止欺诈、内幕交易和操纵证券市场的行为。”从措辞上看，这里将内幕交易、操纵证券市场与欺诈相并列了。该法在第三章“证券交易”的第三节“禁止的交易行为”中，进一步解释了内幕交易和操纵证券市场的认定方式，但未对欺诈的定义或内涵作出说明。与欺诈界定最相关的是第五十六条，其中包括虚假信息和误导性信息两类；而在第八十五条、第一百六十三条等其他多条规定中，则将欺诈表述为三类，即虚假记载、误导性陈述、重大遗漏。

在2021年印发的《关于依法从严打击证券违法活动的意见》中，提到的主要违法行为有欺诈发行、虚假陈述、操纵市场、内幕交易、利用未公开信息交易以及编造、传播虚假信息等。在这份文件中，也并未明确内幕交易等违法行为是否属于欺诈。不过在中国投资者网有关内幕交易的文章中明确指出，“内幕交易是一种典型的证券欺诈行为，是指证券交易内幕信息的知情人员利用其掌握的未公开的价格敏感信息进行证券买卖活动，从而谋取利益或减少损失的欺诈行为”[1]。

美国联邦法律既有一般性的反欺诈条款，也有专门性的禁止市场操纵等行为的条款。其中，1933年的《证券法》和1934年的《证券交易法》是美国证券领域最重要的两部基础法律。这两部法律虽然都没有对欺诈进行明确定义，但有许多和欺诈相关的表述。例如，《证券法》第17条将欺诈行为笼统性地描述为在证券的销售、购买或交易过程中使用的任何欺诈或欺骗手段，该条款也明确要求禁止虚假陈述、重大遗漏、误导性信息等。《证券交易法》第9条规定，禁止证券市场的价格操纵行为，并特别指出了禁止虚假交易等操纵方式，也提到了禁止通过散布虚假声明、误导性信息来操纵市场。《证券交易法》第10条也是宽泛地禁止在证券交易中采取任何操纵或欺骗的手段，其中10b条款授权美国SEC制定其他法规或条文来打

[1]　内幕交易[EB/OL].（2016-05-12）[2024-10-10].https://www.investor.org.cn/rights_interests_protection/my_rights_interests/knowledge_of_investors_rights_and_interests/201706/t20170628_194478.shtml.

击证券违法行为。美国SEC据此条款制定的10b-5规则，在司法实践中成为起诉资本市场欺诈最常用的依据之一。美国SEC在10b-5规则中虽然没有对证券欺诈进行明确定义，但强调了禁止虚假陈述、重大遗漏、误导性信息和任何其他欺诈行为。美国SEC设立的投资者保护网站上列出了常见的欺诈形式：亲和力诈骗、预付费诈骗、二元期权诈骗、高收益投资计划、冒充欺诈、互联网和社交媒体诈骗、小盘股诈骗、庞氏骗局、IPO前投资诈骗、金字塔骗局、“优质银行”投资、票据诈骗、炒作与抛售欺诈等。与美国《证券法》《证券交易法》和美国SEC相比，美国FBI（联邦调查局）则对资本市场欺诈进行了比较明确的定义，即涉及欺骗投资者或操纵金融市场的违法行为。

总之，从中美两国相关法律法规及监管部门的措辞来看，证券欺诈（主要是指虚假陈述、误导性信息和重大遗漏）、内幕交易、市场操纵似乎通常被看作并列的三类证券违法行为。从司法实践中的判定条件来看，这三类违法行为具有一定的相似性，都是具有信息优势的相关主体在以损害其他投资者利益的不正当方式牟利，从这个角度看都可以界定为资本市场欺诈。三类证券违法行为的法律判定条件如表6-1所示。

表6-1　三类证券违法行为的法律判定条件

违法行为	证券欺诈	内幕交易	市场操纵
主观故意	主观故意标准，强调行为人知晓自身的所作所为，有违法意图		
客观行为	1. 虚假陈述； 2. 误导性信息； 3. 重大遗漏	证券交易内幕信息的知情人和非法获取内幕信息的人利用内幕信息从事证券交易活动	例如：1.单独或者通过合谋，集中资金优势、持股优势或者利用信息优势联合或者连续买卖；2.与他人串通，以事先约定的时间、价格和方式相互进行证券交易；3.在自己实际控制的账户之间进行证券交易；等等

续表

违法行为	证券欺诈	内幕交易	市场操纵
客观结果	扰乱证券市场，给投资者造成损失	不一定要求获利。与内幕交易相关的另一项罪名“泄露内幕信息罪”中，中国的判定关键在于泄密行为本身。与中国的情况不同，美国联邦最高法院在1983年的Dirks案创设了泄密人法律责任的个人利益标准（从泄密中谋取私利）	对证券交易价格或者交易量造成影响

资料来源：《中华人民共和国证券法》，郑晖（2017）[1]，中金研究院。

第一个要素是主观故意[2]，即探究欺诈方的行为动机。实践中，欺诈动机的判定主要有两种情况。第一种是嫌疑人直接承认或者有直接证据可以证明其具有欺诈意图，比如嫌疑人直接在书信、邮件、短信、语音等留痕证据中承认了其欺诈意图。第二种是没有直接证据，但可以根据一些事实强有力地推论出嫌疑人具有欺诈意图，一般是在综合考虑了利益关联程度、时间吻合程度、交易背离程度后，综合判定嫌疑人的行为具有高度不合理性[3]。不过，这一要素也存在一些例外情况。比如员工出于正当理由，主动向监管部门提供其所知悉的牵涉到所在企业违法行为的内幕信息。这种行为不仅没有违背任何信义义务，反而是合乎商业道德和法律的[4]。在2010年《多德-弗兰克法案》推出后，美国SEC推出了举报人奖励计划，旨在鼓励民众从社会利益的角度出发举报欺诈行为。

第二个要素是客观行为，这涉及欺诈的具体违法事实。就证券欺诈行为来说，其核心特征是嫌疑人利用了自身的信息优势。但对于不同的欺诈罪名，具体的判定

[1]　郑晖.美国泄密型内幕交易法律责任中个人利益标准研究：兼谈泄密型内幕交易罪之中美对比[J].证券市场导报，2017（6）：63-70.

[2]　在一些研究美国证券法的文献中，也称之为明知（scienter）。

[3]　曾腾.如何判断“相关交易行为明显异常”[EB/OL].（2022-11-23）[2024-10-10].https://www.spp.gov.cn/spp/llyj/202211/t20221123_593555.shtml.

[4]　同[1]。

方式各不相同。比如，证券欺诈一般包含三种情况：虚假陈述[1]、误导性信息、重大遗漏。又如，内幕信息是指与上市公司生产、经营活动有关的内部信息，这些信息要具有非公开性和价格敏感性的基础特征。再如，市场操纵的常见形式包括连续交易操纵、约定交易操纵、洗售操纵、蛊惑交易操纵、抢帽子交易操纵、虚假申报操纵、特定时间的价格或价值操纵、尾市交易操纵等。第二个要素的判定也存在一些例外情况。比如，为了避免无限扩大证券虚假信息的范围，法律也规定对一些类型的虚假信息不处罚。比如，1995年美国《私人证券诉讼改革法案》引入了预测性信息安全港原则[2]。根据该原则，合理的前瞻性陈述即便最后不符合现实，一般也不会被认定为虚假信息[3]，该原则防止了虚假信息这一概念被无限扩大到影响正常的信息交流。

第三个要素是客观结果，重点是强调违法行为与客观损失或不当得利之间的关联性和因果性[4]。比如，市场操纵类案件往往要求证明嫌疑人的欺诈行为对市场价格或者市场交易量造成了实际影响。再如，虚假陈述类案件一般要求原告因嫌疑人的虚假陈述形成了实际的经济损失。按照这一标准，如果一些“轻微”的虚假信息没有造成严重后果，则有可能不被认定为欺诈等违法行为。比如，在某上市公司诉股民案中，股民因股票下跌发帖诽谤上市公司，结果被上市公司诉至法院。法院在判决中表示，股民的涉案言论影响力小，未导致上市公司的社会评价降低，而且上市公司对于股民的主观性、情绪性言论应保有一定容忍度，因而法院认为股民不承担侵权责任。

---

[1] 不同规定对于虚假陈述的表述存在差异。比如FINRA（美国金融业监管局）认为任何虚假的（false）、夸大的（exaggerated）、无根据的（unwarranted）、承诺性的（promissory）或误导性的（misleading）陈述都可以理解为虚假陈述。

[2] 魏俊.证券法上的安全港及其制度价值：以前瞻性信息披露为例[J].证券法苑，2014，12（3）：131-166.

[3] 预测性信息安全港原则也不是绝对的，有一定的附加条件，比如要进行充分的风险提示、基于合理的预测分析等。

[4] 不过，内幕交易行为的判定一般并不要求实际获利，只要泄密人有违规的泄密行为，就可能被认定为违法。

基于以上分析，大致可以将资本市场欺诈的法律特点概括为：欺诈方出于谋取私利的目的，利用自身掌握的非公开、价格敏感信息，对证券市场的正常运行造成了实际影响，这是一种违法行为。这一观点与新制度经济学视角的看法较为一致，即欺诈源于信息不对称下的机会主义动机。由于信息不对称问题无法彻底消除，因此必然有部分资本市场参与者处于天然的信息优势地位。同时，由于机会主义动机源于人的天性，具有信息优势的一方可能会通过损害信息劣势方利益的方式进行不正当牟利。综合考虑这些因素，本书认为，内幕交易、市场操纵与虚假陈述、误导性信息和重大遗漏等证券欺诈行为，均属于资本市场欺诈的范畴。也就是说，本书对于资本市场欺诈的讨论，并非主要从法律层面展开，而是更多地聚焦于其经济学本质。

总的来看，资本市场欺诈在法律层面存在诸多难以界定的难点，这也意味着事先明确区分何为欺诈并进行预防并非易事。因此，反欺诈工作的重心或许更适合放在事后的应对和处理上。至于如何具体推进反欺诈机制的建设，通常可以从制度建设和技术赋能两个方面入手，下文将分别对此进行深入探讨。

第二节

反欺诈路径一：在制度上，完善“上市公司—看门人—监管者—公众”链条

一、具有信息优势的看门人：能不能还是愿不愿

对于如何加强反欺诈的制度建设，目前一种流行的观点是强调加大对中介机构的监管力度，强化其看门人责任。这一观点的核心在于期望市场自律机制能够在反欺诈中发挥更大的作用。然而，对于市场能否在长期内自发形成有效的反欺诈约束机制，仍然存在疑问。美国市场经济拥有数百年的发展史，对美国资本市场相关经验教训进行梳理，有助于更好地理解这个问题。对于殖民地时期的美国而言，英国不仅带来了殖民地经济模式，也将自由主义理念深植于美国市场运行中。由于殖民地经济构成相对简单，且政府干预较少，欺诈等市场不规范行为在长时间里并未充分展现其潜在的破坏力。

南北战争结束后，统一大市场助力美国开启了19世纪70年代后的大规模工业化进程。随着“镀金时代”生产力的狂飙突进，从金融领域频繁的银行危机到实体经济中日益加剧的垄断现象，无一不在凸显美国自由放任经济政策的弊端。在资本市场上，这个弊端突出表现为欺诈。正是在这样的背景下，20世纪初的美国兴起“进步运动”，试图对“镀金时代”暴露的问题进行修正。在资本市场监管方面，美国各州政府颁布的“蓝天法”等证券法规是进步运动时期的重要成果。

1911年，堪萨斯州出台了美国历史上第一部“蓝天法”，随后的二十年里，几乎各个州都效仿推出了类似的证券监管法案。作为美国社会对自由放任经济政策的第一次系统性反思，“进步运动”未能从根本上撼动自由主义的主导地位，“蓝天法”在反欺诈方面也是收效甚微。根据美国国会1933年发布的众议院报告，在一

战后的十年里，美国总计新发行了约500亿美元证券，其中一半因为欺诈而失去价值。也就是说，对于1929年的美股泡沫而言，杠杆资金大量入市意味着泡沫破裂的经济代价较大，欺诈泛滥意味着高估值能够带来的创新收益较小。代价大、收益小的大泡沫一旦破裂，大萧条几乎就是难免的结果了。

为什么“蓝天法”会失败？很大程度上是因为“镀金时代”美国资本市场出现了结构性变化。由于股票跨州销售的技术手段有限，在美国资本市场的早期发展阶段，各州的区域市场扮演着更重要的角色，再叠加联邦制的政治结构，“进步运动”时期的资本市场监管在很大程度上被认为是地方事权。然而，随着“镀金时代”的电话等技术进步，美国资本市场的跨州销售现象越来越普遍，如果企业的股票销售在某个州受挫，能够越来越方便地转向其他州。美国资本市场由区域市场主导向全国性市场主导的转变，既削弱了州政府的监管能力，也削弱了州政府的监管意愿。为了吸引其他州的产业，或防止本州的产业外迁，许多州在出台了“蓝天法”后又故意放松资本市场监管[1]。

对于大萧条暴露的中央监管缺位问题，罗斯福新政通过引入联邦政府干预的方式进行了纠正。这一改革主要体现在1933年的《证券法》和1934年的《证券交易法》中。这两部法案的重点是构建以信息披露为核心的注册制，并创设美国证券交易委员会（SEC）作为联邦政府层面的监管机构，负责监督注册制的运行。作为新成立的政府机构，SEC对于在注册制中履行好反欺诈职责既缺乏经验，也缺乏足够的资源。尤其是欺诈行为往往涉及欺诈者的私有信息，作为外部监管者的SEC如果无法有效获取这些内部信息，将难以发挥其反欺诈的作用。

一个可能的解决方案是利用好具有信息优势的资本市场看门人。所谓看门人，是指会计师事务所、律师事务所、证券公司、评级机构等资本市场中介机构。这些看门人与上市公司有密切的业务联系，掌握着远比政府多的企业内部信息，20世纪

[1] KELLER E. Introductory comment: a historical introduction to the Securities Act of 1933 and the Securities Exchange Act of 1934[J]. Ohio state law journal, 1988 (49) : 329-352.

30年代的美国资本市场改革者自然地试图通过强化看门人责任，来弥补监管机构天然的信息劣势。以会计师事务所为例，上述两部法案不但规定所有上市公司均需聘请会计师事务所进行审计，而且明确规定如果会计师审计了上市公司的账簿，则会计师负有推定责任[1]。也就是说，就防范上市公司欺诈而言，20世纪30年代的美国资本市场改革强调了两个主体的作用，一个是拥有信息优势的看门人，另一个是利益超脱的SEC，而且赋予了SEC监管看门人的权力。

在实际执行过程中，美国政府明显更强调看门人监督上市公司方面的责任。除了因为当时SEC作为新机构的经验与资源不足外，更因为这背后蕴含的渐进式改革理念。针对大萧条所暴露的全国性资本市场缺乏中央监管者的问题，美国政府虽试图通过创设SEC等政府干预方式来监督欺诈行为，但在具体实施过程中并没有完全抛开市场原有的监督机制。相反，政府更侧重于发挥会计师事务所等既有市场中介机构的信息优势，将它们作为看门人来监督上市公司。或者说，从20世纪30年代美国金融市场改革的逻辑来看，成立SEC的目的并不是要用政府干预完全替代原有的市场约束机制，而是以政府干预的方式弥补市场约束机制的不足，从而让市场约束机制能更好地发挥作用。

从改革方法论看，这是一种典型的渐进式改革理念。相比于力求彻底解决问题、毕其功于一役的激进式改革而言（例如因为自由放任存在弊端就彻底抛弃市场经济），这种乍看起来有点“头痛医头、脚痛医脚”的渐进式改革理念虽然也不完美，但更符合“中庸之道”。因为改革者与被改革者一样，都不是全知全能的完全理性者，都存在机会主义动机。这意味着，基于绝对真理论的激进式改革方案往往过于理想化。改革涉及的利益主体越多，越难判断究竟什么样的改革方案才能够彻底解决问题，对于事前看起来似乎可行的激进式改革方案，也更难判断究竟会在事后增进社会整体福利还是损害社会整体福利。相比之下，注重社会运行连续性的

[1] 约翰·C.科菲.看门人机制：市场中介与公司治理[M].黄辉，王长河，等，译.北京：北京大学出版社，2011.

渐进式改革方案，从事前理想化的角度看也许无法彻底根除弊病，但中国的改革开放与“休克疗法”的对比表明，渐进式改革在实践层面有更大可能性增进社会整体福利。

美国20世纪30年代后的资本市场表现也印证了这一点。对美国1933年《证券法》出台前后七年新上市股票超额回报表现的实证分析表明，与改革前七年相比，改革后七年新股超额回报的方差明显降低[1]。这意味着美国资本市场1933年后的注册制改革有效确保了信息披露的真实性，因而提升了投资者对上市公司定价的准确性。值得注意的是，在SEC作为政府监管机构较少干预市场的情况下，之所以看门人能够起到较好的反欺诈作用，并不是因为美国政府强化了中介机构的责任。例如，按照《证券法》和《证券交易法》这两部法案，如果会计师承担上市公司的审计业务，则会计师负有推定责任。但这些法律规定直到20世纪70年代集体诉讼程序完善后才真正发挥效力，此前几乎“未被感觉到”[2]。

既然如此，是什么因素促使20世纪30年代之后的看门人“恪尽职守”？答案是激励相容的利益绑定，是看门人出于自身的利益诉求去自觉地监督上市公司的欺诈行为。还是以会计师事务所为例，在30年代美国资本市场改革明确了上市公司必须经过审计的规则后，审计业务成为会计师事务所的主要收入来源。一直到70年代之前，会计师事务所首先是一个审计事务所[3]。审计的目的是反欺诈、维护投资者利益，无法获得投资者信赖的会计师事务所通常也无法得到上市公司的青睐。这样一种与投资者利益绑定的关系，促使会计师事务所自觉履行看门人职责，SEC也对会计行业表现出很大的信任，这一时期强化看门人责任的反欺诈策略取得了较好效果。

---

[1]　SIMON C J. The effect of the 1933 Securities Act on investor information and the performance of new issues[J]. The American economic review，1989，79（3）：295-318.

[2]　约翰·C.科菲.看门人机制：市场中介与公司治理[M].黄辉，王长河，等，译.北京：北京大学出版社，2011.

[3]　同[2]。

信息技术革命改变了这种利益绑定关系。安达信在20世纪50年代中期开发了会计行业的第一个计算机软件，为通用电气安装了薪酬管理系统。此后，咨询业务在美国会计师事务所收入中的占比持续上升，并在七八十年代获得了加速发展，最终在90年代超越审计业务成为美国会计师事务所的最大收入来源（见图6-2）。如果说可以依靠看门人作为反欺诈主力，是因为它们拥有监管者没有的信息优势，那么咨询业务大发展似乎可以进一步强化看门人在反欺诈方面的优势。这也是那个年代的美国会计业向美国社会传达的共识：通过给审计客户提供管理咨询服务，会计师事务所得以更了解其客户，可以在审计过程中为其客户提供更深入的知识，因此会计师事务所能够变成一个更好的审计人[1]。

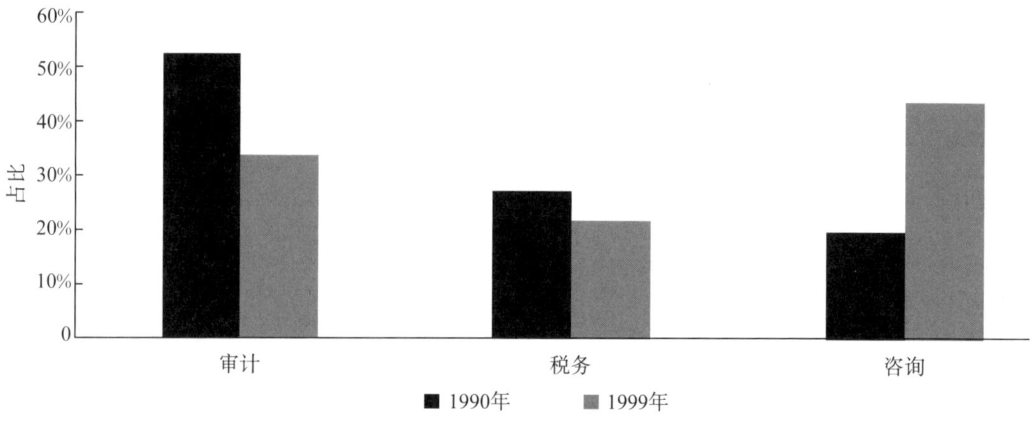

图6-2 美国五大会计师事务所的收入构成

资料来源："Panel on Audit Effectiveness Report and Recommendations（2000）"[2]，中金研究院。

注：五大会计师事务所指毕马威、普华永道、德勤、安永、安达信。

[1] 约翰·C.科菲.看门人机制：市场中介与公司治理[M].黄辉，王长河，等，译.北京：北京大学出版社，2011.

[2] American Institute of Certified Public Accountants，SEC Practice Section，Public Oversight Board，et al.Panel on audit effectiveness report and recommendations：august 31，2000[R].New York：American Institute of Certified Public Accountants，2000.

很明显，这一时期的美国会计业有意无意地混淆了“能不能”和“愿不愿”的问题。咨询业务确实提升了会计师事务所的信息优势，增强了看门人的反欺诈能力。但有能力去反欺诈，并不意味着有意愿去反欺诈。或者说，信息优势决定了“能不能”，但“愿不愿”取决于利益激励。由审计业务主导转向咨询业务主导的营业模式，意味着会计师事务所与投资者利益解绑，转而与上市公司及其高管的利益更多地绑定在一起。更重要的是，审计并非来自上市公司的主动需求，而是由政策规定创造的市场，很大程度上被上市公司看作是一种成本投入，因而这个市场的增长空间有限，会计师事务所在审计市场上的竞争更多的是一种零和博弈。与审计业务相比，咨询业务更多来自企业主动的需求释放，有助于企业降本或者增效，能与企业收益增长形成更直接的相互促进关系，因而咨询业务的增长前景要广阔得多。上市公司高管也明白这一点，并以咨询业务为筹码促使会计师事务所在审计业务上作出有利于自身的改变。结果是审计人需要与上市公司管理层“关系交好”，且又顺从管理层意见，才有望获得更多咨询收入[1]。

总之，经过20世纪七八十年代咨询业务的快速增长后，美国会计业在90年代末彻底转型为以咨询业务为主导的经营模式。在这种模式下，会计师事务所的利益与上市公司及其高管的利益实现了深度绑定。虽然这种绑定增强了会计师事务所作为“看门人”的信息优势，提升了其反欺诈的潜在能力，但其反欺诈意愿却明显下降，因而并未提升美国资本市场的反欺诈效率。随后不久，美国资本市场曝出大量欺诈丑闻，典型代表即2001年的安然公司欺诈案。在该欺诈案中，安达信会计师事务所并没有发挥好看门人的作用。事后的调查表明，安达信并不缺乏反欺诈能力，其派去监督安然会计业务的代表Bass早就发现了安然的问题，并明确表示不同意安然的会计做法。对此，安然要求安达信调离Bass，安达信开始还想坚守看门人的底线，向安然高管表示抗议并拒绝调离Bass。然而最终的结果依旧是Bass被调离，因

[1]　约翰·C.科菲.看门人机制：市场中介与公司治理[M].黄辉，王长河，等，译.北京：北京大学出版社，2011.

为安达信担心坚守审计原则的Bass可能会导致安然终止与安达信的咨询业务。

作为会计师事务所向咨询业务转型的引领者，安达信更早实现了向以咨询业务为主导的转型。在1990年，咨询收入已占到安达信收入的一半以上，1994年更是上升到了2/3。在这样一个与上市公司及其高管利益深度绑定的格局下，安达信无法抗住安然的压力也就是难免的了。更为严重的是，对于反欺诈而言，利益绑定下的“愿不愿”不但完全抵消了“能不能”的信息优势，而且让很多看门人成为上市公司欺诈的“帮凶”。以安然公司欺诈案为例，按照审计规定，安达信的内部备忘录记载了Bass不同意安然公司会计处理方法的原始信息，但在安然的施压下，安达信不但调离了Bass而且修改了原始备忘录，刻意掩盖了Bass提出的反对意见[1]。也就是说，当看门人与投资者利益解绑，转而与上市公司及其高管实现利益深度绑定时，信息优势非但不再是反欺诈的保障，反而诱发了“监守自盗”。

二、激励相容的监督机制：举报人保护与奖励制度

看门人在识别企业欺诈方面具有信息优势仅仅能够说明它们有反欺诈的能力，但它们愿不愿意将这种能力转化为反欺诈的行动，则取决于它们的利益是与投资者绑定还是与上市公司及其高管绑定。从21世纪初期美国资本市场暴露的一系列丑闻来看，会计师事务所并非唯一失灵的看门人，被寄予厚望的投资银行、律师事务所、评级机构等具有信息优势的中介机构，普遍存在“能不能”与“愿不愿”的矛盾。美国的实践表明，就中介机构能否如约履行反欺诈的看门人职责而言，决定“愿不愿”的激励相容问题，远比决定“能不能”的信息优势更重要。当看门人反欺诈效率因激励机制改变而降低时，依靠看门人来实现反欺诈的监管逻辑也就难以为继了。

在1970年之后“能不能”与“愿不愿”之间的矛盾逐步激化，有两个因素维护

[1] 约翰·C.科菲.看门人机制：市场中介与公司治理[M].黄辉，王长河，等，译.北京：北京大学出版社，2011.

着美国投资者对反欺诈制度的信心，一个是1970年后日益严格的集体诉讼制度，增强的惩罚威胁在一定程度上有助于降低美国看门人“监守自盗”的意愿。更重要的是，类似于大萧条之后美国通过创设公共监管机构SEC来推动资本市场改革，为了应对安然欺诈案等丑闻暴露的看门人“失职”的问题，美国也是通过加强政府干预的方式弥补了市场缺陷。在会计领域，安然丑闻之后最重要的改革是2002年颁布了《萨班斯-奥克斯利法案》（SOX法案）。该法案明确禁止会计师向审计客户提供某些限定类的咨询服务，以弱化看门人与上市公司及其高管的利益绑定。更重要的是，SOX法案创设了公众公司会计监督委员会（PCAOB），作为监管会计行业的公共机构。

在PCAOB之前，以美国注册会计师协会（AICPA）为核心的行业自律组织承担着对美国会计业的监督职责。这个协会的运作资金高度依赖各会员提供，因而上市公司通过与会计师事务所实现利益深度绑定，事实上也就实现了与自律组织利益的间接绑定。也就是说，由于激励不相容，这些自律组织依旧面临着“能不能”与“愿不愿”的冲突。研究表明，SOX法案出台前，在美国会计行业自律体系中承担着重要角色的公共监督委员会（POB）和财务会计准则委员会（FASB），都曾遭遇过来自会计业的资金减少威胁，以至于这些自律组织不得不屈服于行业的压力，难以发挥行业监督的作用[1]。SOX法案以立法形式确保了PCAOB拥有独立于会计行业的资金来源，利益解绑使得PCAOB能比AICPA等自律组织更好地发挥行业监管者职能。

不过，创设公共监管机构并不是反欺诈的终点，还有两个问题需要解决。一个是谁来监管监管者，另一个是谁来为监管者提供信息。以公共部门形式存在的监管者，虽在直接利益层面独立于被监管者，但被监管者依旧可以通过行贿等方式来“俘获”监管者。在美国19世纪末的“镀金时代”，“谁来监管监管者”的问题

[1]　约翰·C.科菲.看门人机制：市场中介与公司治理[M].黄辉，王长河，等，译.北京：北京大学出版社，2011.

非常严重。当时，美国公司高层、政治家、律师和法官会形成一个核心集团，然后控制其他人，得到真正的好处。总之，从美国的经验教训来看，仅靠三权分立或党派竞争的权力制衡机制，依旧免不了监管俘获的普遍存在。这是因为寻租根源于权力的超市场属性与人类的机会主义天性，并不因掌权者属于立法、司法还是行政系统，或是某个不同党派而有什么本质差别。根本的应对方法来自毛泽东在1945年对黄炎培之问的回答："只有让人民来监督政府，政府才不敢松懈。"[1]也就是说，人民才是监督者的最终监督者。与此同时，正如美国最高法院前法官Brandeis所言："阳光是最好的杀毒剂，路灯是最有效的警察。"也就是说，让人民获得相关信息是让最终监督者履行监督职责的关键，媒体之间的竞争则在信息传递给大众方面发挥着重要作用。

如何解决信息不对称问题，不只是破解"谁来监管监管者"难题的关键，也是监管者正常履职的关键。如前所述，美国各界之所以一度非常重视或者说信任看门人在资本市场反欺诈中的角色，很大程度上是因为它们拥有关于上市公司的信息优势。安然丑闻之后，美国通过创设利益超脱的公共监管机构来监督看门人、推进反欺诈工作，随之而来的问题是利益超脱也意味着公共监管机构不再具备看门人那种信息优势。如果无法发现欺诈行为，利益再超脱的监管者也无法有效发挥反欺诈的作用。除了借助既有的媒体渠道外，对于美国资本市场监管者而言，构建与反欺诈激励相容的举报人保护与奖励制度是破解信息劣势的关键。

在"上市公司—看门人—监管者—公众"的反欺诈监督链中，企业内部人无疑掌握着最多的信息。但策划、实施欺诈者多是企业高层，内部人不配合欺诈就有遭到报复的可能，更别说指望内部人不顾辞退等威胁去举报了。以安然公司为例，早在2001年欺诈案曝光的十几年前，内部审计人员就已发现公司的两名石油交易员动用的资金数额远超他们的权限，并准备将此事详细汇报给董事会。对此，公司高管出于自身利益考虑不但压下了他们的报告，而且撤销了内部审计人员的调查权

[1] 黄炎培.延安归来[M].重庆：重庆国讯书店，1945.

限。通过机构之间的利益绑定，上市公司高层的这种威慑力也延伸到看门人内部。例如，美林证券分析师Olson曾经调低了安然公司的投资级别，结果在安然的压力下，该分析师被美林证券解雇[1]。为解决知情人的后顾之忧、弥补监管者的信息劣势，2002年SOX法案的第806条规定，禁止上市公司解雇、降职或威胁举报企业欺诈的员工。鉴于看门人的员工在揭发反欺诈中的重要作用，2014年美国最高法院进一步将会计师等人员纳入举报人保护制度中。

不过，即便没有被举报者的打击报复，举报者也会遭受种种直接和间接损失。例如，一旦受雇企业坐实欺诈行为，大多会遭受处罚，甚至面临倒闭风险，作为企业雇员的举报者也难免遭受连带损失。更重要的是，由于机会主义动机是普遍存在的，潜在的其他雇主等群体也可能会有意无意地疏远、回避举报人。这些直接和间接损失意味着举报是具有高度正外部性的行为，收益归公共所有，但对于举报者而言，举报主要产生成本。因此，要调动知情者积极性来弥补监管者的信息劣势，仅有举报人保护制度是不够的，还需要针对举报的正外部性给予知情者补偿。为此，在2008年次贷危机后的《多德-弗兰克法案》中，美国SEC专门设置了举报人奖励计划。根据该规定，如果知情人（举报人）自愿向SEC举报企业欺诈信息且配合调查活动，在罚款超过100万美元的情况下，SEC将向举报人支付10%～30%的罚款作为奖励。在举报人保护与奖励制度激励下，举报人向监管者提供的欺诈信息，不但在数量上远超看门人（见图6-3），而且从过去十年举报人获得的奖金水平不断提高来看，质量也在不断提升（见图6-4）。

[1]　约翰·C.科菲.看门人机制：市场中介与公司治理[M].黄辉，王长河，等，译.北京：北京大学出版社，2011.

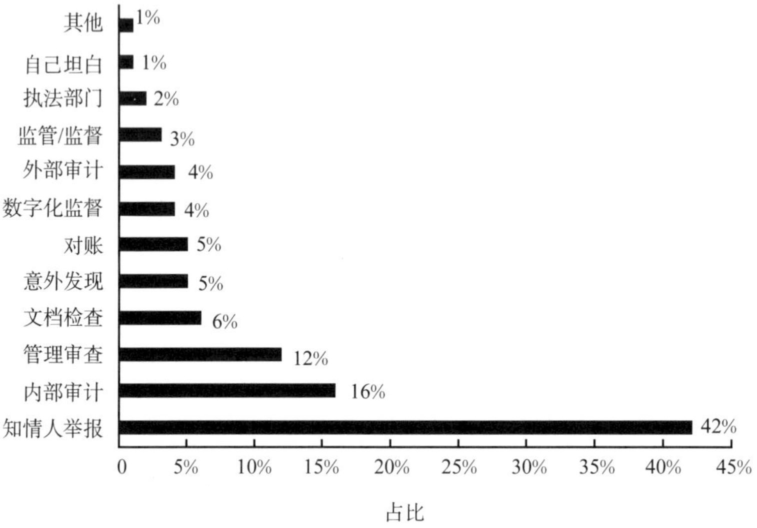

图6-3　2020—2022年美国职业欺诈初期线索来源

资料来源："Occupational fraud 2022：a report to the Nations"，中金研究院。

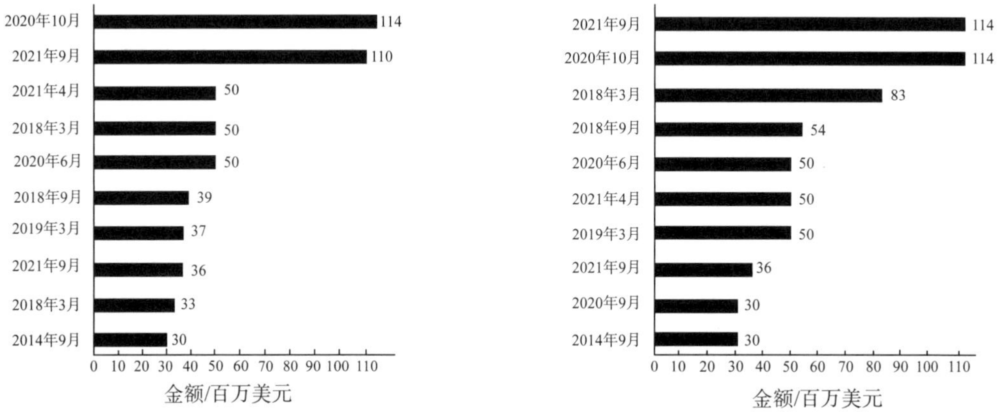

图6-4　美国SEC举报人奖励计划获奖金额前10名（左图按个人，右图按案件）

资料来源：美国SEC，中金研究院。

三、加强中小投资者利益保护：以集体诉讼制度为例

在反欺诈机制的建设中，必须充分考虑中小投资者的弱势地位，因此对其利益的保护尤为重要。研究表明，对中小投资者保护得越好的市场，投资者越愿意给予

企业更高估值[1][2][3]。在多种加强中小投资者保护的政策中，集体诉讼制度一直是市场关注的焦点。2020年3月，《中华人民共和国证券法（2019年修订）》正式施行后，中国特色的证券集体诉讼制度进入实操阶段。我国的证券集体诉讼又称为"特别代表人诉讼"。《中华人民共和国证券法（2019年修订）》规定，特别代表人诉讼是指由投资者保护机构接受50名以上投资者委托，作为代表人参加虚假陈述等证券民事赔偿诉讼，为经证券登记结算机构确认的权利人向人民法院登记，法院裁判效力适用于所有未明确表示退出的权利人的民事诉讼制度。我国首例证券集体诉讼为2021年11月结案的康美药业案，判决康美药业及相关责任人赔偿52037名投资者共计24.59亿元[4]，人均获得赔偿约4.7万元。

自中国证券集体诉讼制度落地以来，尽管在打击欺诈和保护中小投资者利益方面取得了显著进展，但仍面临一些亟待解决的问题。由于递进式程序要求，诉讼发起的难度较大。现行法律规定，特别代表人诉讼须以普通代表人诉讼为前置程序，然后由中证中小投资者服务中心（简称"投服中心"）发起。然而，投服中心接手后，前期负责普通代表人诉讼的律师无法继续参与特别代表人诉讼，前后利益分配机制不清晰，削弱了律师启动普通代表人诉讼的积极性。尽管投服中心也可以自行发起普通代表人诉讼，但其资源、精力有限，通常只能选取具有典型性、社会影响力大的案件处理，可能遗漏部分案件。

另外，证券集体诉讼的证据获取难度大，受理门槛高。例如，虚假陈述诉讼需依赖公开证据和事实，若无行政处罚作为依据，诉讼难以启动。2022年以前，起诉

[1] DJANKOV S，LA PORTA R，LOPEZ-DE-SILANES F，et al.The law and economics of self-dealing[J].Journal of financial economics，2008，88（3）：430-465.

[2] MAURY B，PAJUSTE A.Multiple large shareholders and firm value[J].Journal of banking & finance，2005，29（7）：1813-1834.

[3] BROWN J R，MARTINSSON G，PETERSEN B C.Law，stock markets，and innovation[J].The journal of finance，2013，68（4）：1517-1549.

[4] 马春阳.康美药业52037名投资者获偿约24.59亿元：投资者保护迈出一大步[EB/OL].（2021-12-23）[2024-10-10].http://www.ce.cn/xwzx/gnsz/gdxw/202112/23/t20211223_37195181.shtml.

需要以行政处罚为前置条件，但这限制了投资者的诉权。2022年1月，最高人民法院发布的新司法解释取消了这一要求，规定“不得仅以虚假陈述未经监管部门行政处罚或者人民法院生效刑事判决的认定为由裁定不予受理”。然而，由于投资者获取欺诈信息的难度较大，受理诉讼在实践中仍非常依赖行政处罚。此外，新司法解释发布后，诉讼时效的问题也引发了争议。以往诉讼时效从证监会处罚公告日起算三年届满，而根据新司法解释，当事人（包括被告企业）可以主张从违法行为揭露日起算，但揭露日的认定非常复杂。现实案件中，有企业成功主张在公司发布收到证监会立案调查通知书的公告后，投资者即知道或应当知道权利受到侵害。如此，如果法院审判仍依赖行政处罚结果，则诉讼时效可以从正式处罚结果公布前一两年的立案调查日开始计算，部分违规的上市公司在处罚结果公布后可能仅剩几个月的被索赔时间[1]。

由此，尽管我国证券集体诉讼制度已取得积极进展，但诉讼发起和受理的门槛仍较高。这反映了集体诉讼制度背后的一个平衡问题，即市场和政府既希望强有力的集体诉讼制度可以严格约束企业的欺诈行为及其机会主义动机，也难免担心如果集体诉讼制度过严可能会导致滥诉的问题，反而误伤无辜企业。对于这一问题，其他地区的集体诉讼制度提供了一个有益的借鉴。当前境外市场的证券集体诉讼制度主要有两种类型：一种是由非营利组织主导，另一种是由市场化律师主导。

第一种类型，即由非营利组织主导的集体诉讼制度，在中国台湾地区较为典型，这也与当前中国大陆地区的证券集体诉讼制度更为接近。2002年，中国台湾地区通过了《证券投资人及期货交易人保护法》，建立了以证券投资人及期货交易人保护中心（简称“投保中心”）为主体的集体诉讼制度（也称为团体诉讼）。与中国大陆地区类似，投保中心作为非营利组织承担着保护投资人权益的职责，包括咨询申诉、争议调解、团体诉讼等职能。然而，不同于中国大陆地区，中国台湾地

[1] 范璐媛.A股集体诉讼破局之后，代表人诉讼模式何以路难行？[EB/OL].（2022-12-13）[2024-10-10].https://www.chinanews.com.cn/cj/2022/12-13/9913849.shtml.

区允许20人以上的投资者自行发起集体诉讼，这在理论上可以大幅增加诉讼案件数量，但在实践中，几乎没有小股东团体发起类似诉讼[1]。

这背后的原因较为复杂。一方面，证券欺诈案件的证据较难收集，司法实践中通常依赖检察官先行发起诉讼，集体诉讼再跟进。另一方面，中国台湾地区的证券集体诉讼并未采用“选择退出”模式，即并非所有投资者都自动参与，即便案件诉讼成功，未登记参与的投资者也无法受益。这使得参与集体诉讼的投资者群体有限，诉讼难度大且收益不高，导致投资者和律师参与的积极性不高。

由于上述限制，中国台湾地区的证券集体诉讼案件几乎由投保中心发起。然而，投保中心的诉讼激励和独立性容易受到影响。投保中心的运营资金来源主要是证券交易所、期货交易所等机构的捐助和各证券商、期货商等交易主体成交金额一定比例的提成，投保中心并不从其代理的案件中获利，这在一定程度上抑制了投保中心发起诉讼的积极性。此外，在一些案件中，投保中心可能在主管机构干预下放弃诉讼或在和解谈判中妥协[2]。截至2024年8月，投保中心自成立以来仅代理了248件团体诉讼案件[3]，包括结案案件174件，进行中案件74件，年均代理约11件。相较之下，美国2023年受理的联邦集体诉讼案件就有213件，而该数量的历史高点出现在2001年，达到了498件[4]。从以上分析来看，中国台湾地区在证券集体诉讼方面的司法实践可能并不充分，相关经验教训值得重视。

第二种类型，即由市场化律师主导的集体诉讼制度，以美国为代表。其主要特征是私人律师的广泛参与和“选择退出”原则的广泛覆盖，对欺诈行为具有强大的威慑力。然而，这种模式也带来了滥诉风险。为了平衡投资者保护和滥诉风险降

[1]　林俊宏，黄建中.中国台湾证券投资人及期货交易人保护中心经验分享一[EB/OL].（2019-09-06）[2024-10-10].http://www.isc.com.cn/html/ztlte2/20190906/878.html.

[2]　高玉贺.诉讼激励视角下证券集体诉讼的完善路径[J].金融市场研究，2024（5）：88-102.

[3]　求偿案件汇总表[EB/OL][2024-10-10].https://www.sfipc.org.tw/News.aspx?n=7505&sms=12304%0a.

[4]　Federal securities class action litigatigation 1996-YTD[EB/OL].[2024-10-10].https://securities.stanford.edu/charts.html.

低，在过去的百年里，美国的集体诉讼制度经历了再三调整的曲折过程，但整体是朝着降低门槛、便利投资者保护的方向演进。

1929年美国股市大崩盘后，美国在联邦层面通过1933年《证券法》、1934年《证券交易法》和1938年《联邦民事诉讼规则》等法律逐步确立了资本市场的集体诉讼制度。不过当时美国监管部门仍设置了比较高的集体诉讼门槛，导致当时的证券欺诈案主要采取个人诉讼形式，集体诉讼的数量并不多。当时的诉讼门槛过高主要体现在立案和审判两方面。实践中，集体诉讼的立案必要条件一般包括基本一致的主要诉讼理由和赔偿损失要求，且对于未主动参与集体诉讼的成员没有约束力[1][2]。或者说，如果成员提出的主要诉讼理由不同或提出的赔偿损失要求存在显著差异，则会导致集体诉讼不成立，只能分成独立的案件处理。因为集体诉讼制度最初是为了合并案件，所以这些规定并未充分考虑到保护中小投资者利益的需要。在审判方面，当时要求集体诉讼严格证明因果关系，比如要求证明确实是因为欺诈方的误导性陈述给投资者造成了损失。在司法实践中，投资者事实上很难证明自己知晓误导性陈述，更不用说证明自己是因为误导性陈述才买卖证券。

进入20世纪50年代后，伴随着美国社会的平权运动浪潮，集体诉讼立案条件的高门槛在诸多领域降低，集体诉讼的目标也从最初的合并诉讼转为保护弱势群体。民权领域典型的集体诉讼案件包括1954年的“布朗诉教育委员会案”[3]，该案中涉及诸多民众对公共部门的集体诉讼，美国联邦最高法院对该案的最终判决结束了美国公立学校的种族隔离政策，该判决也激励了更多民权领域的集体诉讼。1964年的美国《民权法案》为在就业歧视案件中使用集体诉讼提供了强有力的法律依据[4]。

[1] 王开定. 美国集体诉讼制度研究[D].北京：对外经济贸易大学，2006.

[2] MAHONEY P G. The development of securities law in the United States[J].Journal of accounting research，2009，47（2）：325-347.

[3] 李丽.美国“布朗诉教育委员会案”[EB/OL].（2010-10-13）[2024-10-10].https://bjgy.bjcourt.gov.cn/article/detail/2010/10/id/878205.shtml.

[4] MARCUS D.The history of the modern class action，part I：Sturm und Drang，1953-1980[J].Washington university law review，2013，90（3）：587-652.

到了1966年，美国修订了《联邦民事诉讼规则》[1]，废除了复杂的集体诉讼分类规则，对代表人诉讼采取比较实际的处理方式，强调公平、充分的代表性。此外，对于参与集体诉讼的要求由“必须主动参与”变为“除非声明退出”。也就是说，集体诉讼不需要对每个诉讼人逐一调查，只需要有一个诉讼请求是集体典型的代表，且能充分维护缺席或集体成员利益就可开展。诉讼发起后，法院会向所有符合条件的集体诉讼成员发出诉讼通知，相关人员可以决定是否退出集体。若不主动退出，最后的判决则对整个集体包括缺席者都有约束力。在这样的背景下，20世纪60年代证券集体诉讼门槛明显降低，成为保护作为资本市场弱势群体的中小投资者权利的重要工具，减少了因为诉讼流程复杂或者律师费用过高而放弃诉讼的情况，此后美国联邦法院中证券集体诉讼案件数量开始快速增加[2]（见图6-5）。

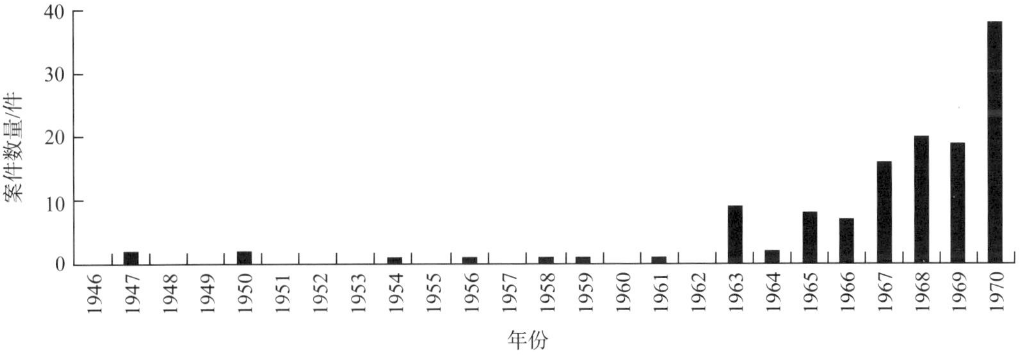

图6-5　1946—1970年美国证券集体诉讼案件数量

资料来源：Mahoney（2009），中金研究院。

注：作者选取了Lexis Nexis数据库中1946—1970年的证券集体诉讼申请，且通过诉讼申请是否引用10b-5条规则、是否包含“class”一词、是否由私人原告（而不是美国SEC）提起，来判断该诉讼是否属于证券集体诉讼。

1988年，美国Levinson诉Basic公司案进一步降低了证券集体诉讼中关于因果关

[1]　王开定. 美国集体诉讼制度研究[D]. 北京：对外经济贸易大学，2006.

[2]　MAHONEY P G. The development of securities law in the United States[J]. Journal of accounting research，2009，47（2）：325-347.

系证明的高门槛[1]。在该案中，Levinson等人作为诉讼代表提出，Basic公司的高管曾多次公开否认该公司与Combustion公司进行过有关合并的讨论，但不久后Basic公司董事会批准了Combustion公司对Basic公司所有流通股的收购要约。Levinson方据此认为Basic公司高管对投资者作出了误导性陈述，造成了投资者损失。初审法院认为Basic公司高管的误导性言论在法律上不具有重大性，不能证明该言论与投资者损失之间的因果关系。上诉法院则驳回了初审法院的裁决，认为尽管Basic公司对于合并谈判不负有披露义务，但它也不能发布误导性陈述。在美国联邦最高法院的终审中，Levinson方提出考虑到投资者人数规模庞大，不可能证明所有投资者都了解这些虚假陈述，并实际依赖这些陈述作出投资决策。对此，美国联邦最高法院在判决中提到了市场欺诈理论（Fraud-on-the-market Theory），认为如果误导性陈述是公开的，公开市场会将误导性信息纳入价格并进行交易，而所有买卖证券的投资者都依赖于其价格的完整性，因此所有投资者就在不知不觉中受到了误导性陈述的影响[2]。美国联邦最高法院最后支持了Levinson方的诉讼请求。至此，证券集体诉讼案件在审理环节的因果链门槛大幅降低。

随着集体诉讼立案和审判门槛的相继降低，证券集体诉讼案件数量开始迅速增加，集体诉讼在成为震慑资本市场欺诈行为的强大工具的同时，也造成了滥诉问题，伤害了许多无辜企业。滥诉现象体现在两方面：一是无谓的证券集体诉讼数量过多，有很多因为高管对于未来发展的预测性言论提起的诉讼；二是由于第一个提起集体诉讼的人往往可以作为集体诉讼的代理人左右诉讼进程，因而当证券价格大幅下跌时律师争先帮助投资者提起集体诉讼，即便这有可能违背遭受更大经济伤害的投资者的意愿，集体诉讼案的代理律师也可以获得丰厚报酬。

针对滥诉现象，1995年美国国会通过了《私人证券诉讼改革法案》（PSLRA），

[1] 廖凡.美国证券法有关并购谈判的披露要求：Basic案及其他[J].金融法苑，2003（6）：194-203.

[2] 魏俊.证券法上的安全港及其制度价值：以前瞻性信息披露为例[J].证券法苑，2014，12（3）：131-166.

对证券集体诉讼作了三方面的修改：一是对原告提出了更严格的立案和辩护要求，包括未造成损失的情况不能发起诉讼，而且与证券价格相关性不高的误导性言论（比如预测性言论）也不能作为立案原因，此条款也被称为安全港规则（Safe Harbor）[1]；二是通过法院指引或者追偿百分比来控制律师收取的费用[2]，前者是指由法院审查律师工作记录来确定律师的合理薪酬范围，后者是指由法官审查原告律师的工作质量，考虑案件的难度和他们取得的结果，然后判定律师能够在追偿金额中获得的费用比例；三是防止职业起诉人滥用诉讼，规定案件中最能够代表集体诉讼方利益的最充分原告作为集体诉讼的代表人，且除非法院专门同意，任何人三年内作为首席原告提起证券集体诉讼不能超过5次。1998年美国国会进一步通过了《证券诉讼统一标准法》（SLUSA）来统一联邦层面和州层面关于证券集体诉讼的要求，防止原告逃避《私人证券诉讼改革法案》的防滥诉要求而转向州法院提起诉讼[3]。

如表6-2所示，在1995年通过《私人证券诉讼改革法案》之后，美国立案依据薄弱（例如仅根据预测性言论发起集体诉讼）的案件数量及占比明显下降，更多的案件集中在财务造假和内幕交易上。这说明《私人证券诉讼改革法案》确实有效控制了滥诉现象。也就是说，虽然1995年和1998年的法案抬高了本已大幅降低的证券集体诉讼门槛，但并未重回20世纪60年代前的价值取向，而是针对诉讼门槛降低后出现的滥诉新情况作了有针对性的修补。至此，美国证券集体诉讼制度的框架基本确立，中小投资者的利益得到了有效保护，滥诉的情况也得到了明显改善。

[1]　魏俊.证券法上的安全港及其制度价值：以前瞻性信息披露为例[J].证券法苑，2014，12（3）：131-166.

[2]　WEISS E J，BECKERMAN J S.Let the money do the monitoring：how institutional investors can reduce agency costs in securities class actions[J].The Yale law journal，1995，104（8）：2053-2127.

[3]　杜要忠.美国证券集团诉讼程序规则及借鉴[EB/OL].（2004-01-06）[2024-10-10].https://www.szse.cn/aboutus/research/secuities/documents/t20040106_530785.html.

表6-2 1991—2000年美国计算机行业集体诉讼案件情况

单位：件

年份	案件数量	涉及财务的指控		涉及内幕交易的指控		涉及预测性言论的指控	
		含该项指控	仅该项指控	含该项指控	仅该项指控	含该项指控	仅该项指控
1991	10	3（30%）	1	3（30%）	0	9（90%）	5
1992	8	2（25%）	0	4（50%）	0	8（100%）	4
1993	11	3（27%）	0	1（9%）	0	10（91%）	7
1994	10	5（50%）	0	6（60%）	0	9（90%）	2
1995	11	3（27%）	1	5（45%）	1	7（64%）	4
五年合计	50	16（32%）	2	19（38%）	1	43（86%）	22
1996	11	6（55%）	1	9（82%）	0	7（64%）	1
1997	15	8（53%）	0	11（73%）	2	9（60%）	2
1998	15	9（60%）	2	11（73%）	1	10（67%）	1
1999	15	10（67%）	0	13（87%）	1	10（67%）	0
2000	8	6（75%）	0	7（88%）	0	5（63%）	0
五年合计	64	39（61%）	3	51（80%）	4	41（64%）	4

资料来源：Johnson et al.（2007）[1]，中金研究院。

注：在1995年通过《私人证券诉讼改革法案》之前和之后，高科技行业一直是集体诉讼的常见目标。样本为1991—2000年计算机硬件和计算机软件行业的公司。

从美国证券集体诉讼制度的演变历程来看，曾经困扰美国资本市场的滥诉问题，虽然对欺诈具有较强震慑力，但也可能加速问题企业的暴露、冲击短期市场稳定性，甚至对无辜企业的正常经营产生较大干扰。面对集体诉讼引入初期的破坏性创新效果与滥诉等问题，美国监管部门当时面临两难抉择：降低集体诉讼门槛虽有利于推动反欺诈，但难免滋生滥诉这种容易误伤无辜企业的问题；提高集体诉讼门槛则可能弱化对欺诈者的震慑力，不利于保护弱势群体。

难以两全的情况下，最终需要有所倾向。美国在大的方向上选择了通过集体诉

[1] JOHNSON M F, NELSON K K, PRITCHARD A C.Do the merits matter more? the impact of the Private Securities Litigation Reform Act[J].The journal of law, economics & organization, 2007, 23（3）: 627-652.

讼来维护弱势群体的权益，或者说认为一定程度上的滥诉可能是资本市场反欺诈、保护中小投资者利益必须付出的代价。时至今日，美国证券集体诉讼中的滥诉现象虽然相较于1995年之前已有明显改善，但所有案件中，法官驳回证券集体诉讼的比例仍有48%[1]。当然，这并不意味着要放任滥诉，而是要在反欺诈的大目标下适当提高滥诉成本，以求尽量把滥诉现象控制在相对合理的范围内。最终，对欺诈具有更强震慑力的集体诉讼制度，在长期中有效约束了企业的机会主义行为，维护了投资者对资本市场的信心。

[1] 1996年至2023年12月13日的总体水平。

第三节

反欺诈路径二：在技术上，发挥数字监督的积极作用

除了在制度上完善反欺诈监督链之外，随着AI等数字技术的快速发展，数字监督在资本市场反欺诈中扮演的角色将越发不容忽视。资本市场欺诈根源于信息不对称下的机会主义动机，而数字经济能够显著降低信息传播成本，中国数字经济又在全球处于领先地位。因此，理论上确有可能通过数字监督的方式来提高反欺诈效率，现实中也能观察到一些利用数字技术进行资本市场监督的案例。但总的来看，数字监督似乎并未成为资本市场反欺诈的主流手段，或者说效果有待提升。是因为数字监督本身就存在一些难以克服的内在缺陷，还是因为有什么因素在阻碍着资本市场数字监督的推广？AI等数字技术的发展对于资本市场数字监督又有什么意义？这些将是本节讨论的重点。由于很多问题尚未大规模发生，因此本节的研究方法更多是基于案例分析与逻辑讨论。

一、数字技术赋能监管机构：协助应对信息不对称

前文指出，解决信息不对称问题是监管者正常履职的关键。但是，考虑到欺诈是欺诈者的私有信息，监管部门获取相关信息并不容易。在数字经济时代，这种困难有所变化。一方面，产业数字化让越来越多欺诈行为在数字世界被动留痕。另一方面，数字产业化让监管部门得以有越来越多的技术手段用于主动识别欺诈信息。而且，随着AI的快速发展，整个算法、算力在处理超大规模数据方面的能力也得到显著提升，应用更为先进的数字技术有望解决数据规模扩大带来的欺诈信息识别困难问题。

目前，在证券交易领域，中国证券监管部门在运用数字技术进行反欺诈方面取

得了显著进展。比如在对“老鼠仓”交易从业人员利用未公开信息，先以个人资金低位建仓，再借公有资金拉升股价后高位卖出个人仓位获利的识别中，当前的证券监管系统可以在利用数字技术自动识别出风险账户后对交易账号展开行为追踪。一个曾引发广泛关注的案例是2013年被曝光的马某案。根据最高人民法院网站介绍，马某曾任某大型公募基金的股票证券投资经理，利用其掌握的未公开信息，操作自己控制的三个股票账户，通过临时购买的不记名电话卡下单，先于（1～5个交易日）、同期或稍晚于（1～2个交易日）其管理的基金账户买卖相同股票76只，累计成交金额10.5亿余元，非法获利人民币近1900万元[1]。在该案的侦破中，大数据发挥了重要作用。根据报道，监管部门通过大数据技术发现了三个个人A股账户与马某担任基金经理的基金账户交易股票存在很高的趋同性，再通过深入调查发现这三个账户背后的实际控制人就是马某，最后确认了马某进行“老鼠仓”操作的行为[2]。

马某案背后是数字技术在证券监管中的成功应用，数字技术大幅提升了监管机构打击内幕交易、“老鼠仓”等证券交易欺诈行为的能力。据中国经济网报道，早在马某案被侦破的2014年，各个证券期货交易所均已建立了预警驱动、信息驱动相结合的异常交易监察模式。其中上海证券交易所和深圳证券交易所的市场监控系统已经可以实现实时监控、智能化调查分析等功能。上海证券交易所异动指标分为4大类72项，敏感信息分为3级共11大类154项；深圳证券交易所建立了九大报警指标体系，合计204个具体项目。监控系统一旦发现某只股票有异常交易行为，便会立刻锁定在此期间交易的几十个甚至上百个可疑账户。

当然，这并不是说有了数字技术之后，识别欺诈这种私有信息就没有任何困难了。交易数据信息快速膨胀，通常意味着从海量数据中甄别出欺诈方、欺诈手段、欺诈时间点、欺诈金额等信息的难度也在上升。不过随着AI的快速发展，整

[1]　指导案例61号：马乐利用未公开信息交易案[EB/OL].（2016-07-05）[2024-10-10].https://www.court.gov.cn/shenpan/xiangqing/27541.html.

[2]　郭玉志.基金业最大老鼠仓起底　马乐案曝盈利最多等四宗最[EB/OL].（2014-01-21）[2024-10-10].https://www.cs.com.cn/tzjj/jjdt/201401/t20140121_4289510.html.

个算法、算力在处理超大规模数据方面的能力也获得了显著提升，我们认为应用更为先进的数字技术有望解决数据规模扩大带来的欺诈信息识别困难问题。美国SEC在这方面作出了一些探索，开发出了多套AI监管工具，其中ARTEMIS（Advanced Relational Trading Enforcement Metrics Investigation System）是主要用于监管内幕交易的算法工具[1][2]。如果监管人员认为某只股票或特定对象的交易存疑，会先借由信息收集系统收集相关交易数据（如上市公司年报、季报，欺诈嫌疑人的历史交易记录等），再由ARTEMIS分析所收集的数据。ARTEMIS会通过学习过往有欺诈行为的股票的交易模式，在历史交易数据中自动筛选出“异常点”，为美国SEC下一步的审查提供思路。

不过，在证券交易之外的其他领域，就监督上市公司的欺诈行为而言，数字监督似乎还没有达到交易领域的应用程度，部分原因在于上市公司的很多信息并没有像交易数据那样高度数字化，导致基于大数据的数字技术很难用于识别相关欺诈问题。但这并不意味着数字监督对于识别上市公司造假问题完全无用，而是需要比交易领域的数字监督多走一步，即需要运用更多具有针对性的数字技术，先实现上市公司相关信息数据化，然后借鉴交易领域的反欺诈经验，将数字技术应用于欺诈信息识别。

一个典型案例是利用卫星通信技术侦破的Z公司案[3]。Z公司是一家海产品养殖公司，该公司约30%的资产是养殖于海底的海产品存货。然而在2014—2019年间，Z公司养殖于海底的海产品先后四次离奇“失踪”[4]。为了查清Z公司案，证监会委

[1] ENGSTROM D F，HO D E，SHARKEY C M，et al.Government by Algorithm：Artificial Intelligence in Federal Administrative Agencies[R].Washington，D.C.：The administrative conference of the United States，2020.

[2] 美国SEC还有另一种内幕交易欺诈分析工具ATLAS（Abnormal Trading and Link Analysis System）。相较之下，ARTEMIS主要用于发现内幕交易惯犯，而ATLAS主要用于发现首次欺诈行为。考虑到ATLAS的公开信息有限，此处主要介绍ARTEMIS。

[3] 央视网.[第一时间]证监会详解獐子岛财务造假案疑团[EB/OL].（2020-06-25）[2024-10-10].https://tv.cctv.com/2020/06/25/VIDEJIpVcJ8tsFjoAJCjuoit200625.shtml.

[4] 雷晨.獐子岛扇贝又跑了？6年“跑”4次，账面价值缩水近四成！深陷资产减值“地雷阵”[EB/OL].（2022-01-21）[2024-10-10].https://www.chnfund.com/article/AR2022012119532044460669.

托专业机构借助北斗卫星系统进行调查。在调查中，如何统计养殖于海底的海产品数量是关键所在。从识别方法层面看，虽然海产品位置难以跟踪，但可以跟踪海产品的捕捞船只和抽测船只的位置来进行辅助判断。根据证监会对Z公司的行政处罚决定书[1]，调查人员对比了捕捞船只的北斗导航定位信息，发现Z公司2017年账面上结转的捕捞面积比实际捕捞面积多了5.79万亩，因而该公司在2017年得以虚增营业成本6159.03万元。另外，通过对比抽测船只秋测期间的航行定位信息，调查人员发现Z公司船只一共只经过了60个点位，而该公司记录的120个调查点位中还有60个点位未经过。既然有一半的抽测点位都没有到过，其统计的海产品数据就不具有可信度。最终，基于北斗卫星系统的数据分析，证监会认定Z公司2016年虚增利润13114.77万元、2017年虚减利润27865.09万元，分别占当期披露利润总额的158.11%、38.57%。

除了数字化程度较低的问题外，上市公司造假信息还存在容易被欺诈者破坏的问题。调查数据显示，虽然职务欺诈案中董事会和高管成员在数量上所占的比例仅为14%，但他们涉案所造成的财务损失远高于其他级别的人员。也就是说，在涉案金额大的上市公司欺诈案中，欺诈者往往是在信息、资本、权力等多种社会资源分配关系中处于优势地位的人，例如企业高管等。一个典型案例是安然公司欺诈案，在安然公司的压力下，安达信高层下令销毁了审计工作底稿。随着数字技术的发展，对于欺诈信息易被破坏的问题，以区块链为代表的留痕技术，由于其独特的较难篡改性、去中心化和透明性等特点，在反欺诈领域呈现出巨大的应用潜力。在实践中，一些监管部门和商业机构也在探索基于区块链技术的审计解决方案，特别是利用基于区块链的时间戳、智能合约、共识等机制实现数据的全周期追踪和实时异常监测。

不过，要想使用数字技术来赋能监管机构、进行欺诈信息的数字化收集和分

[1]　中国证监会行政处罚决定书（獐子岛集团股份有限公司、吴厚刚等16名责任人员）[EB/OL].（2020-06-15）[2024-10-10].http://www.csrc.gov.cn/csrc/c101928/c1042334/content.shtml.

析，离不开一套高效的数字监督基础设施。参考美国SEC数字监督系统从分散到集中、分析数据从粗糙到精细、识别算法从人工到AI的建设经验，这样一套数字监督基础设施的建立并非易事。根据美国SEC官网信息，仅就综合审计追踪系统（CAT）而言，截至2023年9月的建设成本就已超过5亿美元，2023年的运营和维护费用预算也达到了2亿美元，后续成本还有可能进一步增加。需要强调的是，对于监管部门而言，这些成本开支可能是数字经济时代进行资本市场反欺诈的必要支出。因为数字技术的应用虽然有可能压缩传统机会主义行为的空间，但也有可能为新的机会主义行为创造新的空间。尤其是与传统的实体经济相比，数字经济可以通过网络技术在全球任何角落进行交易活动，大大增加了监管难度与欺诈等犯罪牟利的空间。因此，无论是为了利用数字技术赋能监管机构，还是为了防止数字技术被欺诈者用于危害社会，构建数字监督基础设施的资源投入均是有必要的。

二、数字技术赋能公众监督：为监管机构分担反欺诈压力和成本

如前所述，通过数字监督的方式来应对资本市场信息不对称，存在监管资源投入较大的问题。对此有两个可能的解决方法。一个是加大对资本市场欺诈的惩处力度。以前面提到的Z公司案为例，监管部门投入了大量人力物力资源，并使用了卫星定位等先进技术，但最终受限于欺诈行为发生时所实施的2014年版《中华人民共和国证券法》的处罚限额[1]，在2020年6月给出的行政处罚中，对Z公司的处罚金额仅为60万元，对所有责任人员的处罚金额总计也仅为57万元。如果不能提升处罚力度，就难以支撑有关部门持续使用先进的数字技术来推动资本市场反欺诈工作。另外一个方法是利用数字技术赋能公众监督，更好地调动全社会的积极性，为监管部门分担资源投入压力。

对中国而言，公众监督在反欺诈监督体系中的潜力较大。一项研究对中国资本

[1] Z公司案中，其欺诈行为发生在2020年新证券法颁布实施之前，按照“从旧兼从轻”的法律原则，证监会在2020年6月发布的行政处罚决定书的依据仍是旧证券法（2014年版）。

市场2006—2015年的欺诈案件进行了统计[1]，发现监管机构揭露的比例高达56%，媒体揭露的比例也达到37%（见表6-3）。这说明作为仅次于政府监管部门的欺诈揭露者，公众事实上在帮助监管部门分担反欺诈监督压力。随着数字经济的快速发展，媒体环境也发生了翻天覆地的变化，特别是具有分布式特征、自下而上传播的新媒体，为公众提供了一条新的发声和监督渠道，成为赋能资本市场反欺诈公众监督的新载体。

表6-3　2006—2015年中国资本市场中不同类型的监督者及其监督情况

监督类型	监督者	说明	欺诈揭露比例
企业内控	企业	企业自身的披露更可能是由于其业务遭受负面冲击或管理层变动，而不是因为公司拥有有效的企业治理机制	0.7%
看门人	金融分析师	通过及时披露欺诈行为，可以增强声誉、提升职业地位、增加客户信赖、促进市场透明度、获得专业认可	0.7%
	会计师事务所	一般是通过财务审计揭露欺诈行为	1.8%
	律师事务所	2020年版《中华人民共和国证券法》创设了中国特色的证券集体诉讼制度——特别代表人诉讼机制，律师在欺诈揭露中有望发挥更多作用	0.7%
		汇总	3.2%
监管机构	监管机构	包含中国证监会及其地方分支机构、上海证券交易所、深圳证券交易所等部门	55.8%
公众	媒体	包含新闻媒体报道、论坛、博客和专家撰写的文章	36.5%
	企业普通员工	员工分为匿名举报和实名举报，其中75%是匿名举报，说明员工担心未来可能发生的报复和潜在损失	2.1%
	股东、债权人等	股东和债权人等通过公司的贷款和应收账款了解欺诈风险	1.3%
	供应商、客户、竞争对手	为维护市场的公平竞争和自身企业的利益，相关企业会参与监督欺诈行为，降低经营风险	0.5%
		汇总	40.4%

资料来源：Sun et al.（2021）[2]，中金研究院。

注：该研究选择了2006—2015年涉及虚增利润、伪造资产、操纵总体会计过程和提供虚假陈述的金融欺诈且存在相应媒体报道的所有非金融公司共760家。该研究通过新闻报道确定首个揭露欺诈的来源，若没有来源则视为媒体揭发。

[1]　SUN Y M，SUN X T，WU W X. Who detects corporate fraud under the thriving of the new media? evidence from Chinese-listed firms[J]. Accounting & finance，2021，61（S1）：1313-1343.

[2]　同上。

媒体赋能公众监督的关键在于公开曝光和舆论关注两个作用机制。所谓公开曝光并不是指媒体首先发现了欺诈行为，而是强调媒体将相关欺诈信息带入了公众视野。因此，公开曝光可能存在如下情形：第一，欺诈案的发现方和曝光方都是媒体，比如媒体动用自身的调查力量，独立地发现了欺诈线索，并公之于众；第二，欺诈案的发现方是其他人，但发现方选择通过媒体进行曝光，这种情况下媒体是发现方的举报渠道；第三，欺诈案的发现方是公众且已经通过其他方式进行了举报，而后媒体获取线索后对该案进行了报道并引起关注。诸多案例表明，媒体介入往往对资本市场欺诈案的处理起到重要的推动作用（见表6-4）。

表6-4　部分由媒体首先曝光的资本市场欺诈大案梳理

案件	曝光时间	说明	媒体角色
安然公司欺诈案	2001年	安然公司通过财务造假虚构了数亿美元的利润，并隐藏了巨额债务。2001年底，安然公司股价从当年最高的超过80美元/股的水平跌破至低于1美元/股的水平。安然公司欺诈案是当时美国历史上最严重的财务造假案	2000年9月，《华尔街日报》指出安然公司的盈利情况存疑。2001年3月，《财富》质疑安然公司的盈利机制
Theranos欺诈案	2015年	Theranos是知名的血液检测公司，号称其主打产品能够在15分钟内完成约200项检测。2015年《华尔街日报》曝光该企业的医疗设备存在严重缺陷，美国SEC的后续调查也发现该公司存在严重的欺诈行为	2015年由《华尔街日报》最先曝光
Wirecard欺诈案	2020年	Wirecard是德国支付巨头。2020年6月，Wirecard被审计机构指出无法确认其信托账户上的近19亿欧元资产。同月，Wirecard申请破产，对债权人的负债高达40亿美元	自2015年起，英国《金融时报》持续5年曝光Wirecard参与洗钱和有严重的财务造假行为
FTX欺诈案	2022年	2022年11月，全球第二大加密货币交易所FTX的重要关联方、加密货币对冲基金Alameda的资产负债表被曝出存在巨大风险，其146亿美元的总资产中有58.2亿美元的资产是由FTX发行的FTT代币或相关抵押品	2022年11月，最早由加密货币新闻资讯网站CoinDesk的一则报道曝光

资料来源：《财富》，《华尔街日报》，《金融时报》，CoinDesk，中金研究院。

媒体赋能公众监督的第二个作用机制是舆论关注，这是公众通过公开曝光获取欺诈信息后履行最终监督者职责的重要方式。相较于没有舆论关注的案件，有舆论关注的案件往往使得欺诈企业在市场声誉等方面付出更大的成本。尤其在成熟的资本市场中，一旦上市企业被报道牵涉造假丑闻并引发大量舆论关注，投资者出于避险情绪往往会抛售公司股票，公司的股价会大幅下滑，而如果造假丑闻最终被核实，股价可能面临更大的降幅。舆论关注有助于抑制企业的欺诈动机。

实证研究表明，在赋能公众监督方面，新媒体能够取得与传统媒体类似的效果。比如在环境治理领域，一项研究针对污染举报开展了长达8个月的实地试验后发现[1]，公众如果通过非公开渠道投诉，企业的超标排放行为平均减少24%；通过新媒体的公开渠道投诉，企业的超标排放行为平均减少62%（见图6-6）。这些数据说明了新媒体有助于赋能公众监督，更好地解决违法行为治理中的信息不对称难题。

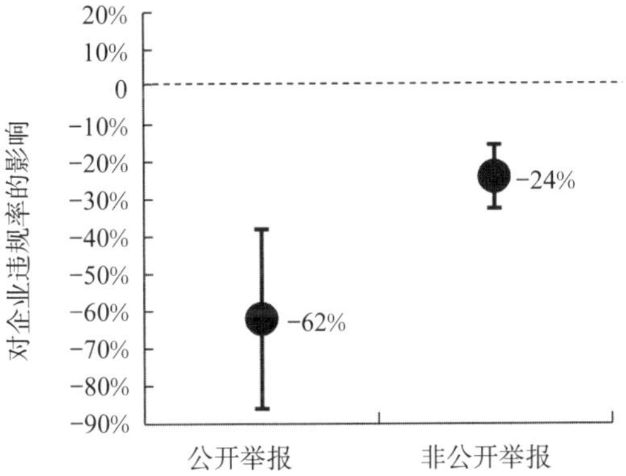

图6-6　公开举报和非公开举报对比

资料来源：Buntaine et al.（2022）。

注：图中展现了公开举报和非公开举报分别对企业超标排放行为的影响结果与90%置信区间范围。

新媒体能够在赋能公众监督方面取得与传统媒体类似的效果，也是因为有公开

[1] BUNTAINE M T, GREENSTONE M, HE G J, et al. Does the squeaky wheel get more grease? the direct and indirect effects of citizen participation on environmental governance in China[R]. Cambridge MA: National bureau of economic research, 2022.

曝光和舆论关注这两个作用机制，而且新媒体在获得舆论关注上似乎更胜一筹。例如，调查显示，从2011年到2022年，美国民众每天花在电视、广播、报纸等传统媒体的时间从453分钟下降到293分钟，降幅约为35%；同期，花在新媒体的时间从214分钟上升至439分钟。在不同年龄段的群众中，2021年84%的年轻人（18～29岁）、超过70%的中年人（30～64岁）和45%的老年人（65岁以上）至少使用一个新媒体，而这些比例在2005年时都还不超过10%。

新媒体之所以能够在促成舆论关注方面体现出相较于传统媒体的优势，一个重要的背景是数字技术大幅降低了信息传播成本。受益于技术进步带来的传播成本下降，自下而上、去中心化的新媒体信息传播模式出现了。与传统媒体自上而下、高度中心化的信息传播特点相比，这种传播模式赋予了新媒体在获取舆论关注方面的优势。

除了以上讨论的反欺诈能力层面的因素之外，本书认为，新媒体也在反欺诈意愿层面增强了媒体赋能公众监督的作用。背后的关键原因在于新媒体的出现增强了媒体之间的竞争，对传统商业或非商业化媒体形成约束，有利于增强整个媒体系统赋能公众监督的意愿。具体而言，新媒体至少在两个方面加大了媒体之间的竞争。一是新媒体和传统媒体之间的竞争，如果掌握欺诈线索的举报人因为各种原因无法或不愿通过传统媒体曝光某个欺诈案，可以自己直接在新媒体平台上进行曝光。二是新媒体内部的竞争，以中文新媒体环境为例，目前抖音、微博、B站都拥有着数目庞大的内容创作者，用户流量成为各大平台和所有创作者竞相争取的对象。资本市场欺诈案涉案金额通常比较大、股民人数较多，此类题材往往能够吸引更多的公众关注。因此，尽管新媒体曝光欺诈的初衷或许仅仅是谋取商业利益，但实际起到的效果却是通过增强与传统媒体的竞争，对高度中心化的传统媒体环境形成了有效补充，一起增强了媒体赋能公众监督的意愿。

需要高度重视的是，新媒体良莠不齐、假消息泛滥等问题亟须治理。在2023年3月的硅谷银行事件中，美国众议院金融服务委员会主席Patrick McHenry称硅谷银行事件是第一次由推特驱动的银行挤兑。事实上，此次银行挤兑风波的根源在于相关银行经营不够审慎，直接触发因素是美联储的激进加息，新媒体主要是加速了相关信息的传播。当然，这并不意味着新媒体没有任何责任。虽然新媒体并非此次美国银行挤兑的根源所在，但确实在这个过程中起到了推波助澜的作用。从长期看，企业在充分认识到新媒体相较于传统媒体能够更“有效”地传播负面信息后，将会更自觉地比传统媒体时代更审慎、更合法合规地运营。因此，本书认为，可以将假消息泛滥视为媒体技术发展过程中遇到的一个新问题，亟须通过规范发展的方式来解决。

三、数字技术替代人：有助于压缩机会主义空间

以上讨论主要是从数字技术赋能人的角度出发，除此之外，数字技术发展的另一大特征是替代人，这也有可能对反欺诈工作产生深远影响。尤其考虑到资本市场是典型的人力资本密集型行业，无论是市场本身的运行还是监督市场运行的机制安排，都有大量人工干预的空间。如果产业数字化能够在一定程度上实现对人的替代，那么就有助于压缩机会主义的行为空间，进而助力资本市场反欺诈。

证券交易系统自动化转型似乎是这方面的典型体现。证券交易是资本市场最基础的业务之一，是支撑整个资本市场正常运转的重要基石。自17世纪初荷兰阿姆斯特丹证券交易所（世界上第一个现代意义上的证券交易所）成立以来，资本市场在公开交易所进行证券交易的历史已超过四个世纪，其中三个多世纪都是人工交易方式在主导。无论是场内交易市场基于竞价的指令驱动型（Order Driven）交易模式[1]，还是场外交易市场（OTC）常见的基于做市商的报价驱动型（Quote Driven）交易模式[2]，都需要经纪人、交易员、做市商等多方参与，分工协作虽有

[1]　指令驱动型交易模式一般是：买卖指令通过一个公开的交易系统（例如订单簿）进行集中匹配。买卖指令一般根据价格和时间的优先原则进行排列和配对。

[2]　报价驱动型交易模式一般是：做市商会同时公开他们愿意买入和卖出某种证券的价格（报价），然后其他市场参与者可以根据这些报价进行交易，同时做市商可以在买卖价之间获得差价收益。

利于提高整个证券市场运转的效率，但对人工交易方式的高度依赖也带来一个问题，即由机会主义动机引发的各种欺诈风险难以避免。作为交易环节数字化的体现，电子化交易系统发展能够替代诸多交易环节的人工操作，因而理论上讲是能够压缩机会主义行为空间的。但在实践中要验证自动化系统的引入是否减少了交易欺诈行为不是件容易的事情，有一个现象或许有助于理解交易系统电子化对于交易环节反欺诈的意义。

有研究发现，在20世纪90年代，英国某大型交易所（简称“A交易所”）的富时100指数（FTSE 100 Index）期货在采用人工交易系统时，交易员所报出的买卖价差几乎都是最小报价单位的偶数倍，而在转为采用电子交易系统后，买卖价差就不再只是最小报价单位的偶数倍了，奇数倍的情况也常出现[1]（见图6-7）。对此，一种略显牵强的解释是这与交易员的交易习惯有关。该研究给出的另一种解释是可能出现了合谋情况，也就是人工喊价的交易商通过内部协商使买卖价差保持在最小报价单位的偶数倍上，这样减少了交易商之间的协商成本，从而增加了交易商的佣金收益。转换为电子交易系统后，由于经纪商之间的合谋变得困难，所以只出现偶数倍的情况也就消失了。该研究表明A交易所的人工交易系统可能存在一定的欺诈问题。

现实中，从1992年起，A交易所就有交易员因抢先交易[2]而违反交易规则的丑闻被曝光。其中，英国《独立报》（*The Independent*）1999年1月报道称，A交易所对一家大型独立期货经纪公司涉嫌系统性地参与抢先交易展开了调查。1999年3月，英国广播公司（BBC）报道了该事件的裁定结果，5名交易员因抢先交易被判处巨额罚款并受到不同程度的禁止交易处罚[3]。这一系列抢先交易的欺诈丑闻对A

[1]　TSE Y，ZABOTINA T V. Transaction costs and market quality：open outcry versus electronic trading[J]. Journal of futures markets，2001，21（8）：713-735.

[2]　抢先交易发生的背景一般是经纪人/交易员接到了客户的一个买卖大单，预计会影响证券的市场价格，就提前一步在个人账户上下一个同向的交易单，提前买入或者卖出相应证券。

[3]　根据《每日邮报》（*DailyMail*）的报道，被调查的5人均被认定有提前交易行为，除了罚款外，其中1人被判禁止交易1年，其余4人被判终身禁止交易。

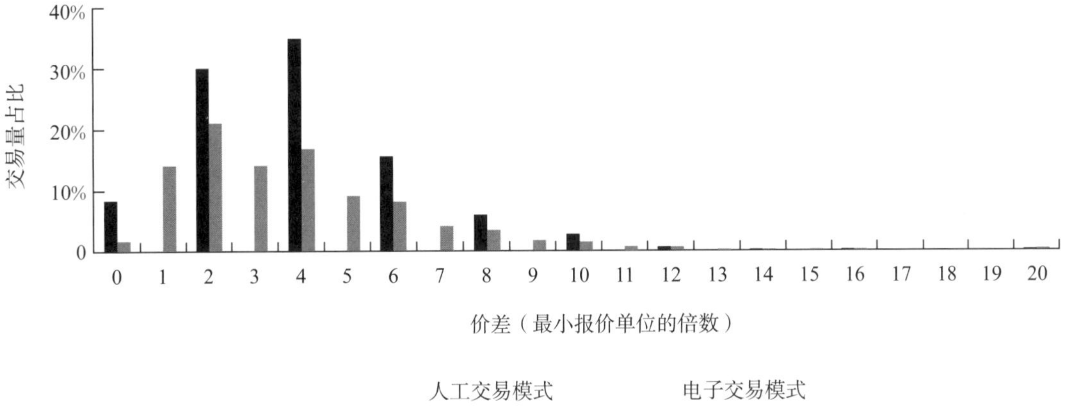

图6-7　英国某大型交易所富时100指数期货的交易价差

资料来源：Tse et al.（2001），中金研究院。

注：该图反映的是英国某大型交易所的富时100指数期货在人工交易市场（1999年2月至4月）和电子交易市场（1999年6月至8月）买卖报价价差绝对值的分布，其中横坐标是最小报价价差绝对值的倍数。

交易所产生了负面影响。在交易员的欺诈丑闻曝光后不久，1999年4月，A交易所也正式开启了向电子化交易系统的转型[1]。

这一案例显示出，电子化交易系统确实有助于减少欺诈。这主要是由于电子化交易系统减少了人为干预、压缩了机会主义行为的空间。然而，在很长一段时间内，数字技术主要替代的是一些重复性工作中的中低技能部分，对于公司董事、监事和高级管理人员等的复杂劳动的替代能力有限，限制了数字监督在资本市场反欺诈中的应用潜力。随着2022年11月OpenAI公司推出大语言模型ChatGPT，AI发展越来越表现出从量变向质变迈进的迹象，而这有可能进一步增强数字监督在反欺诈中的应用潜力。OpenAI公司在2023年发表的一篇文章中指出，对美国劳动力市场而言，约80%的工作岗位在日常工作中至少有10%的工作任务将会受到大语言模型

[1]　FISHE R P H，ROBE M A.The impact of illegal insider trading in dealer and specialist markets：evidence from a natural experiment[J].Journal of financial economics，2004，71（3）：461-488.

及其相关应用的影响，约19%的岗位至少有50%的相关工作任务可能会受到影响[1]。在行业层面上，大语言模型对证券、保险、基金等金融行业的影响较为突出。这意味着在传统数字技术难以替代的复杂劳动领域，例如金融中介、企业管理等，AI替代人的可能性增加了，进而有可能进一步压缩由资本市场人工干预带来的机会主义空间。

不过，数字技术替代人能够在多大程度上有助于资本市场反欺诈取决于各领域能够在多大程度上允许或者推动这种替代过程发生。在实体领域，技术进步替代人所造成的失业压力可能会转化为阻碍先进技术应用的社会矛盾。对于金融领域的技术进步替代人而言，这个问题可能比实体领域还要复杂。因为金融领域技术进步替代人可能不仅会造成从业者的失业压力，还会抑制部分优势人员的机会主义牟利空间，因而可能加剧对技术替代人的抵触，迟滞数字监督在资本市场反欺诈中的应用。即便是对于近期有较大突破的大语言模型而言，算法是人类开发的，运用什么样的数据、实现什么样的目标在很大程度上也是由人决定的。总之，在可预见的未来，开发、使用数字技术可能依旧难以彻底避免人工干预带来的机会主义空间，因而对数字监督在资本市场反欺诈中应用空间的探讨，或许应该更多从前文讨论的应对信息不对称问题着手。

[1] ELOUNDOU T，MANNING S，MISHKIN P，et al. GPTs are GPTs：an early look at the labor market impact potential of large language models[EB/OL].（2023-08-21）[2024-10-10].https://arxiv.org/abs/2303.10130.

第四节

思考与启示

一、资本市场反欺诈工作应该加强事后监管

如果没有严格的反欺诈机制，任由金融资源大量流入欺诈性创新企业与虚假创新项目中，那么即便股票市场再繁荣、股市与风投的互动再活跃，资本市场也不可能有效促进科技创新。当前，全面加强反欺诈监管已经是政策制定者和市场的共识，但随之而来的一个问题是反欺诈工作的重点应该是在事前还是事后。一个流行的观点是事前监管是重点，通过严格的事前审核将各类潜在欺诈行为识别出来，防患于未然。

不过，这种观点虽然在短期具有合理性，但长期来看可能还要再斟酌。需要指出的是，整个资本市场是建构在信息披露基础上的，而信息不对称又是无法根本消除的，因而在事前杜绝欺诈风险的难度很大。即使是在反欺诈监管起步早的美国，也难以杜绝安然丑闻这种恶性欺诈事件。实践表明，面对难以杜绝的欺诈风险，维护市场信心的关键可能更多在于事后严格惩罚欺诈者、弥补投资者损失[1]。除免受欺诈行为侵害外，公平享有各类投资机会也是投资者重要利益所在。过于严格的事前监管可能会导致优质企业无法顺利上市，使得投资者丧失一部分投资机会。现实中，优质企业如果无法顺利在本地上市，就会主动选择去其他市场上市。如此，即便这些企业后来实现了盈利及股价的大幅增长，本地投资者享受到本地优质企业成长红利的难度也会增加。

总之，严监管方向是对的。重点放在事前在短期也有合理性，但长期来看，可

[1]　详见中金研究院《中庸策2023·双支柱金融体系与好的社会》第三章“为推动创新，是否应该直接干预估值？”。

能会进一步抑制风投与股市的互动效率，不利于资本市场生态效应的发挥。事后严监管可以更好地兼顾效率与公平，即在欺诈行为发生后，通过对欺诈者的严格惩罚来震慑其他潜在欺诈者、弥补投资者损失。

二、从制度建设与技术赋能两条路径完善“上市公司—看门人—监管者—公众”的反欺诈链条

从资本市场生态效应角度看，事后严监管的有效性并非依赖于某个中心化机构，而是有赖于包括交易所、券商、会计师事务所、律师事务所等市场看门人，以及作为监管者的政府部门乃至全体社会公众，共同构建起一个反欺诈生态系统。这是因为欺诈根源于信息不对称下的机会主义动机，在经济或者非经济利益的驱使下，任何一个人或机构均有可能作出不利于投资者利益的欺诈行为。因此，事后严监管能否有效运转，取决于整个生态系统能否构建起旨在反欺诈的激励相容机制。是激励相容的、分散化的整个反欺诈系统，而不是某个中心化机构在为资本市场提供赖以生存的信用资产[1]。具体到“上市公司—看门人—监管者—公众”的反欺诈链条而言，除了降低集体诉讼门槛来震慑上市公司与看门人的机会主义动机外，更重要的是建立激励相容的监督机制，设立举报人保护与奖励计划来弥补监管者信息劣势。在这个过程中，完善信息公开机制，让公众发挥“最终监督者”作用也是不可或缺的。

除了制度建设之外，随着AI等数字技术的快速发展，数字监督在资本市场反欺诈中扮演的角色将越发不容忽视。欺诈根源于信息不对称下的机会主义动机，数字技术既能够通过替代传统人工干预的方式来压缩机会主义行为空间，也能够通过提高基于大数据的识别效率、提升企业审计等信息的数字化水平来部分解决反欺诈面临的信息不对称问题。不过在可预见的未来，我们认为数字技术仍难完全替代人，

[1] 详见中金研究院《中庸策2023·双支柱金融体系与好的社会》第六章“新制度经济学视角的中小银行治理分析”。

这意味着数字技术在有望压缩传统机会主义行为空间的同时，也有可能创造新的机会主义行为空间。数字经济可以通过网络技术在全球任何角落进行交易活动，大大增加了监管难度与欺诈等犯罪牟利的空间。鉴于这种双刃剑效应的存在，即便不考虑数字技术有望提升反欺诈效率的收益，为防范数字技术被用于欺诈等违法活动导致资本市场蒙受更大的损失，可能也需要重视数字监督的潜在作用，这往往意味着监管成本显著上升。

一个可能的成本分担方式来自新媒体对公众监督的赋能。新媒体的出现增强了媒体之间的竞争，对传统商业或非商业化媒体形成约束，有利于增强整个媒体系统赋能公众监督的意愿。需要重视的是，当前新媒体发展过程中也出现了假消息泛滥等问题，应在进一步发展过程中予以制度化的规范和引导。只有对假消息进行有效治理，才能够扬长避短，让新媒体真正成为资本市场反欺诈公众监督的助力者，推动资本市场数字监督的健康有序发展。

三、打通流程堵点，进一步发挥我国特色证券集体诉讼的制度优势

由投服中心作为唯一合法机构发起“默示加入，明示退出”的特别代表人诉讼，构建了具有中国特色的集体诉讼制度框架。这一制度在保护投资者利益和震慑欺诈行为的同时，有效防范了美式集体诉讼可能带来的滥诉问题。然而，自《中华人民共和国证券法（2019年修订）》实施以来，集体诉讼的实际案例数量仍然较少，尚未达到预期。为此，建议进一步强化投服中心的投资者保护与欺诈行为震慑功能，加大集体诉讼的频次和力度，以增强投资者信心，促进创新资本的形成。

针对特别代表人诉讼制度中的递进式程序问题，建议修改递进式为并列式，在保持当前递进式诉讼程序的基础上，增加允许投服中心直接申请发起特别代表人诉讼的规定，由此降低集体诉讼的发起门槛，提高集体诉讼的效率。在证据提供上，建议促进证监会内部信息流动，为诉讼提供更多证据，以提高诉讼发起的时效性。

针对普通代表人诉讼发起激励不足的问题，建议为社会律师设计激励相容的普

通代表人诉讼费用收取机制，尤其当私人律师发起的普通代表人诉讼转变为特别代表人诉讼后，建议给发起律师合理的经济补偿，使社会律师积极参与到集体诉讼的发起当中。

进一步发挥投服中心的功能，建议增加投服中心预算、扩大投服中心队伍。针对投服中心面对的诉讼费用问题，建议参考国外做法，尝试对公益性投资者保护机构发起的集体诉讼缓交诉讼费，或豁免或定额收取少许诉讼费；针对限制规模扩张的考核指标及经费问题，建议更改投服中心公司性质或允许投服中心适当盈利，以使投服中心盈利情况与其属性及相应考核指标相匹配。

Chapter 7

第七章

建立包容性的资本市场体系

繁荣的股票市场在支持科技企业发展方面，其重要作用在于为股权投资者提供退出渠道，并为企业家提供价值变现的手段，从而引导金融资本主动投向创新领域，并鼓励企业家专注于创新企业的发展。然而，繁荣的股票市场不代表一定能实现科技金融的职能。由于创新悖论[1]所导致的创新企业不稳定性[2]，以及创新理念难以被量化定价的属性，股票市场能有效支持科技企业发展的基础在于设置了具备包容性的上市、定价、减持等资本市场机制。

2018年以来，以全面注册制改革为代表，我国快速建立起具备包容性的多层次资本市场体系，金融支持科技发展能力大幅增强。然而，近年来我国资本市场包容性制度的改革似乎步入了深水区。过往上市、定价、减持等制度的市场化改革在收获一定成效的同时，亦一度面临投融资失衡、新股定价“三高”（高募资、高定价、高市盈率）等阶段性问题。2023年以来，监管部门基于我国资本市场特征，适度采用“有形的手”，对资本市场制度的包容性开始进行逆周期调整，譬如提高上市门槛、加强定价监管、提升减持要求等。

为何包容性的资本市场体系当前在我国的实践会面临难题？我们认为我国资本市场的部分生态特征可以解释其中部分原因。我国当前以中小个人投资者为主的投资者结构，可能导致在包容性体系下的资本市场自我调节机制效果有所减弱，而股权架构的集中度过高则增加了投资者保护及提高投资回报的难度。同时，企业相对较低的ROE（净资产收益率）水平也在一定程度上拉低了市场投资回报率，进而加剧了投融资不平衡的问题。

立足于我国的资本市场生态特征，为进一步夯实包容性制度长期深化改革的市

[1] 创新悖论，即企业面对的需求是自身创新能力的函数，如果企业不创新，则需求将萎缩、市场地位将瓦解；如果持续创新，市场地位也有可能被自己的创新所颠覆。

[2] 中金公司研究部，中金研究院. 创新：不灭的火炬[M]. 北京：中信出版社，2022.

场基础，我们建议：第一，考虑到以中小个人投资者为主的投资者结构，应聚焦进一步撬动公众的监督力量实现反欺诈监管，同时强化机构投资者能力，完善公允定价体系；第二，针对股权集中度过高的问题，应完善以独立董事为代表的公司治理模式，同时聚焦引导与支持企业回购提升股东投资回报；第三，针对短期ROE中枢偏低拖累投资收益率问题，建议构建体系化的平准基金机制提振市场情绪，并在长期内通过完善退市机制优化优胜劣汰生态。

第一节

包容性的资本市场体系对创新企业发展的意义

一、繁荣的股票市场于科技企业的意义在于为股权投资者退出及创新企业家价值变现提供畅通渠道

相较于财政和银行，资本市场一方面由于具备多样化的风险偏好，更有能力和意愿为高风险的引领式创新活动提供支持；另一方面，资本市场自身具备生态效应和筛选效应，使其能够更有效地应对引领式创新的静态不确定性和动态不确定性，这构成了资本市场促进引领式创新的独特优势。

资本市场由股权市场和股票市场两类市场构成。从支持引领式创新的直接效用来看，股权市场虽规模较小，但依托参与者VC、PE等专业机构投资者更高的风险偏好，得以成为支持初创中小企业高风险引领式创新的主战场。而股票市场则由于硬性上市标准的存在，难以在早期服务于初创中小企业；且研究表明，尽管IPO可以增强企业资金实力，但IPO后严格的信息披露约束、股价波动压力等因素也降

低了企业上市后从事高风险引领式创新活动的意愿[1]，表现为IPO后企业创新数量上升但引领式创新占比下降，因而股票市场的发展更有助于促进大企业的追赶式创新。

但这并不意味着股票市场的发展对促进引领式创新没有积极作用。股票市场可以通过为股权投资者提供畅通的退出渠道，间接促进股权市场的发展以及推动中小企业的引领式创新。风投等股权投资者之所以愿意为初创中小企业高风险的引领式创新活动提供资金支持，并非出于促进创新的公益目的，而是期望未来能够顺利退出并获得理想的投资回报。这意味着，退出渠道的畅通程度对风投等股权投资者的投资意愿具有显著影响。实践中，IPO和并购是股权投资者最主要的两种退出方式，而这两种退出方式的畅通均与股票市场的繁荣密切相关。

对于IPO退出而言，繁荣的股票市场意味着能够容纳更多上市公司，提供更多IPO退出机会，且统计数据表明，通过IPO退出的投资收益率要明显高于通过并购等渠道退出的投资收益率[2]，从而创造更高的投资回报率，并提升股权投资者的投资意愿和未来用于新一轮股权投资的资金规模。另外，由于上市公司是并购市场的主要参与主体，且上市公司在进行并购时大多采用股票作为支付手段，因而繁荣的股票市场有助于提升上市公司的并购实力，推动并购交易活跃进行，进而为风投等股权投资者提供更多并购退出机会。统计数据也表明，美国风投通过并购退出的规模与美股市场涨跌高度正相关[3]。

从数据来看，目前中国股权市场仍以被投企业的IPO为最主要退出方式，根据Wind统计数据计算，我国2020—2023年IPO退出数量占整体退出数量的比例始终保持在60%以上。美国的经验亦表明，半导体、软件、医药等新兴行业的VC资金高度

[1] BERNSTEIN S.Does going public affect innovation?[J].The journal of finance，2015，70（4）：1365-1403.

[2] GOMPERS P A.Optimal investment，monitoring，and the staging of venture capital[J].The journal of finance，1995，50（5）：1461-1489.

[3] MASSOUD N，SONG K，TRAN N.Lender effects on gains from mergers and acquisitions[J].Journal of banking & finance，2024，163：1-17.

依赖IPO进行退出。在此背景下，完善资本市场机制、构建繁荣的股票市场对于金融支持科技路径的畅通至关重要。2006—2023年美国IPO退出与并购退出规模及标普500指数如图7-1所示。

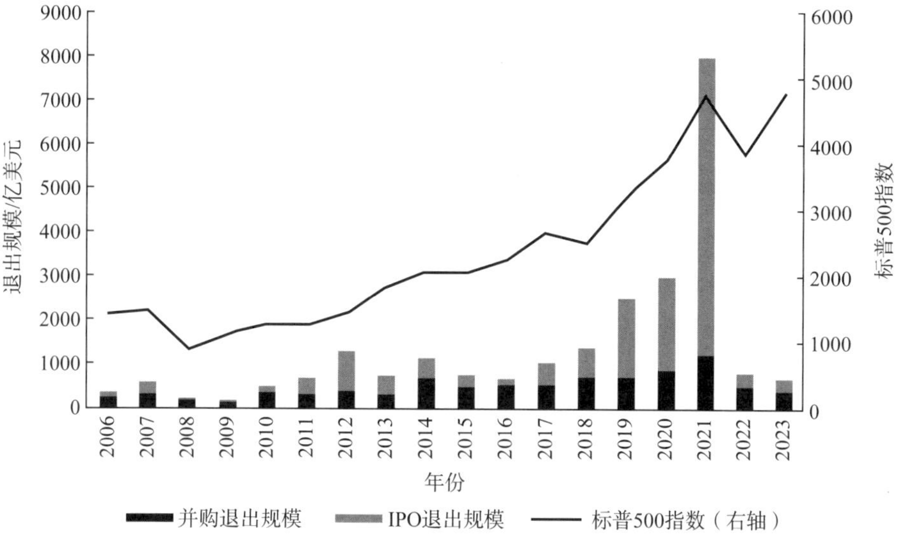

图7-1　2006—2023年IPO退出与并购退出规模对美国股票市场的影响

资料来源：Wies et al.（2015）[1]，PitchBook，中金研究院。

此外，除了通过为股权投资者提供退出渠道进而引导金融自发支持科技发展外，股票市场亦是创新企业家价值变现的重要途径，有助于在企业家激励层面促进创新企业发展。

对于创新企业而言，推动企业发展的核心支撑在于企业家的创新理念和才能，仅依靠股东或者外界的资金、设备投入是难以造就企业引领式发展的。正如乔布斯在1997年回归苹果之后推出的名为“非同凡响”的广告片中所描述的创新企业家形象：他们特立独行，他们桀骜不驯，他们惹是生非，他们格格不入。他们用与众不同的眼光看待事物，他们不喜欢墨守成规，他们也不愿安于现状。你可以认同他

[1]　WIES S，MOORMAN C.Going public：how stock market listing changes firm innovation behavior[J].Journal of marketing research，2015，52（5）：694-709.

们，反对他们，颂扬或是诋毁他们，但唯独不能漠视他们。因为他们改变了寻常事物，他们推动人类向前迈进。或许他们是别人眼里的疯子，但他们却是我们眼中的天才。因为只有那些疯狂到以为自己能够改变世界的人，才能真正改变世界[1]。企业家的创新理念及才能对于创新企业的成败而言至关重要。

考虑到创新企业家的重要性，如何有效地激励创新企业家、促进创新企业家发挥创造力成为创新企业长期发展中需要解决的重点问题。而激励创新企业家的难点在于企业家的创新理念及贡献难以量化，特别是在创新成果没能最终实现并产业化之前。若参照传统企业立足静态客观的企业绩效的激励模式，会导致创新企业家在企业成长期所获的激励缺位，进而导致其创新动能不足。

我们认为，评估创新企业家的应得报酬数额时，应更多依赖于对其创新能力所能创造的企业未来现金流规模的主观判断，这种判断逻辑与基于利润折现的股票价值评估逻辑相契合。因此，为尽可能公允地体现创新企业家的价值及贡献，创新企业家的财富激励应更多来自其所持有的企业股票价值，而股票市场则为其提供了财富变现的渠道。

在此过程中，股票市场各投资主体基于对企业未来经营情况的评估，通过市场交易博弈确定企业家所持有股票的价值，而创新企业家则主要通过减持股份的方式实现财富变现。以谷歌联合创始人拉里·佩奇、谢尔盖·布林为例，自公司2004年上市以后，他们一直坚持只领取象征性的1美元薪水，并主要通过减持股份实现财富变现。谷歌上市后的10年间，拉里·佩奇及谢尔盖·布林合计减持超过一半的股份，同期谷歌市值由200多亿美元上升至超5000亿美元。在助力企业发展的过程中，创始人通过减持股份获得了能够体现其贡献的财富回报。

[1] 沃尔特·艾萨克森.史蒂夫·乔布斯传[M].管延圻，魏群，余倩，等，译.北京：中信出版社，2011.

二、股票市场发挥科技金融功能的前提条件是具备包容性的资本市场制度

在上文，我们论述了股票市场于科技企业发展的作用。然而，并非所有繁荣的股票市场都具备支持科技企业发展的能力。譬如，我国股票市场在过去三十年间虽发挥了强大的融资功能，助力传统结构下的社会经济快速发展，但是由于立足核准制的资本市场制度在上市环节的实质审核要求较高，其并不能完全实现支持创新企业的上市融资与股权退出这一功能。

繁荣的股票市场能够支持科技企业发展的前提是具备包容性的资本市场制度，其原因有如下两点。

首先，从经营特征来看，由于创新悖论的存在，科技企业的经营天生具备不稳定性。以美国标普500的企业市值排名变化为佐证：1995年日常消费品行业中市值排名前十的企业，有7家仍位列2020年的市值排名前十；但在信息技术行业，1995年市值排名前十的企业，只有2家在2020年仍位列市值排名前十（见表7-1）。这意味着由于创新悖论的存在，创新企业的经营稳定性明显低于需求决定供给的传统行业。

表7-1　美国标普500信息技术和日常消费品行业市值排名前十的公司

单位：亿美元

信息技术				日常消费品			
1995年		2020年		1995年		2020年	
公司	市值	公司	市值	公司	市值	公司	市值
微软	518	苹果	22560	可口可乐	939	沃尔玛	4078
IBM	510	微软	16816	高特利	754	宝洁	3450
英特尔	466	亚马逊	16342	宝洁	570	迪士尼	3280
惠普	429	谷歌	11853	沃尔玛	511	家得宝	2860
Perspecta	252	Facebook	7780	百事可乐	440	可口可乐	2357
思科	206	英伟达	3232	麦当劳	314	耐克公司	2221

续表

信息技术				日常消费品			
1995年		2020年		1995年		2020年	
公司	市值	公司	市值	公司	市值	公司	市值
甲骨文	184	奥多比	2399	迪士尼	309	百事可乐	2049
施乐	148	奈飞	2389	吉列公司	231	好市多	1669
冠群国际	137	英特尔	2042	家得宝	228	麦当劳	1599
康柏电脑	128	Salesforce	2037	家乐氏	168	菲利普莫里斯	1289

资料来源：Bloomberg，中金研究院。

因此，从资本市场制度设置的角度来看，过往严格基于收入、利润等静态财务指标的上市及再融资审核制度，与科技企业经营的不稳定性特征并不完全适配。这可能会导致部分创新企业难以在股票市场上市，进而可能会限制股权市场与股票市场之间的充分互动。为强化科技企业的融资能力、优化股权市场与股票市场的生态效应，股票市场的制度设置应充分考虑科技企业创新活动的不确定性，在上市环节设置更具包容性的市场机制。而包容性体现为允许未盈利创新企业，以及不同领域、不同技术路线的公司享有平等的上市机会。

其次，科技企业的发展能力根植于企业家的创新理念和才能，而创新理念的价值并不能被客观指标所量化衡量，这不仅为科技企业新股上市的合理定价（评判初创企业价值）创造难题，亦导致通过合理报酬激励企业家（评判企业家贡献）面临困难。前者影响创新企业上市的融资规模，决定市场资源是否能高效流向优质创新企业；而后者影响企业家激励效率，影响创新企业家长期推动企业前行的动力。

整体而言，资本市场市场化的定价机制是实现企业价值发现最为公允的手段。然而，市场化机制本质上需要具有包容性的资本市场机制的支撑。譬如，在新股定价层面，市场应当具有股票发行定价的主要决定权，监管部门则主要承担反欺诈监管责任，保证信息披露质量，为定价提供支持。而在企业家激励层面，在股票依托市场博弈反映企业价值的基础上，包容性的市场机制更多体现在以减持为代表的退出机制层面——通过包容的减持机制畅通企业家获取企业发展成果的渠道，进而激励企业家聚焦推动企业发展。

三、当前我国服务于科技企业的包容性资本市场体系已初步建立

过去30年，我国资本市场主要采取了核准制作为发审制度。一方面，这是新兴市场起步之初、各项基础制度薄弱时，管控金融风险、保护投资者利益的必然之选。通过监管部门干预，来减少法制管理基础相对薄弱和整体投资者专业能力缺乏可能导致的资本市场相关风险。另一方面，核准制之下，发行人需要满足监管明文规定的若干实质性条件（包括经营与财务状况、营业性质和产业导向、发展前景等），此类客观的硬性要求与我国过往经济发展阶段中快速成长的消费业、制造业、工商业等企业的经营性质亦相对契合。针对此类传统企业，通过对其自身有形资产情况的审核，就可以相对准确地衡量其企业价值及未来发展前景。因此，在核准制背景下，我国资本市场的融资功能亦持续增强，市场得以繁荣发展。据Wind统计数据，保荐核准制实施期间（2004—2022年），我国资本市场非金融企业合计实现融资达2.5万亿元，其中建筑装饰、机械设备、基础化工占比分别为8%、7%、7%。

然而，随着经济结构由传统经济向创新经济转型，资本市场聚焦支持新产业、新技术发展，核准制的实质审核要求与创新企业经营特征逐渐出现矛盾。一方面，由于持续研发投入需求较高及创新悖论影响，创新企业的经营业绩往往波动较大，难以满足核准制下高门槛的实质要求，而短期未能满足实质要求并不意味着其不具备远期的增长潜力。另一方面，核准制的审核流程旨在清晰识别上市企业的质量、价值及未来发展前景。但正如前文所述，企业创新能力不仅涉及研发投入、专利产出等客观量化指标，更包含一种难以量化的意愿和动力。因此，单纯依靠监管部门的事前审查难以全面、准确地评估科技企业的投资价值。而市场化的价值发现机制则能够更有效地实现对资源的高效配置。

因此，我国资本市场全面落地注册制，将上市及定价主导权由行政向市场转移，让市场在资本市场资源配置中发挥决定性作用，这是契合科技企业的经营特征及融资需求、提升金融支持科技发展效能的根本之举。同时，以信息披露为核心的注册制强调将监管由事前向事后转移，兼顾了市场化的原则及注册制相关的法制基础，为资本市场支持创新企业发展提供了坚实基础。我国全面注册制改革进程如图7-2所示。

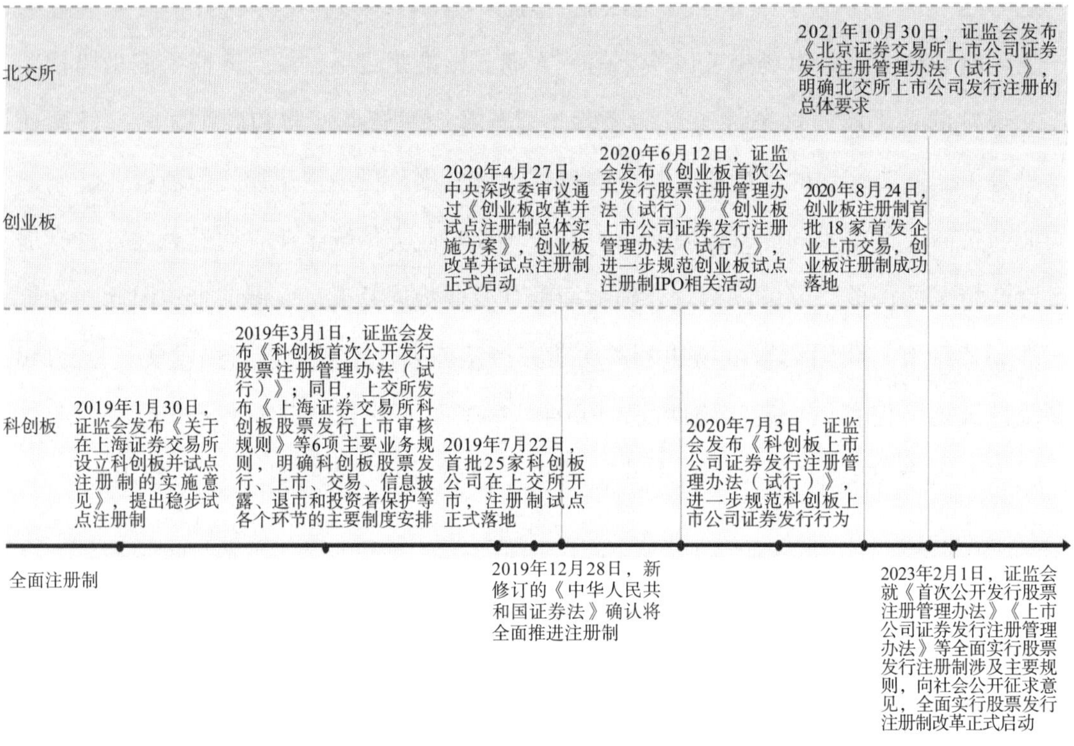

图7-2　我国全面注册制改革进程

资料来源：证监会，中金研究院。

从主要举措来看，在全面注册制改革基础上，我国各板块的IPO审核规定均基于科技创新企业的特点和融资需求进行了差异化调整（见表7-2），其中科创板、创业板、北交所均允许未盈利企业、特殊股权结构企业、红筹企业上市，更好地满足不同行业、不同类型、不同成长阶段企业的上市融资需求。主板虽然上市标准最高，但随着全面注册制落地，亦积极参考科创板、创业板试点注册制的审核方式、信息披露要求等，优化调整IPO标准，提升优质科创企业登陆主板市场融资机会。

表7-2　我国资本市场各板块IPO标准

		主板	科创板	创业板	北交所
共同标准		1.发行后股本总额不低于5000万元； 2.公开发行的股份达到公司股份总数的25%以上；公司股本总额超过4亿元的，公开发行股份的比例为10%以上	1.发行后股本总额不低于3000万元； 2.公开发行的股份达到公司股份总数的25%以上；公司股本总额超过4亿元的，公开发行股份的比例为10%以上	—	1.最近1年期末净资产不低于5000万元； 2.公开发行的股份不少于100万股，发行对象不少于100人； 3.公开发行后，公司股本总额不少于3000万元； 4.公开发行后，公司股东人数不少于200人，公众股东持股比例不低于25%；公司股本总额超过4亿元的，公众股东持股比例不低于10%
差异化标准	标准一	盈利+营收/现金流 最近3年净利润均为正，且最近3年净利润累计不低于1.5亿元，最近1年净利润不低于6000万元，最近3年经营活动产生的现金流量净额累计不低于1亿元或营业收入累计不低于10亿元	市值+盈利 1.市值不低于10亿元，最近2年净利润均为正且累计净利润不低于5000万元； 2.市值不低于10亿元，最近1年净利润为正且营业收入不低于1亿元	盈利 连续2年盈利，2年累计净利润不低于5000万元	市值+盈利 1.2年净利润均不低于1500万元且加权平均净资产收益率平均不低于8%； 2.市值不低于2亿元，最近1年净利润不低于2500万元且加权平均净资产收益率不低于8%
	标准二	市值+盈利+营收+现金流 预计市值不低于50亿元，且最近1年净利润为正，最近1年营业收入不低于6亿元，最近3年经营活动产生的现金流量净额累计不低于1.5亿元	市值+营收+研发 市值不低于15亿元，最近1年营业收入不低于2亿元，且最近3年累计研发投入占最近3年累计营业收入的比例不低于15%	市值+盈利+营收 预计市值不低于10亿元，最近1年净利润为正且营业收入不低于1亿元	市值+营收+现金流 市值不低于4亿元，最近2年营业收入平均不低于1亿元，且最近1年营业收入增长率不低于30%，最近1年经营活动产生的现金流量净额为正

续表

		主板	科创板	创业板	北交所
差异化标准	标准三	市值+盈利+营收 预计市值不低于80亿元，且最近1年净利润为正，最近1年营业收入不低于8亿元	市值+营收+现金流 市值不低于20亿元，最近1年营业收入不低于3亿元，且最近3年经营活动产生的现金流量净额累计不低于1亿元	市值+营收 预计市值不低于50亿元，且最近1年营业收入不低于3亿元	市值+营收+研发 市值不低于8亿元，最近1年营业收入不低于2亿元，最近2年研发投入合计占最近2年营业收入合计比例不低于8%
	标准四	—	市值+营收 市值不低于30亿元，且最近1年营业收入不低于3亿元	—	市值+研发 市值不低于15亿元，最近2年研发投入合计不低于5000万元
	标准五	—	市值+研发 市值不低于40亿元，主要业务或产品市场空间大，目前已取得阶段性成果。医药行业企业需至少有一项核心产品获准开展二期临床试验，其他企业需具备明显的技术优势	—	—

资料来源：Wind，中金研究院。

随着多层次资本市场体系的完善，上市制度包容性持续提升，我国资本市场支持科技企业融资、助力战略性新兴产业发展的能力持续增强。以最早实行注册制的科创板为例，产业政策支持下，一批处于“卡脖子”技术攻关领域的硬科技企业登陆科创板，在集成电路、生物医药、高端装备制造等领域形成了产业集聚效应。据Wind统计数据，在2023年上市的67家科创板企业中，IPO数量排名前五的行业分别为电子、机械设备、计算机、国防军工、电力设备，合计占当年科创板IPO总数的88.1%，科创属性突出。上市公司结构亦随之发生积极变化，以电子、生物医药、电力设备、计算机等行业为代表的新经济含量明显提升。据Wind统计数据，2019年末至2023年末，A股新经济产业占比从29.7%提升至40.4%（见图7-3），驱动经济转向高质量发展的作用更加显著。

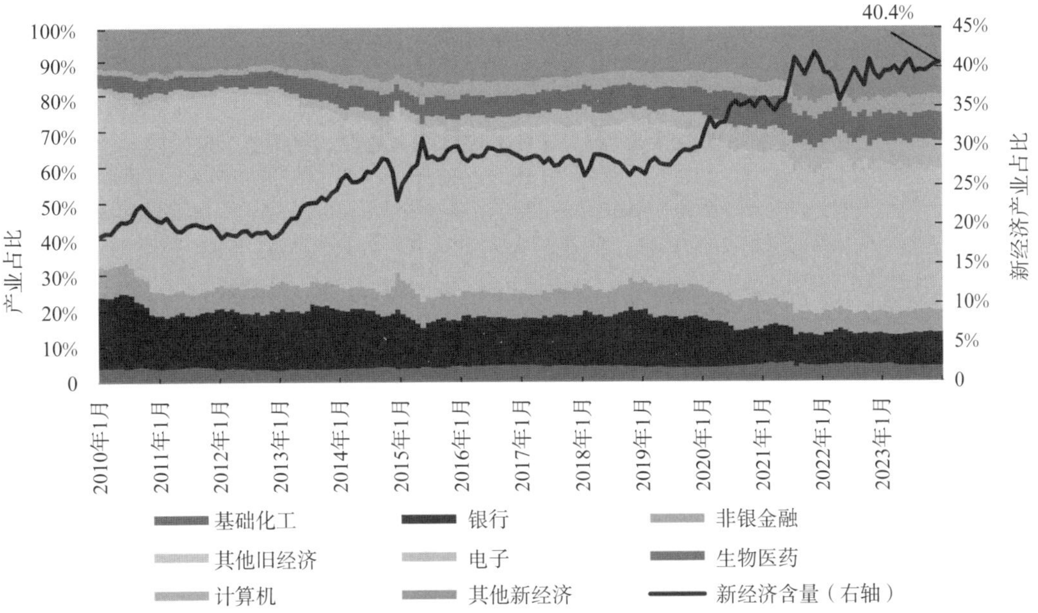

图7-3　A股新经济产业占比变化

资料来源：Wind，中金研究院。

注：新经济产业包括电子、生物医药、计算机、其他新经济（汽车、电力设备、机械设备、国防军工、通信）。

第二节

包容性制度改革所面临的现实问题探讨

自2018年开始，随着以全面注册制为代表的资本市场改革深化，我国具备包容性的资本市场体系得到快速构建，资本市场支持科技企业发展的能力亦显著增强。

然而，近年来我国资本市场包容性制度的改革似乎步入了深水区。过往上市、定价、减持等制度的市场化改革并未完全实现高效配置市场资源的目的，并且在一定程度上存在投融资失衡、新股定价“三高”（高募资、高定价、高市盈率）等阶段性问题。2023年以来，为应对资本市场制度改革过程中所面临的阶段性问题，监管部门基于我国资本市场特征，适度采用“有形的手”，对资本市场制度的包容性开始进行阶段性的逆周期调整，譬如提高上市门槛、加强定价监管、提升减持要求等。

短期来看，监管部门阶段性的干预举措对于维持资本市场稳定而言具备合理性及必要性。然而长期来看，立足科技企业发展的迫切融资需求，以及科技企业自身经营前景不确定性大、价值难以事先准确量化等特征，进一步提升针对科技企业的制度包容性仍是资本市场的重点改革方向。因此，为了夯实包容性制度进一步深化改革的市场基础、提升包容性制度支持科技企业发展的效能，我们在下文将立足我国资本市场生态特征，剖析导致包容性市场制度改革难获成效的本质原因，并基于此在第三节提出相关建议。

一、个人为主、专业机构发展缓慢的投资者结构导致包容性体系下的资本市场自我调节机制失灵

理论上，在包容性的体系下，资本市场通过市场化的机制可以实现自我调节，进而实现内在稳定，并提升资源配置效率。譬如，在一级市场IPO发行定价过高时，投资者可通过拒绝打新等方式促使溢价新股暂停发行，并倒逼新股公允定价；在二级市场资产被过度炒作、存在估值泡沫时，通过价格机制、供给机制引导资金从高估资产流向低估资产，形成新的平衡。再譬如，在上市企业存在治理问题，导致经营难以为继或无法给投资者带来回报时，通过投资者交易、诉讼等手段推动企业退市，实现优胜劣汰，使市场资源聚集于优质企业。

然而，从以往情况来看，即便在具有一定包容性的市场化体制环境中，我国资本市场的自我调节功能仍未得到充分展现，“追涨杀跌”以及“炒新、炒小、炒差”的现象也一度存在。究其本质原因，还是在于投资者结构的失衡，即个人投资者占据相对主导地位、专业机构投资者力量较为不足。

我国资本市场当前仍体现出相对明显的“散户市”特征。根据Wind等数据计算，截至2023年底，A股流通市值中，个人投资者持仓占比达46%；同时根据证监会披露数据，2022年中小个人投资者交易金额占比约60%。而在美国、欧洲等成熟市场，一是机构持股占比高，譬如美国专业机构投资者（包括共同基金、养老基金、国外机构、保险机构、境外投资者等）持股占比接近80%，英国市场机构及企业持股占比接近90%；二是市场交易亦由机构主导，70%以上的成交量由机构投资者完成[1]。

而个人投资者往往会表现出以羊群效应为代表的行为特征，即观点形成及投资决策往往不基于对应公司的基本面及资金回报率，而在于周边参与者是否对特定信

[1]　杨宗杭，曹硕，杨琨，等.我国资本市场生态的特点、问题及优化路径[J].证券市场导报，2019（5）：4-13，21.

息或投资选择产生了群体共识。只要群体思维成立，纵使信息和决策结果并非正确，群体中的个体通过相互影响，亦会相信某个不正确的观点实际上是正确的[1]。

这可能会导致两个结果：一是对投资的决策非理性，二是在公共舆论事件中的强烈反应。前者导致资本市场无法立足公司实际对投资标的公允定价。这一方面加大了投资者保护的难度；另一方面亦不利于市场资源的高效配置，交易资金往往会持续聚集于高关注度的领域，纵使已经出现了估值泡沫，而实际需要融资或估值未反映公允价值的行业及公司却难以得到有效的支持及价值发现。

而就公共舆论而言，群体认知的羊群效应依托数字时代所提供的媒体渠道，通常表现为针对特定事件的强烈反应，特别是对于某些可能影响中小投资者利益的资本市场现象及政策变化。譬如，对于新股破发的舆情讨论等。这些舆情一部分确实反映了客观存在的资本市场问题，但亦有一部分是公众受自媒体等错误引导而出现的不理性情绪宣泄。

因此，由于个人投资者决策的非理性及公众舆论的强烈反应，以中小个人投资者为主体的资本市场在包容性制度的设置方面会面临一定的挑战。譬如，市场化的上市及发行定价机制可能会由于市场的非理性决策导致最后的定价结果难以反映创新公司的公允价值、损害资本市场的资源配置效率；立足创新企业家利益的宽松减持政策可能会导致企业家屡屡侵占中小投资者利益。同时，包容性的资本市场制度往往需要一定程度上聚焦创新企业及企业家利益的实现，这亦可能产生较大的舆论压力。

此外，个人投资者占比较高亦表明我国专业机构力量和能力相对缺失，而这也进一步抑制了包容性资本市场制度发挥应有效果的能力。

首先，需要提及的是，中小个人投资者所形成的羊群效应亦会作用于机构投资者。譬如主动型基金的基金经理，特别是在基金绩效考核周期偏短的情况下，主动型基金经理为追求短期的投资收益，其所关注的亦是市场的短期资金交易动向。同

[1] 伯顿·G.马尔基尔.漫步华尔街[M].张伟，译.北京：机械工业出版社，2012.

时，大涨行情亦会推动大量基民资金涌入新发基金。在短期考核机制和新增资金投资需求的推动下，主动型基金经理可能同样容易在中小个人投资者的羊群博弈中被“羊群”裹挟而作出非理性的投资决策。

另外从客观能力上看，机构投研定价专业能力亦有待提升。目前来看，我国中介机构及投资机构的定价能力均相对不足，导致基于市场力量的筛选及定价结果难以客观反映科技企业的价值。譬如，对于中介机构而言，在过往资本市场发展过程中，我国部分中介机构在投价报告环节持续有报高价的倾向，进而对投资机构报价产生错误的引导。而对于投资机构而言，目前国内机构投资者从业年限整体上相对较短，同时普遍成长于经济高增长、追求短期高收益的时代，在短暂且粗放的发展路径下，当前我国机构投资者对于科技公司基本面及中长期发展能力的判断能力亦有所不足。

其次，中长期资金的缺位导致市场在中小个人投资者缺失信心甚至出现恐慌时缺乏稳定器。如图7-4所示，根据Wind及中国证券投资基金业协会等数据计算，截至2023年末，我国社保基金及保险在A股自由流通市值中的占比仅为11%，相较于海外主要市场而言，中长期资金的占比仍然较低。同时，当前以公募基金为代表的机构投资者的考核周期仍相对较短，亦不利于机构形成中长期投资能力、在市场波动中发挥“压舱石”作用并为投资者创造长期回报。

因此，为保护个人投资者利益及提升资源配置效率，近年来监管部门持续加大对上市、定价、减持等各环节的监管力度。譬如，在上市方面持续完善《科创属性评价指引（试行）》等门槛标准；在发行阶段持续强化针对“三高”（高募资、高定价、高市盈率）现象的监管；在大股东、企业家变现层面亦设置了相对严格的减持限制。从结果来看，监管的成效较为显著。譬如，2024年3月，针对IPO上市，证监会发布《关于严把发行上市准入关从源头上提高上市公司质量的意见（试行）》，提出从严监管高价超募，提升中小投资者安全感；同年6月，证监会发布《关于深化科创板改革 服务科技创新和新质生产力发展的八条措施》，提出在科

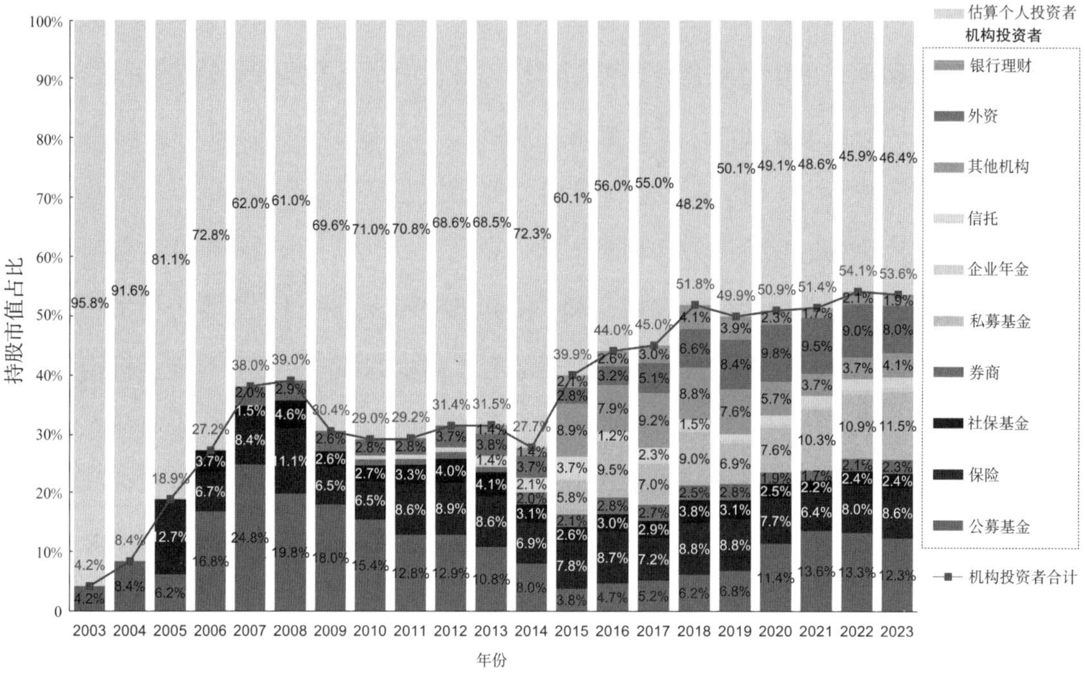

图7-4　A股自由流通市值中各类投资者持股市值占比

资料来源：Wind，中国证券投资基金业协会，国家金融监督管理总局，中国人民银行，中金研究院。

创板开展深化发行承销制度试点，包括调整新股定价高价剔除比例（由1%调整至3%），加强询报价行为监管，对频繁高报价机构从严采取资格限制等措施。据Wind统计数据，在此背景下，2024年3月以来上市的47家公司中，仅4家仍存在超募现象。

二、高度集中的企业控制权架构一定程度上限制了市场投资功能的实现，进而对包容性制度的持续深化改革形成阻碍

一个成熟健康的资本市场，不仅要为优质科技企业提供充分的资金支持，还应保障投资者可以通过长期投资获得合理回报。如果仅体现融资功能（持续提升融资规模）而忽视投资功能（缺少投资回报的实现），资本市场将会短期“抽血”过多

且无法吸引中长期的增量投资资金，进而丧失活力。从这个层面来看，若想让资本市场持续性地发挥面向科技企业的融资支持功能，构建能与融资需求相匹配的投资功能、打造投融资平衡的资本市场生态是重中之重。

注册制改革以来，多层次资本市场的持续完善及具备包容性的上市制度的推出进一步强化了我国资本市场针对创新企业的融资功能。根据Wind统计数据计算，2019—2022年全市场共实现IPO1575家，合计融资规模1.9万亿元（占2013—2022年的71.6%）。然而，随之而来的却是阶段性的投融资失衡问题，即资本市场包括分红、回购在内的整体投资回报与融资体量并不匹配。而投融资失衡问题一度导致资本市场流动性收缩，进而对整体市场活力形成压制。为尽快实现投融资平衡，我国监管部门在融资端改变了此前包容性持续提升的趋势，并阶段性地进行了逆周期调节，具体举措包括收紧企业IPO和再融资节奏、加强上市发行环节监管等。

为长期强化资本市场的科技金融功能，持续疏通创新企业的二级市场融资渠道，应进一步从投资端着手，明晰提升资本市场投资回报的堵点并针对性地从投资端施策发力。而在堵点方面，我国资本市场高度集中的企业控制权架构是上市公司忽视中小股东利益，同时难以通过分红等方式有效进行股东回报的重要原因之一。

我国的企业所有权是高度集中的。根据Wind统计数据，截至2023年底，以持股25%以上作为控股标准，近七成A股上市公司存在单一控股股东。相比之下，美国上市公司股权结构较为分散，同期美国上市公司中单一股东持股25%以上的仅占25%，单一股东很难对公司施加重大影响。此外，国有控股上市公司在我国资本市场上市公司中占的比重亦较大。相应地，高度集中的企业所有权也给我国企业的治理带来一些问题。

由于实际控制人同时拥有对股权、治理层和管理层的控制力量，其可以基于自身利益诉求影响上市公司的经营活动，因此，过度集中的控制权很可能导致大股东与中小股东之间的委托代理问题[1]。包括家族、个人在内的控股股东为实现货币性收益目标，可以通过关联交易等方式进行内部利益输送，或通过资本运作推高股价配合减持，进而损害中小投资者利益。而对于政府类控股股东而言，虽然其不会直接对中小股东进行利益侵占，但是由于政府股东、国有企业的生产经营目标多元，比如经济增长、扩大就业、提高税收收入等，所以在过往未明确强调市值管理要求的时期，政府类控股股东与中小股东的利益诉求并不一致，这也可能导致国有股东及国企管理者与中小股东的利益冲突问题[2]。

而从海外经验来看，相对分散的股权结构有助于倒逼公司控股股东及管理层强化公司治理、重视投资者利益。一方面，在内部治理方面，由于没有过于显著的“一家独大”现象，独立董事、机构投资者等资本市场参与者可以较好地实现监督作用；另一方面，较为分散的股权结构有利于构建相对活跃的控制权市场，而“门口的野蛮人”的存在亦会倒逼上市公司大股东聚焦提升中小股东利益以保护自身的控制权。因此，我国当前集中度过高的控制权架构给保护中小股东投资利益天然增加了难度。

此外，从分红流向来看，大股东持股比例高的上市公司结构导致资本市场大部分分红资金流向上层大股东而非直接回流到资本市场，某种程度上亦制约了分红回报对于资本市场投资端流动性改善的效果。

三、企业ROE较低亦拖累了市场投资回报率

查理·芒格曾说：“长远来看，股票的回报率和企业的ROE保持一致。如果某家企业40年来的ROE是6%，你在这40年间持有它的股票，那么你得到的回报率不会跟6%有太大的差别，即便你最早购买该股票时的价格比其账面价值低很多。相

[1] 陈德球，胡晴.数字经济时代下的公司治理研究：范式创新与实践前沿[J].管理世界，2022，38（6）：213-240.

[2] 李文贵，余明桂，钟慧洁.央企董事会试点、国有上市公司代理成本与企业绩效[J].管理世界，2017（8）：123-135，153.

反地，如果ROE是18%，那么如果你当时花了很大的价钱去买它的股票，你最终得到的回报也将会非常可观。”作为衡量企业盈利能力的指标，净资产回报率决定了资本市场的投资回报水平。

然而，我国上市公司的ROE水平近年来与海外主流市场仍存在一定的差距，客观上影响了资本市场的投资回报率及投资吸引力。据Bloomberg数据，2019—2023年，A股整体上市公司的平均ROE为9.2%，平均利润率为7.4%，其中，非金融类上市公司的平均ROE为8.2%，平均利润率为4.3%。而美股整体上市公司的平均ROE为12.6%，平均利润率为8.0%，其中，非金融类上市公司的平均ROE为13.2%，平均利润率为6.6%。2019—2023年A股及美股ROE与利润率的对比如图7-5所示。

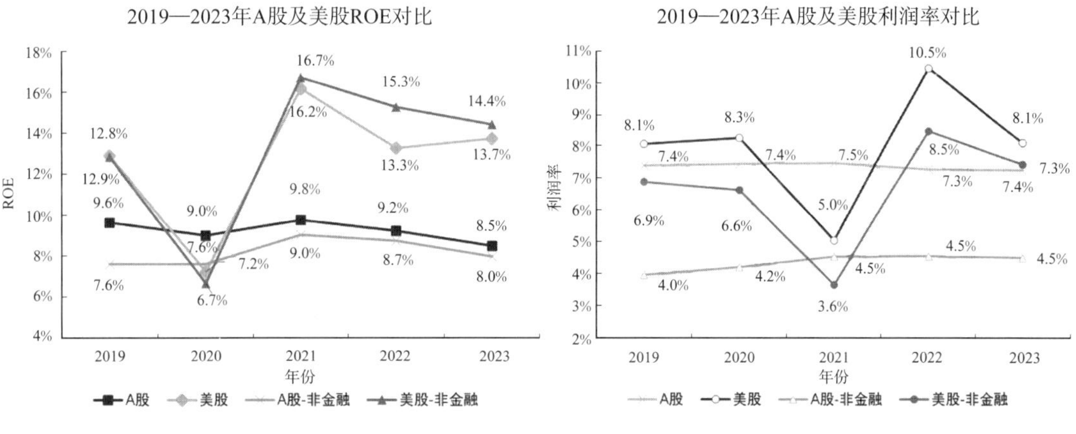

图7-5　2019—2023年A股及美股ROE与利润率对比

资料来源：Bloomberg，中金研究院。

究其原因，当前我国经济增速换挡及结构转型等周期性因素确实在短期内影响了上市公司的盈利能力，进而导致诸多企业回报股东的能力不足。然而，从长期影响要素来看，我国当前整体ROE中枢偏低更多是上市公司“老经济”[1]占比较高、海外收入占比较低、企业毛利率受制于价值链所处位置较低等多元因素所导致的综

[1]　“老经济”指金融、地产、能源、材料、公用事业和工业。

合结果[1]。而长期结构因素的存在导致我国企业ROE中枢难以在短期政策的影响下快速提振，亦在投资端阻碍了当前包容性制度的深化改革，并影响了包容性制度改革的短期效果。

[1] 刘刚，王汉锋. 中金：中美上市企业盈利对比[EB/OL].（2022-09-15）[2024-10-10]. https://mp.weixin.qq.com/s/hclFvyC49CiB6Q1Kf-PdbQ.

第三节

对于夯实包容性制度改革基础的建议

一、投资者结构：进一步撬动公众的监督力量实现反欺诈监管；强化机构投资者能力，完善公允定价体系

反欺诈是投资者保护的核心，亦是股市长远发展的基石。这是因为，资本市场是典型的外部规模经济，整个资本市场的健康运行有赖于各类机构在市场的不同环节中发挥各自的功能，而其根基在于通过真实的信息对风险进行定价。如果信息的真实性无法得到有效保障，资本市场的正常运作将受到严重阻碍，投资者的利益保护也将无从谈起。

而对于科技金融而言，由于其所面临的信息不对称问题更为严重，这使得反欺诈工作显得更加重要。由于科技金融通常涉及复杂的技术架构、创新的金融产品以及海量的数据处理，信息的不对称性体现在技术水平、金融产品等多个方面。这种信息不对称可能导致市场误导、投资决策失误，甚至引发系统性风险。因此，建立健全的反欺诈机制，确保信息的透明和真实，也是保障科技金融市场稳定与投资者权益的关键举措。

在具体措施上，立足我国当前以中小个人投资者为主的投资者结构以及数字经济时代所提供的媒体工具，监管机构可着眼于撬动公众的力量，依托对舆论信息等的合理调查，完善对企业及机构的外部监督机制，进而强化投资者保护。

首先，不应简单地将媒体层面所呈现的负面舆情一概而论地视作“洪水猛兽”，进而对重大舆情采取“一刀切”的过于严苛的监管措施，这可能会损害资本市场效率。近年来，A股重大负面舆情很多是由自媒体最早爆出并传播开来的；自媒体分散化、自下而上的内容生产和传播模式意味着杜绝负面舆情几无可能。在此

情形下，以发行定价为例，若对发行价监管过严，不但难以完全规避新股上市破发的舆情风险，还有可能因压低优质科创企业上市意愿而引发新的舆情风险。同时，也会使得部分投资者形成“监管部门兜底”预期，不利于其形成审慎打新意识并提升投资能力，在长期亦更不利于对中小投资者的保护。

自媒体的信息有真有假，因此应当对负面舆情背后所反映的情况进行快速且彻底的调查。若负面舆情所反映的情况是真实准确的，应立即对相关发行人及中介机构进行严格处罚，以打击资本市场欺诈活动、维护投资者信心；若负面舆情所反映的情况与事实真相存在明显的偏差，则应及时公布调查结果，并对虚假消息来源进行打击，确保新媒体能够真正赋能资本市场公众监督，推动资本市场数字监督的健康有序发展。

仍以发行定价为例，对于是否应该对新股破发舆情进行大力干预，要具体问题具体分析。如果新股破发的负面舆情中涉及欺诈行为，则监管部门需要通过集体诉讼、罚款等手段对欺诈主体进行严格惩处，以保护中小投资者合法利益；如果新股破发的负面舆情中不涉及欺诈行为，投资者损失主要是由其投研能力不足、参与概念炒作等导致的，对于此类负面舆情，监管部门应当适当减少干预，否则将进一步加剧股票市场的炒作动机和氛围，不利于投资者形成自负盈亏、长期价值投资理念，也不利于资本市场发挥有利于促进创新的筛选效应。从新股破发的实际数据来看，2023年A股及科创板的破发率均为30%左右，已经远低于同期港股及美股60%以上的破发率水平（见图7-6），我国对于新股破发的管理成效已显著好于海外主要资本市场。

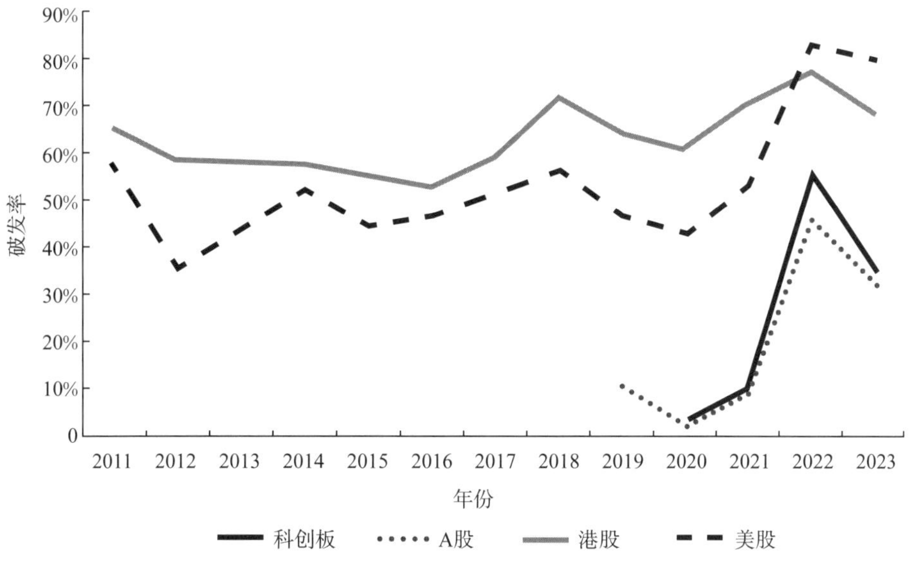

图7-6　2011—2023年A股、港股、美股及科创板破发率对比

资料来源：Wind，中金研究院。

而在机构能力层面，一是应进一步引导中长期资金入市，强化中长期机构投资者力量；二是利用监管手段及市场多空机制倒逼机构投资者合理、审慎地参与定价。

当前，中长期资金入市的过程中，一个较为显著的障碍在于考核机制上的局限性，这种局限性主要体现为过于注重短期表现。即使对于那些拥有长期负债特性的机构，如保险公司和年金管理机构，由于缺乏一个鼓励“长钱长投”的考核环境，它们往往难以充分适应权益资产固有的波动性。这导致在实际操作中，这些机构有时会在交易层面表现出对短期收益的过度追求，比如“追涨杀跌”等行为，这在一定程度上偏离了中长期投资的理念。以保险机构为例，尽管监管部门近年来持续放宽对于保险公司投资权益类产品的比例限制，但保险资金投资股票及基金的比例持续徘徊在10%～15%之间，并未出现明显增长，短期的考核机制或许是权益投资占比难以提升的牵制因素之一。

为引导保险公司强化长周期考核，2023年10月，财政部发布《关于引导保险资金长期稳健投资 加强国有商业保险公司长周期考核的通知》，要求国有商业保险公司在绩效评价中实施3年长周期考核，将“净资产收益率”指标由“当年度指标”调整为“3年周期指标+当年度指标”相结合的考核方式，即3年周期指标和当年度指标权重各占50%。整体而言，引入3年周期的考核指标有助于提升保险公司参与权益投资的积极性及资金交易的稳定性。然而，考虑到保险公司总量规模大，且当前扩表增速较快，当前50%的当年度指标考核比重仍会导致短期市场波动对保险公司绩效产生较大影响。可考虑进一步提升保险、年金等资金的3年以上长周期考核的比重，从而更好地鼓励保险资金进行长期稳健投资。

此外，应进一步完善针对公募等资管机构的考核机制，在投资策略层面引导长期投资，譬如对基金机构的评价和排名应基于机构及产品长周期的投资收益率（投资者实现盈利的多寡）而非其管理的资产规模，并采取监管措施限制“风格漂移”“高换手率”“高价打新”等博取短线交易收益的行为。同时可要求资管机构持续强化对投资者的教育，譬如提升投资者对权益类基金特别是指数基金的认识和理解，引导其形成长期投资、价值投资的理念，争取从资金端提升投资的稳健性。

在机构能力提升方面，相较于当前社会讨论更多的引导、鼓励机构投资者提升主动管理能力，更为有效的是利用监管手段及市场多空机制倒逼机构投资者合理、审慎地参与定价。一方面，监管部门可借助数字时代的公众监督力量进行事中事后的监管，并立足实际反欺诈调查结果对涉及欺诈行为的中介机构、投资机构等主体进行惩处，依托媒体公众挖掘、清理展业不合规的劣质机构。另一方面，应强化市场的多空博弈力量，倒逼机构投资者审慎评估发行报价，并在此过程中持续强化投研能力。以美国为例，依托丰富的二级市场做空工具（如融券、期货期权、做空基金、ETF做空等）及完善的做空机制，美国新股发行定价博弈充分，即使监管并未对承销商的自主定价权及配售权进行直接管理，美国资本市场中新股定价仍较少出现偏离程度过高的问题[1]。当前我国资本市场出于对中小投资者的保护，以及考虑到做空相关法律法规仍有所欠缺，个股做空工具仍相对单一（仅融券），对于新股更是难以实现多空博弈，由于空头力量较小，市场化定价自发性会存在过于乐观的偏向。因此长期来看，进一步丰富做空工具对于提升市场化定价的有效性很有必要。

二、大股东结构：完善以独立董事为代表的公司治理模式，聚焦引导与支持企业回购提升股东回报

在防范大股东对中小投资者的利益侵害方面，除前文提及的持续聚焦反欺诈监管、撬动公众监督力量等外部监管手段外，还可通过完善以独立董事为代表的公司治理模式来强化上市企业的内部监督机制。

独立董事由于与其所受聘的上市公司及其主要股东、实际控制人之间不存在直接或者间接利害关系，一直以来都是公司内部监督中的重要组成部分。然而，我国企业的独立董事的监督功能尚未充分发挥。一方面，我国独立董事的提名与选举流程通常由董事会提议并经股东大会决定，此过程中大股东及高层管理人员的影响力较大，可能导致基于关系的任命，进而影响独立董事的独立性和其维护中小股东权益的初衷。另一方面，在激励机制方面，我国对独立董事的激励机制仅有原则性规定，且企业独立董事更多由已有外部本职工作的人员兼任，因此其薪酬往往较为固定，缺乏足够的激励，而激励机制的缺位会进一步导致独立董事缺乏积极行使监督权的动力。

针对当前独立董事机制所存在的问题，可考虑通过优化独立董事选拔机制进一步提高独立董事独立性，还可考虑通过完善独立董事的约束及激励机制来提升独立董事的积极性。

[1]　发行定价的评价标准基于股票上市最初13天的股价涨幅，若上涨幅度在5%～20%之间，则认为定价较合理；若涨幅小于5%，则认为定价过高；若涨幅大于20%，则认为定价存在明显低估。

独立性方面，一是可参考美国董事协会的“董事登记候选计划”，构建投资者保护机构代理中小股东提名独立董事的机制，确保中小股东有权介入乃至主导独立董事的选拔过程，进而选拔能够代表中小股东利益的独立董事。二是可考虑通过设立独立董事基金（由第三方机构管理）负责薪酬发放，以强化独立董事的独立性及待遇安全性。譬如，美国及英国均由投资者保护基金负责管理独立董事基金，上市公司需按照已确定的独立董事薪酬标准向该基金账户预存资金，然后由独立董事基金实行薪酬发放。

积极性方面，一是在薪酬发放由第三方机构负责的前提下，可通过固定与浮动相结合的薪酬机制激励独立董事积极行使监督权，基于工作量、职责履行程度等提供绩效奖金。二是可进一步强化独立董事的惩罚机制倒逼其履行职责。譬如，可借鉴日本公司治理经验，建立完善的独立董事考评指标，如对独立董事业绩进行量化，参考指标可包括董事会的投票次数、反对次数等，并设置相应的及格标准及惩处措施，以敦促独立董事履行勤勉义务。

在提升上市企业对于投资者的回报方面，后续政策应聚焦于强化回购引导、提升企业回购意愿及能力。

近年来，在政策引导下，我国分红规模显著提升，而相较之下回购规模却极为不足。2023年，我国A股市场合计分红规模已达2.2万亿元[1]，而回购规模仅900亿元，分红规模约是回购规模的24倍。与海外发达资本市场相比，回购占比仍显著偏低（美国回购规模持续远大于分红规模，日本每年的分红规模则仅是回购规模的2倍）。这背后的原因包括作为A股市场主体的国有企业过往市值管理的意愿相对不足，且采用分红更能够满足政府股东资金需求，同时民营创新企业受制于净现金流相对匮乏，回购能力不足。

然而，回购较分红在市场流动性改善及情绪催化方面或具有更显著的效用。由

[1] 王震.证监会：上市公司2023年度分红2.2万亿元 创历史新高[EB/OL].（2024-09-24）[2024-10-10].http://finance.people.com.cn/n1/2024/0924/c1004-40327007.html.

于集中度过高的股东结构现状，我国上市公司分红资金难以直接流入市场进行再投资，不利于市场流动性的持续补充；而回购则主要针对市场自由流通股（相当于向不看好公司发展的股东定向收购其股份），对市场资金的回补更为直接，亦更有利于股价的长期实现。

因此，后续政策应聚焦强化回购引导。从具体举措来看，对于国企可进一步明确市值管理要求，倒逼其提升回购意愿。譬如，在当前要求建立常态化回购机制的基础上，根据公司的经营情况，针对回购的频次、规模等进行明确引导。而对于民营及创新企业，更重要的则是强化其回购能力，譬如可积极利用央行定向货币工具、政府财政税收支持等工具提供低成本现金和降低回购成本。

此外，需要提及的是，尽管推动各级企业通过分红及回购的方式强化投资者回报是维护资本市场投融资平衡的必要措施，但在具体实施时需注意对企业分类施策。比如，对于创新科技企业，鉴于其短期发展对资金的迫切需求，在分红及回购的相关政策方面应展现出包容性，重引导而非强制，并强调企业应量力而行，最终在推动资本市场内在稳定发展的同时亦保证科技企业的发展能力。如前文所述，资本市场通过为创新企业家提供价值变现渠道，可以提振创新企业家支持企业发展的动力。对于具备创新发展精神的企业家而言，企业家激励与投资者利益更多是相辅相成的关系。以减持为例，企业家的股票价值取决于其所经营企业的经营情况及发展潜能，而企业的发展空间在根源上则取决于企业家自身的努力。因此本质上若企业家想要获得更高的回报，其理应为企业经营及长期发展作出更大的贡献。因此，在完善大股东监督机制的基础上，为了进一步提振优质企业家的创新意愿及动力，未来可以考虑适度降低减持门槛，譬如减少锁定期限制、放松减持比例限制等。

三、投资回报层面：在短期通过构建体系化的平准基金机制提振市场情绪；在长期通过完善退市机制优化优胜劣汰生态

企业整体的盈利能力改善需要久久为功，为改善投资者情绪、提升市场投资吸引力，在短期可通过构建体系化的平准基金机制，从政府端为市场注入增量流动性，改善市场回报；而在中长期应当进一步完善退市机制，推动市场优胜劣汰，提升整体上市公司质量。

平准基金作为政府为平抑股市非理性波动而推出的重要政策性金融工具，过去市场对其已有较多讨论，我国政府资金过往在市场非理性下跌时亦几度采用“类平准基金”的方式，通过筹措资金下场救市，帮助市场回归正轨。譬如，2015年股市大幅波动时中央汇金公司宣布购入蓝筹ETF及增持四大国有银行股份，证金公司牵头国内大型券商出资买入股票；2023年股市震荡下中央汇金公司宣布增持四大国有银行股份和ETF，一度推动上证指数短期快速反弹（见图7-7）；等等。

图7-7　中央汇金公司历史增持情况

资料来源：Wind，证监会，中金研究院。

然而，虽然我国国有资金（如汇金、证金、社保基金等）作为平准工具下场救市的情形并不罕见，但以汇金、证金为代表的平准力量的运营模式缺乏透明度，这在一定程度上限制了平准基金对市场情绪的提振效果。理论上讲，由于中小个人投资者相较机构投资者更易受市场情绪引导，平准基金通过传达“政府托底”的预期，可以为中小个人投资者占比高的市场注入更为显著的强心剂。然而，我国平准基金当下公开性及透明性相对较弱的运营模式导致其无法在救市时期通过明确的信息传导管理市场预期、提振投资者信心。此外，尚未体系化的国有资金增减持逻辑或促使投资者盲目猜测“国家队”交易预期，拉高市场风险溢价，不利于中长期增量资金的引入。

因此，在推动平准基金制度推出的基础上，我国后续平准基金工具的设立应匹配明确的机制规则，包括清晰披露入市标准、时点、金额、投资产品等，以提升信息传导效率并更高效地管理市场预期。譬如，可基于特定点位或区间市场下行幅度设定平准基金的入市时点，并给予明确的投资规模预期（参考海外历次平准基金救市规模，具备成效的救市资金规模约占当时整体市场市值的3%～6%）；而在投资产品方面，相较于过往投资于大盘ETF及国企为代表的蓝筹个股的模式，后续平准基金的操作策略应适度转向中小板块及战略性产业的股票（尤其是科技企业），一方面，该部分股票市值较小，能够起到以相对少量的资金提振情绪的“四两拨千斤”作用，另一方面，亦有助于引导市场资源聚焦创新企业投资。

退市制度方面，近年来我国监管机构持续优化退市制度，并在提升上市公司质量方面获得了一定的成效。2020年12月，上交所、深交所发布退市新规，健全多元化退市标准，强化退市执行，构建起交易类、财务类、规范类和重大违法类四类强制退市指标体系。2023年2月全面实行股票发行注册制改革后，退市制度进一步完善，新增了对红筹企业交易类退市情形的特别规定。2024年4月，证监会发布《关于严格执行退市制度的意见》，随后沪深两市、北交所进一步修订《股票上市规则》，优化完善退市标准，交易类、财务类、规范类与重大违法类强制退市标准全面趋严，旨在通过持续深化退市制度改革的方式，加快形成应退尽退、及时出清的常态化退市格局。在退市制度持续改革的背景下，我国退市企业数量、退市率不断提升。从数据上看，2012—2023年，A股退市企业数量从3家增长至45家，退市率由0.1%增至0.8%（见图7-8左）。2024年1月至8月，A股已退市个股为44家，退市率为0.8%，其中有14家是在7月退市，退市的节奏进一步加速。

然而，相较海外主要资本市场，我国资本市场目前整体退市率及自愿退市比例仍然较低，尚未完全建立起优胜劣汰的市场氛围。譬如，在退市率方面，美股2023年的退市企业数量达678家，退市率为12.1%（见图7-8右），仍远高于我国资本市场的退市率。在自愿退市方面，截至2022年，纳斯达克证券交易所和纽约证券交易所自愿退市比例分别达到64.0%、85.8%，而A股自愿退市比例仅为23.2%。

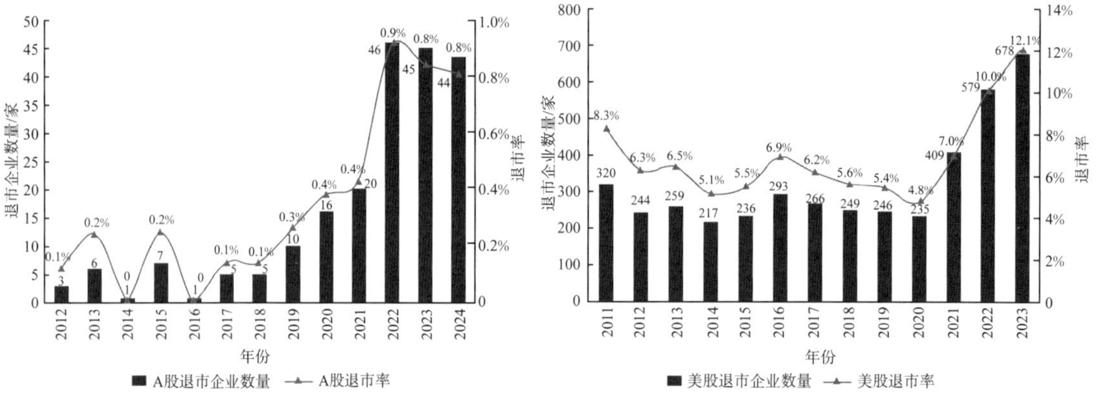

图7-8　A股与美股退市企业数量及退市率对比

资料来源：Wind，Bloomberg，中金公司研究部。

注：2024年数据截至2024年8月1日。

为提升整体上市公司质量，结合我国实际情况，建议进一步从退市指标体系、退市规则及流程方面完善退市制度体系。

一方面，进一步健全多维度退市指标体系，畅通退市渠道。目前，我国强制退市标准对于公司治理、违法违规退市等定性指标的重视程度仍有待加强，未来可通过纳入违法股东大会召开、非公允关联交易侵蚀公司利益等情形完善公司治理层面的退市指标。此外，我国当前违法违规退市指标主要集中于财务造假，未来应细化除财务造假外的其他重大违法退市指标。

另一方面，完善退市规则及流程，提高退市效率。比如，可推出退市整理期制度，并相应明确具体的时间期限和操作程序，上市公司内部自主决定是否进入退市整理期，交易所对其决定作出相应的安排，以此来降低公司重组成本，并防止投资者以投机为目的进行退市公司的股票交易。其次，可以建立保荐人终身负责制度，该制度最初由英国证券市场创立，其主要目的是确保证券市场能够有效运行。上市公司需要由保荐人负责，以确保该公司自上市以来始终满足各项指标标准；如果不满足，则该公司股票将不得进行交易。此外，应当通过精简退市办理材料等措施降低主动退市成本，并做好退市过渡期内信息披露的衔接，保障投资者知情权。

Chapter 8

第八章

发挥境外资本市场对我国科技企业的支持功能

20世纪90年代初期，我国经济快速增长，但境内市场资本不足，外汇稀缺，而且A股IPO财务门槛较高，制度不完善，名额有限，无法满足大量企业的融资需求[1]。对比之下，境外市场资本充裕，制度成熟，上市和再融资相对便利，对科技企业较为友好[2]。因此，以1992年华晨汽车赴纽约证券交易所上市和1993年青岛啤酒赴香港交易所上市为开端，我国境内企业开启了奔赴境外资本市场招股融资的历史。多年来，境外资本市场为中国企业提供了广阔的融资舞台，以阿里巴巴、腾讯为代表的一大批优秀互联网科技企业在境外成功上市，成为中国企业的闪亮名片。

今天，A股市场有了充足的资金，科创板允许同股不同权和未盈利的科技企业上市，因此有人认为不必鼓励科技企业去境外上市。事实上，我们认为境外资本市场依然能扮演A股不可或缺的互补角色，有利于我国科技企业的长远发展。不过，在当前的地缘政治和经济局势下，境外市场和资金环境发生了深刻的变化，对科技企业境外融资提出了新的挑战。

那么，为什么境外资本市场对我国科技企业依然重要，目前赴境外融资面临哪些挑战，如何继续发挥境外资本市场的功能，这些是值得我们关注的重要问题。回答这些问题，能帮助我们深入理解如何利用好“两个市场”“两种资源”，使境外资本市场成为构建我国“双循环”发展格局的有机组成部分。本章将侧重于对境外私募股权和股票市场展开深入讨论。

---

[1] 易宪容，卢婷.国内企业海外上市对中国资本市场的影响[J].管理世界，2006（7）：4-14，33，171.

[2] 胡海峰，陈明哲.关于我国优质企业境外上市的思考[J].经济纵横，2016（3）：85-91.

第一节

境外资本市场对中国科技企业发展起到重要作用

一、香港是内地企业的最大境外融资市场

相较于纽约、伦敦等欧美市场，中国香港是内地企业境外上市的首选之地。独特的地缘优势和“一国两制”政策赋予了香港无可替代的离岸市场地位。

香港拥有高度自由化和国际化的市场，建立了符合国际标准的法律体系和监管规则及与美元挂钩的联系汇率制度和资金进出便捷的外汇管理体制。这使香港自20世纪90年代以来便受益于全球化资本流动，成为内资“走出去”和外资“引进来”的核心枢纽，扮演了中国与世界经济的“超级联系人”角色。香港市场的繁荣离不开内地企业的积极参与和踊跃上市，它通常是内地企业走向国际市场的第一站。早在1992—1994年，就有两批国有企业被选作试点赴港上市，旨在通过严格规范公司治理和经营机制，接轨国际市场，为初期社会主义市场经济建设打造现代企业制度样本[1][2]。2009年至今，香港市场有7年位居全球IPO集资地首位，上市企业数量逐年提升，主体是内地企业。背靠庞大的内地企业资源，香港得到了国外投资者的高度关注和大量资金输入。如图8-1所示，在2014年之前（2009年除外），香港股市的境外流入资金都远远多于内地向境外流出的资金，这说明香港股市的大部分境外资金来自其他国家或地区，海外投资者在其中占主导地位。

另外，香港资本市场对中国内地经济较为熟悉，投资者和分析师更容易与企业管理层沟通、认同企业价值。这个“主场效应”（home market effect）是不少境内

[1] 陈永昌.步入国际证券市场：中国企业海外上市的历史发展[J].中国投资与建设，1995（4）：15-18.

[2] 许国平，葛蓉蓉，何兴达.论国有银行股权转让的均衡价格：对“贱卖论”的理论回应[J].金融研究，2006（3）：16-22.

企业选择香港作为境外上市首选地的重要考虑因素[1]。早在1991年，港交所就谋划“中国板”，寻求境内企业赴港上市[2]。

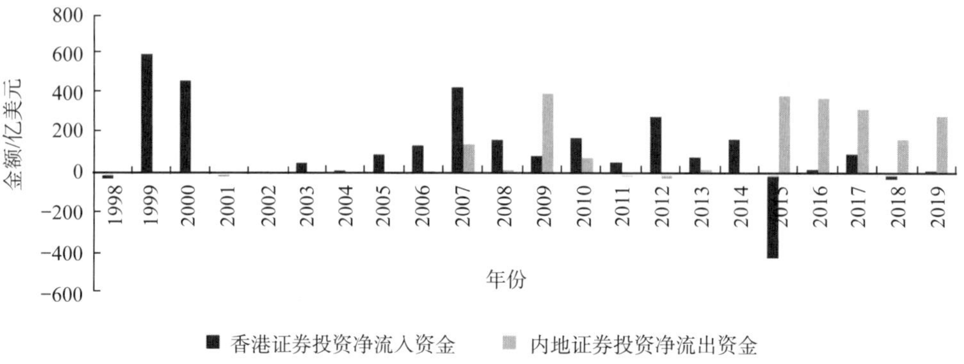

图8-1　1998—2019年中国内地和香港的权益证券投资国际收支情况

资料来源：CEIC，IMF，中金研究院。

2002年以来，合格境外机构投资者（QFII）、合格境内机构投资者（QDII）以及沪港通、深港通、债券通、内地与香港基金互认安排、粤港澳大湾区“跨境理财通”、ETF通等机制相继落地，香港离岸市场与内地在岸市场的互联互通持续深化，资本流通愈发通畅。特别是2014年底，互联互通机制开启，极大地推动了两地金融市场的双向开放。经过不断优化和扩容，港股通为内地投资者配置港股搭建了新途径，北向通也成为国际投资者通过香港进入内地市场的主要桥梁，双向交易规模和影响力持续提升。南向资金占港交所交易量的比重近五年来显著提升[3]，大幅增加了香港市场的流动性，扩大了其吸引力。

为了适应科技创新的特点，吸引科技企业来港上市，港交所近年还对标美国对上市规则进行了大刀阔斧的改革。2018年《香港联合交易所有限公司证券上市规则》新增第8A章、第18A章和第19C章，第8A章和第18A章分别允许同股不同权架

[1]　巴曙松，巴晴.改革上市架构 香港资本市场发挥科技创新孵化器功能[N].中国证券报，2017-12-27（A03）.

[2]　陈永昌.步入国际证券市场：中国企业海外上市的历史发展[J].中国投资与建设，1995（4）：15-18.

[3]　周东平，姚泽宇，樊优.香港交易所：预计3Q24盈利同比+7%/环比持平[R].北京：中金公司，2024.

构企业和未盈利的生物科技公司上市，第19C章欢迎海外主要上市企业来港二次上市；2023年设第18C章允许未商业化的特专科技公司上市，将诸多行业列入其中，并豁免了常规的财务要求。

二、境外资本市场是中国科技企业重要的融资渠道

港美股市场多年来为内地企业提供了充裕的资金。1993—2023年，内地企业在这两地IPO和再融资募集的资金总额约为9.6万亿港元，相当于A股累计募资额的46%；2023年底在港美股上市交易的股票为1713只，约为A股数量的32%（见表8-1）。尤其是近三年来，越来越多原来赴美上市的企业回到香港二次上市，甚至将香港列为主要上市地。截至2023年底，在整个港股市场，内地企业数量占比55%，募资总额占比67%，总市值占比76%[1]。2024年8月的数据显示，港股中资企业中，信息技术、通信业务、医疗保健和工业领域的公司数量占比46%，美股中资企业中的该比例为44%（见图8-2）。

表8-1　在三地上市的中资企业统计（截至2023年底）

中资企业	内地A股	港股	美股
1993年来累计筹资额	16.64万亿元人民币	8.31万亿港元	0.16万亿美元
市值	77.6万亿元人民币	23.7万亿港元	0.878万亿美元
数量	5335只	1447只	266只

资料来源：国家统计局，深交所“国内证券市场数据”，港交所，同花顺，Bloomberg，中金研究院。

注：1.假设美元对港币的汇率为1：7.8，港币对人民币的汇率为0.8：1。数据查询日期为2024年8月1日。2.内地A股包含北交所。3.美股的筹资额数据来自Bloomberg，包含了已退市股票；但上市公司数量和市值数据来自同花顺，只统计目前仍在交易的公司。4.此处上市数据不包括OTC市场。5.内地A股筹资额数据来自历年《国民经济和社会发展统计公报》，股票数量的数据来自深交所“国内证券市场数据”。

[1]　资料来源：港交所《2023年市场统计数据》，Wind。内地企业包括H股企业、红筹架构企业和内地民营企业。

除了融资规模大，在港美股上市的资金成本也较低。研究表明，2000—2021年整体而言美国中概股的股权成本为6.5%，比A股低1%，债权成本则低1.3%[1][2]。剔除其他因素后，相比在A股上市，同一家企业在港美股上市的股权成本低1.6%，加权平均资本成本（WACC）低2%。

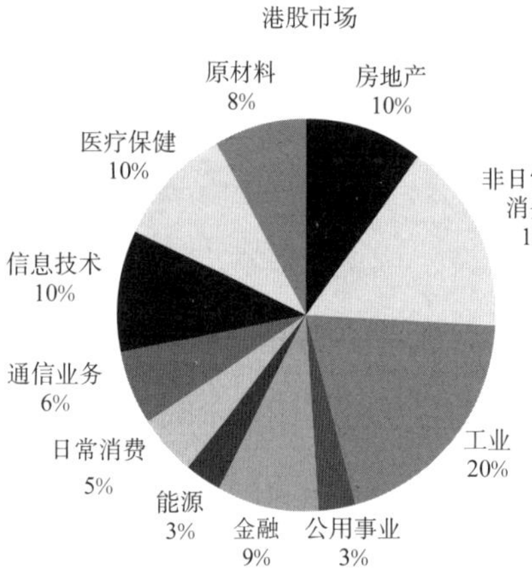

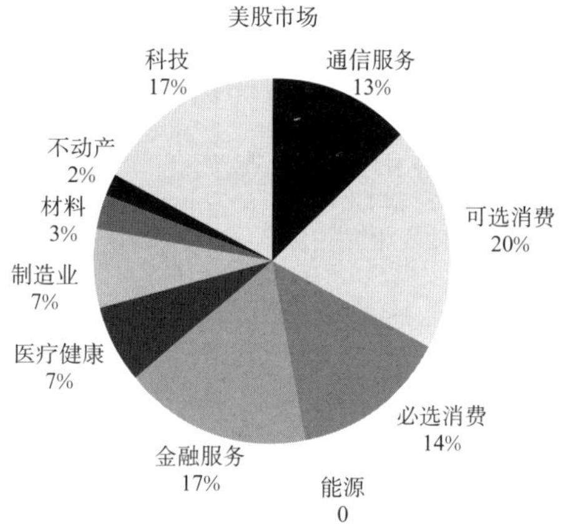

图8-2　港美股不同产业的中资企业数量占比

资料来源：同花顺，Stock Analysis，中金研究院。

注：数据截至2024年8月1日。

另外，众多境外投资者经由香港投资内地的人民币金融资产，也会给A股科技企业带来增量资金。截至2023年末，境外机构和个人持有的中国境内股票总量为2.79万亿元[3]。其中，北向资金有22%的仓位在医疗保健、信息技术和电信服务等科技属性较强的产业里；反过来，35%南向资金仓位放在这些产业的股票上（见图8-3）。

[1]　The Committee on Capital Markets Regulation. U.S. Listings by Chinese companies: assessing the benefits to U.S.investors and Chinese companies[R].Cambridge MA: the committee on capital markets regulation，2023.

[2]　这里的股权成本和债权成本不是发行股票、债券和贷款的手续费。股权成本是指公司为获得和保留股东投资所需支付的回报率，包括股东期望的分红收益和资本增值率；债权成本是指借款利率。

[3]　资料来源：中国人民银行。

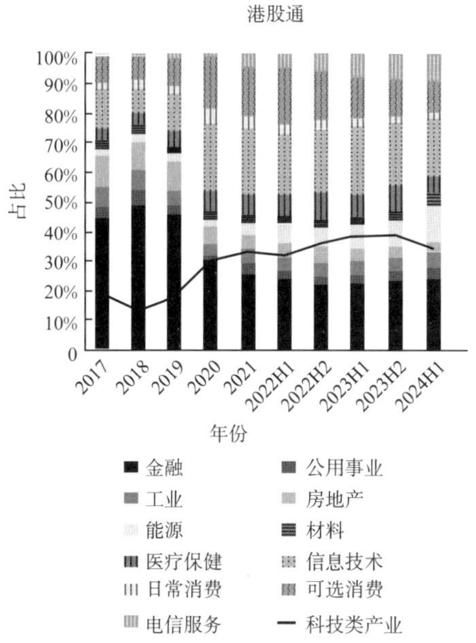

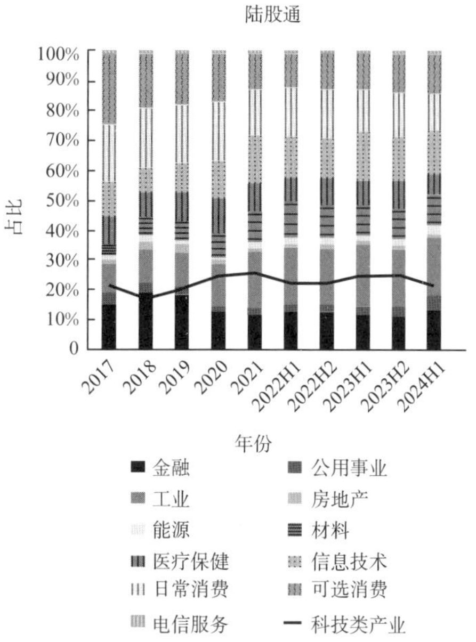

图8-3　港股通和陆股通的资金持仓产业分布

资料来源：Wind，中金研究院。

注：此处科技类产业是指医疗保健、电信服务和信息技术产业。也有一些科技公司在可选消费产业里，但不易区分出来，故不认为可选消费产业属于科技类产业。

三、境外上市对我国科技企业发展仍有重要意义

第一，促进内地企业国际化，拓展业务。首先，境外上市是对照国际标准，改善公司治理的过程。早年有大量国有企业需要通过境外上市，按境外监管机构、分析师和投资者的监督和要求，更严格地规范企业公司治理、经营运作、信息披露等机制，对社会主义市场经济建设初期国有企业打造现代企业制度具有示范改革意义[1][2]。其次，境外上市起到了广告效应，增加了证券分析师关注度和媒体报道，获得了更多的投资者基础和国际关注[3]。自2022年起，国内有不少科技企业积极申报赴欧洲二次上市，一个重要原因是接触多元化的海外专业投资者，向投资者展示

[1]　陈永昌.步入国际证券市场：中国企业海外上市的历史发展[J].中国投资与建设，1995（4）：15-18.

[2]　许国平，葛蓉蓉，何兴达.论国有银行股权转让的均衡价格：对“贱卖论”的理论回应[J].金融研究，2006（3）：16-22.

[3]　BAKER H K，NOFSINGER J R，WEAVER D G. International cross-listing and visibility[J]. The journal of financial and quantitative analysis，2002，37（3）：495-521.

公司亮点，为业务国际化打下基础[1]。例如健康元等医药公司选择瑞交所，而瑞士正是诺华、罗氏等知名医药巨头所在地。最后，企业可以将所募资金留在境外，直接用于国际展业，节省了境内资金汇出的交易成本。我国动力电池产业链企业纷纷申报赴欧洲上市，募资的重要用途就是在当地扩建产能[2]。

第二，境外资本市场给了科技公司更多成长机会，也有助于分散对中国科技公司的投资风险，从而降低股权融资成本。科技创新是一个有较高风险的过程，即使上市成功，企业在后续经营过程中同样面临着技术变革、优胜劣汰的激烈竞争，没有哪家公司能保证“基业长青”，而当前亏损的“丑小鸭”也未必不能变成“白天鹅”。因此，社会需要专业的金融机构和资本市场来识别、筛选和监督不同能力的创新者，分散投资风险。不论哪个国家的监管机构，都无法依靠自身设置审核准则来评判一家科技企业上市后的回报潜力和风险，所以我们要将审核制改为注册制，让资本市场来给予机会以长期检验[3]。境外资本市场为科技企业提供了另一扇窗口，让暂不满足境内上市条件的公司有机会去境外获取发展的资源。这实际上也给公司现有股东创造了分散风险的渠道，因为境外上市为公司提供了流动性，也给予股东退出机会，公司还可能在新市场上获得更高估值。由此，境外上市减少了投资公司的风险溢价，降低了股权融资成本。

第三，港美股市场有成熟的法治保障、长线的价值投资者和完善的做空机制，市场的有效程度较高，有助于筛选和奖励真正优秀的科技公司。只要信息披露制度完备、法治有力，做空机制就能够在一定意义上加强资本市场监督的有效性。信息披露促使更多信息融入股价，减少投机炒作，从而增强市场的价格发现功能[4][5]。

---

[1] 石恩泽.中企扎堆GDR为“名”不为“利”，德交所有望成为下一个热门之选[EB/OL].（2022-11-11）[2024-10-10].https://www.21jingji.com/article/20221111/herald/f1f48538cb4b8048a8345ff91cd50e2c.html.

[2] A股上市公司“出海记”：11家企业GDR融资近40亿美元，新能源企业扎堆瑞交所[EB/OL].（2023-03-06）[2024-10-10].https://www.163.com/dy/article/HV51G50S0519QIKK.html.

[3] 张维.我们究竟需要什么样的资本市场[N]. 经济观察报，2024-09-02（10）.

[4] 赵庆明，郭孟.做空机制对资本市场意味着什么[N].上海证券报，2015-07-15（9）.

[5] 宋澜，滕玉琳，彭鲁军，等.证券市场的“浑水式”做空：境内外实践与监管选择[J].证券法苑，2020，30（3）：377-401.

第二节

香港市场对科技企业的吸引力下降，部分海外资金流出

一、香港市场的当前问题是交易量和估值偏低，“超级联系人”的传统比较优势减弱

香港一直是内地企业境外上市的主要目的地，尤其在当今的地缘局势下，这个境外市场尤为珍贵。可是相比内地和美国，近年来香港市场的缺陷凸显且比较优势减弱，对科技企业的融资吸引力明显下降。

香港市场的缺陷在于相比A股和美股，其交易量和估值都偏低。长期以来，港交所的日均交易额不足200亿美元，而上交所近年来达到500亿美元，纽交所更是超过1000亿美元[1]；恒生指数的市盈率不超过20倍，近三年不足15倍，低于沪深300和标普500指数市盈率（见图8-4左）。代表科技企业的恒生科技指数设立后，与纳斯达克中国金龙指数市盈率相近，但依然显著低于创业板指数和科创50指数市盈率，近年来更是一路回落（见图8-4右）。即使是同一只股票，两地交易的AH股溢价指数长期高于100，近年来不断攀升到140[2]。

过去的多年里，由于香港具有“超级联系人”的地位，它是海外机构投资中资股票、分享中国经济增长的核心站点，是内地资金出境的桥头堡，也是中国互联网科技企业境外上市的主要选择。不过随着内地资本市场的改革开放，这个“超级联系人”的传统比较优势减弱。其一，海外资金既可通过合格境外机构投资者制度直接进入A股市场，也可借道陆股通，并不一定需要投资于港股才能获得内地优质资产；反过来，内地投资者可通过合格境内机构投资者制度直接投资境外股市。其

[1] 资料来源：世界交易所联合会（WFE）。

[2] 资料来源：同花顺。

二，内地创业板改革和科创板推出，大量制造业科技企业留在A股。香港不得不实施更多欢迎内地科技企业的改革措施，侧面说明其比较优势在下降。其三，随着地缘政治发生深刻变化，这个“超级联系人”所要联系的部分海外资金回流母国，对香港市场产生了一定冲击。

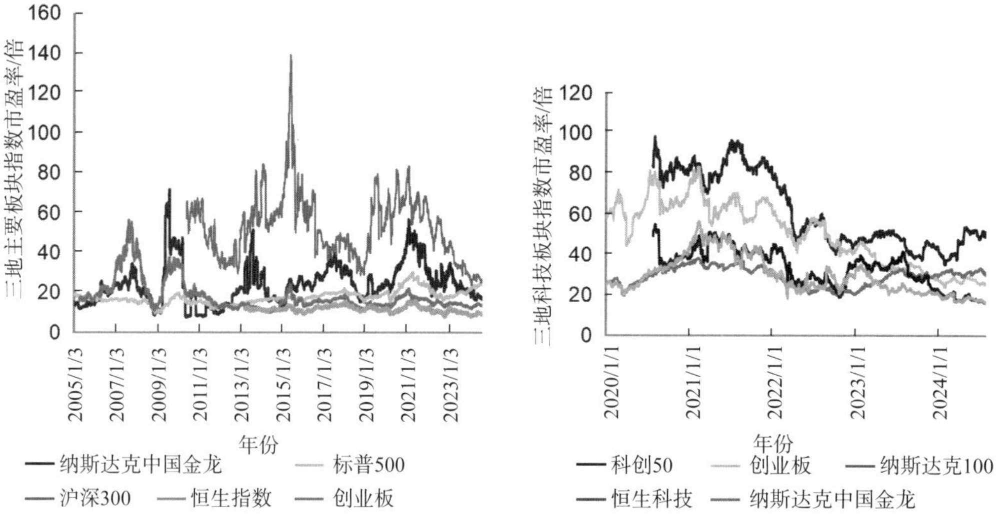

图8-4 三地主要板块及科技板块指数的市盈率对比

资料来源：Bloomberg，中金研究院。

注：此处市盈率为Bloomberg调整后的数值，扣除了企业财务报表中的非经常损益。

二、香港市场面临的挑战

香港股市在一定意义上是内地股权资产的离岸市场，其投资人以境外投资人尤其是欧美资金为主，这虽然反映了香港作为国际金融中心的一个优势，但也给港股带来了挑战。香港的上市公司主体是内地企业，但长期以来，内地投资者并不是市场的主力。缺乏本土投资人，在一定程度上压制了港股的交易量和估值。从交易量看，2023年港股通南向投资者贡献不超过28%[1]；从持仓比重看，南向投资者持仓

[1] 根据港交所《2023年市场统计数据》，全年港股通成交总额7.185万亿港元（买盘+卖盘），港股市场总成交额25.518万亿港元。由此估计，南向投资者成交额占比在14%～28%之间，真实占比要视交易对手结构而定，无确切统计数据。

比重长期低于10%，外资占比超过30%[1]。投资者一般有主场偏好，更愿意投资熟悉的市场和企业[2]。外资不熟悉中国企业和政策，故仓位配置不高。2021年春节历史高点时，中资股在国外机构投资者的持仓比重仅3%，其中港股约占一半[3]。低配置加大了香港市场的波动性，因为一旦市场处于动荡时期，国际资金倾向于先抛售不确定性较高的新兴市场资产以减少风险头寸[4][5]。

近年来，由于中美经济局势差异和地缘政治等因素，投资中国企业的风险溢价上升，海外资金流出港股，进一步压低了港股估值。美国政府在2020年5月施压联邦退休储蓄投资委员会，将其所监管的联邦雇员退休基金的投资撤离中国[6]。2020年8月，持有不少中国头寸的美国最大养老基金CalPERS（加州公共雇员养老基金）首席投资官孟宇在各方压力下离职[7]。以美国为主的国外主要机构投资者纷纷减少对中资股的配置。例如，2022年德州、马里兰州等地的养老金把中资股的配置比例下调了一半[8]。所有中资股在国外基金中的持仓比重从2021年春节历史高点的15%滑落到2024年第二季度的5%，在所有国外机构投资者的持仓比重则从3%滑落到1.2%，从2021年春节历史高点到2024年第一季度约有280亿美元外资流出港股[9]。外资流出影响下，2023年港股日均交易量较2021年的1667亿港元下降了37%，恒生科技指数市盈率落到20倍以下。香港股市交易量愈发依赖“北水南

[1]　李赫民，刘刚. 外资系列研究：外资持股分析[R]. 北京：中金公司，2023.

[2]　KE D M，NG L，WANG Q H. Home bias in foreign investment decisions[J]. Journal of international business studies，2010（41）：960-979.

[3]　刘刚，张巍瀚. 全球头部机构二季度如何配置中资股？[R]. 北京：中金公司，2024.

[4]　谭小芬，虞梦微，王欣康. 跨境资本流动的新特征、新风险及其政策建议[J]. 国际金融研究，2023（4）：17-28.

[5]　栾稀，肖立晟. 美元流动性危机：成因、演进及救助措施[J]. 银行家，2020（6）：85-88.

[6]　郑亚鹏. 美国政府施压联邦退休基金退出中国股市，外交部回应[EB/OL].（2020-05-13）[2024-10-10]. https://news.sina.com.cn/c/2020-05-13/doc-iirczymk1434266.shtml.

[7]　鞠峰. 美最大退休基金华裔高管突然辞职，曾称“根在中国”[EB/OL].（2020-08-07）[2024-10-10]. https://baijiahao.baidu.com/s?id=1674369731132855229&wfr=spider&for=pc.

[8]　同[1]。

[9]　2024年第一季度流出外资49亿美元，对应2021年春节历史高点以来流出规模的17%，由此可推算2021年春节历史高点至2024年第一季度的流出规模。

下”，但“北水”目前尚未构成主力。

诚然，地缘政治因素影响的不仅仅是港股，A股也有同样的问题，但是香港市场的离岸特性决定了它更容易受到海外资本进出的冲击。与A股相比，港股的总市值较小[1]，交易量低，投资者主体不是内地资金，资本可自由跨境，因此像小盘股一样有较高的波动性，更容易在海外资金的进出中大起大落。

另外，香港市场有很高的交易成本，阻碍了交易量提升，也在一定程度上导致了AH股溢价。第一类交易成本来自佣金、印花税、香港证监会和会财局收取的交易征费、交易所收取的交易费、过户费等[2]，其中最主要的是印花税。港股的印花税税率为0.1%，向买卖双方同时征收，在主要发达市场中最高，是A股和美股的数倍。印花税不仅存在于港股交易中，还广泛存在于牛熊证、融券等业务中，增大了市场摩擦[3]。这么高的成本导致香港的高频交易、量化交易相对而言不活跃。2020年前后，据估计，美国股市量化交易和高频交易贡献了一半的市场交易量，欧洲是25%以上，而同期港股只有11%[4]。研究表明，股市交易成本每下降10%，成交量能提升10%～15%，若能降低甚至取消印花税，将促进高频交易和算法交易，大幅增加股票成交量[5]。第二类交易成本是红利税，内地个人投资者和基金用港股通买入H股所获红利要缴纳20%的红利税，买入红筹股的红利税率最高可达28%[6]。红利税在一定程度上削弱了南向投资者的积极性。如果能降低这部分红利税，虽然短期内减免额有限，但中长期或将有助于提高港股高分红资产吸引力、抬高港股流动性和估值水平。

---

[1] 截至2024年9月底，A股市值为89万亿元，而港股市值仅30多万亿港元。

[2] 香港交易所.证券交易费用[EB/OL].[2024-10-10].https://sc.hkex.com.hk/Services/Rules-and-Forms-and-Fees/Fees/Securities-(Hong-Kong)/Trading/Transaction?sc_lang=zh-HK.

[3] 香港金融发展局.推动流动性与效率双增长：优化香港证券交易机制及市场运作[R].香港：香港金融发展局，2024.

[4] Hong Kong Institute for Monetary and Financial Research.Algorithmic and high-frequency trading in Hong Kong’s equity market：adoption，market impact and risk management[R].Hong Kong：HKIMR，2021.

[5] HAWKINS M，MCCRAE J. Stamp duty on share transactions：is there a case for change? [R]. London：The institute for fiscal studies，2002.

[6] 刘刚，张巍瀚.港股通红利税三问三答[R].北京：中金公司，2024.

第三节

中国科技企业获得美国机构投资的难度增加

自2018年贸易争端以来，中美关系急剧变化。对于中国科技企业而言，不论是在股权市场还是股票市场上，企业获得美国机构投资的难度陡然增加。

一、美元PE/VC基金对中国科技企业的投资力度显著减弱

21世纪前20年，来自境外的外资PE/VC基金是中国互联网和科技创新创业大潮背后重要的资金来源，比如阿里巴巴、分众传媒背后的软银，京东、美团、滴滴、新浪背后的红杉资本，搜狐、百度、商汤科技、华大智造背后的IDG资本，小米和快手背后的五源资本，理想汽车和小鹏汽车背后的经纬中国等[1]。到中国来“淘金”一度成为硅谷VC的热潮[2]。彼时媒体各个榜单上国内前十的顶级风投机构绝大多数是美元基金[3]。但是，近年来形势陡转，外币基金在国内VC市场的投资额从2021年到顶后大幅下滑，从5100亿元下落到2023年的1100亿元（见图8-5）。其原因在于，“募、投、管、退”中的募资、投资和退出环节都出现了问题。

[1]　2020中国顶级风投机构：IDG资本、红杉资本中国基金、五源资本前三[EB/OL].（2020-12-08）[2024-10-10].https://finance.sina.com.cn/chanjing/cyxw/2020-12-10/doc-iiznezxs6156355.shtml.

[2]　MALLABY S.The power law：venture capital and the making of the new future[M]. New York：Penguin Press，2022.

[3]　重磅丨清科2020中国股权投资年度排名总榜单[EB/OL].（2020-10-15）[2024-10-10].https://pe.pedaily.cn/202010/460920.shtml.

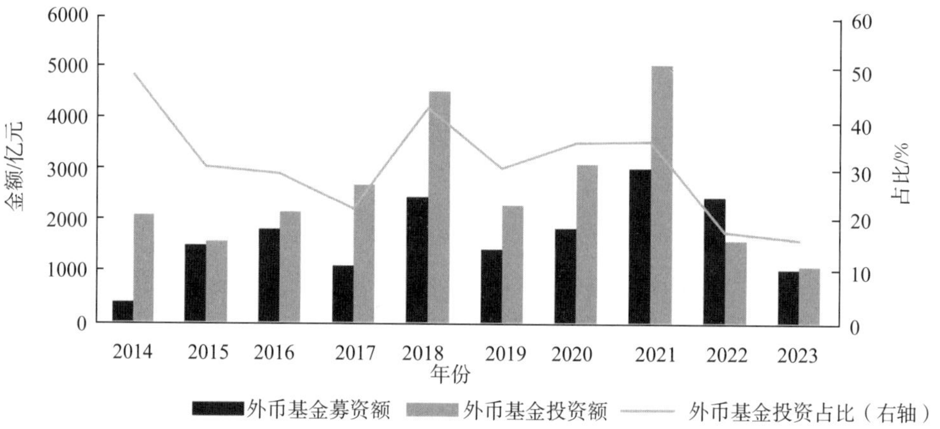

图8-5　2014—2023年中国VC市场上外币基金的募资额和投资额及投资占比

资料来源：清科私募通，中金研究院。

在募资端，美国一些大型LP（有限合伙人）开始减少对华私募股权的投资，知名美元基金管理机构对华投资也受到干扰。对于VC管理机构来说，大学基金是最受欢迎的LP，能提供长期稳定且单纯的资金[1]，高瓴资本受益于耶鲁大学捐赠基金就是一个典型案例。但是2020年以来，美国的一些知名大学捐赠基金在国会和政府部分人士的施压下正在考虑缩减对中国的投资，包括哈佛大学、耶鲁大学、康奈尔大学、麻省理工学院等。宾夕法尼亚的养老基金在2019年为中国私募股权基金提供了7500万美元[2]，但现在它和佛罗里达、密苏里、华盛顿等州的养老基金受压暂停或减少了对中国股权和股票市场的投资。另外，2023年，美国国会的一个特别委员会开始调查红杉资本、GGV等著名投资机构对中国的投资，而这些机构的重要LP就是大学捐赠基金和养老基金。随后，红杉资本和GGV拆分中国区运营团队，单独成立中国区品牌。2023年8月拜登政府签署第14015号总统行政令，美国的居民、企业和其他机构实体（包括其国外分支机构）若在一级市场投资、并购以及贷款给

[1]　陈友忠，刘曼红，廖俊霞. 中国创投20年[M]. 北京：中国发展出版社，2011.

[2]　Pennsylvania pension fund commits $75m to Chinese investment firm[EB/OL]. (2019-03-04)[2024-10-10]. https://www.dealstreetasia.com/stories/pennsylvania-pension-china-123958.

半导体和微电子、量子计算和人工智能等与国家安全相关的尖端技术领域的中国企业，必须将交易信息报告给政府，甚至可能被禁止交易。2024年10月，美国财政部据此发布最终规则，禁令于2025年起生效[1]。这个措施或将进一步切断美国PE/VC等机构向中国这些尖端技术创业公司的投资。

在投资端，近年来，美元基金在中国投资科技和制造产业的难度越来越大，不易再复制互联网时代的优秀业绩。首先，多年来美元基金习惯于投资消费、软件、互联网、生物医药等赛道，并获得了高回报，但国内主流的“硬科技”、制造业赛道的投资体量大、周期长，需要建立供应链和产能、打磨产品、保持生产稳定性，回报率相对较低，并不是美元基金擅长和理想的赛道[2][3]。比如美国VC曾大量涌向中国清洁技术制造业，但回报不佳，1991—2019年，清洁技术领域的投资年化回报率仅2%，而软件领域则高达24%[4]。其次，如果创业公司获得美元投资，准备搭建VIE（可变利益实体）架构赴境外上市，不利于其在外商投资准入负面清单上的和部分安全敏感的科技产业发展[5]。最后，在人工智能、芯片等科技赛道，美国同样准备限制自己的资金投向中国企业。

在退出端，中国企业在境外市场上的估值下跌后，美元基金退出困难。美元基金投资创业公司后，企业一般会搭建红筹架构在境外上市。但是，正如前文所述，香港市场的估值较低，而美国中概股近年来同样遭遇了估值压缩。2020年底美国中概股的总市值约为2.5万亿美元，但2023年底却跌落到0.88万亿美元[6]，纳斯达克中

[1] Treasury issues proposed rule to implement executive order addressing U.S. investments in certain national security technologies and products in countries of concern[EB/OL].(2024-06-21)[2024-10-10].https://home.treasury.gov/news/press-releases/jy2421.

[2] 阿布.美元VC陷入流动性陷阱[EB/OL].(2022-04-25)[2024-10-10].https://36kr.com/p/1713515544749825.

[3] 叶舒筠.“投不进硬科技，募不了人民币”，看似光鲜的美元基金陷困境，如何破局？[EB/OL].(2022-01-25)[2024-10-10].https://new.qq.com/rain/a/20220125A09I0I00.

[4] MALLABY S.The power law：venture capital and the making of the new future[M].New York：Penguin Press，2022.

[5] 母基金研究中心.新时代下，外资母基金这样布局中国[EB/OL].(2024-09-01)[2024-10-10].https://mp.weixin.qq.com/s/jfBXxNbERqIhzidmfTfLrQ.

[6] 资料来源：同花顺。

国金龙指数的滚动市盈率从42倍对应地跌到21倍。二级市场上的低估值让美元基金难以以理想的回报退出，流动性受到限制。

二、美国机构投资者减少中概股配置

前文谈到，在政府施压下，部分美国机构投资者显著减少了对中资股的配置。全球前二十大主动型外资资管机构的中概股持仓市值变化如图8-6所示，以2020年第二季度为基准，近四年来中概股持仓市值下降了近60%。这个降幅不能仅仅由中概股股价下跌解释，还因为投资者在降低相关仓位。因为代表股价的纳斯达克金龙中国指数仅仅下跌了30%，甚至在2021年股价高涨近70%的情况下，中概股持仓市值变化很小。这说明头部外资机构在主动降低中概股仓位配置。在这种情况下，即使到美国上市，中国企业恐怕也难以获得合理的估值，筹集到理想的资金。

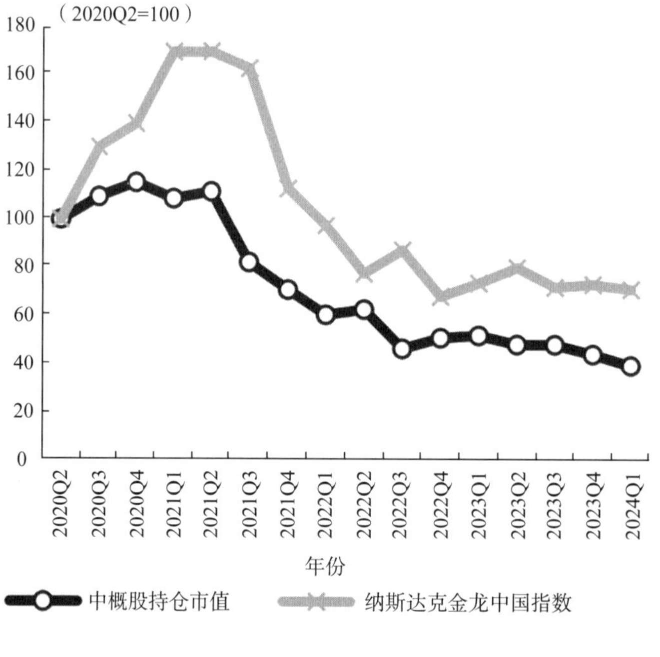

图8-6　全球前二十大主动型外资资管机构的中概股持仓市值变化

资料来源：Bloomberg，中金公司研究部报告《全球头部基金中资股持仓情况》。

三、赴美国上市须符合当地审计要求

赴美国上市的另一个重要问题是企业必须符合美国的审计要求。2020年美国出台《外国公司问责法案》，要求中国内地和香港的在美上市企业必须证明不受外国政府控制，并提供审计工作底稿给符合美国公众公司会计监督委员会（PCAOB）要求的审计机构审核。由于我国法律法规规定，境内不得向境外提供财务审计底稿，境外机构不得直接在境内调查取证，这使很多企业不能满足美国的审计要求，引发中概股退市危机。中美双方于2022年签署中美审计监管合作协议，允许双方开展跨境检查和审计合作，使美方可以通过中方监管部门获取审计底稿等文件，解决了问题。但是，由于审计底稿包含了大量经营数据，业务数据关乎安全的一些科技企业今后赴美国上市可能会遭遇难题。

与此同时，我国对企业去国外上市设置了与数据、外商投资相关的产业安全审查，这与科技公司的相关度较大，也会在一定程度上影响某些产业的科技公司赴美国上市。

第四节

政策不确定性影响科技企业境外上市

一、历史上民营科技企业的境外上市政策经历较多变化

内地企业赴境外上市的常见形式有两类：一是以境内注册的股份有限公司在境外“直接上市”，常见于港交所上市，即H股，大型国企常采用此形式；二是境内主体在境外注册SPV（特殊目的实体），同时将境内实际运营公司资产权益注入境外SPV以“间接上市”，通常被称为“红筹股”[1]，此类公司的境外上市主体通常是注册在开曼群岛、英属维尔京群岛等离岸地的SPV。在红筹股下还有一类特殊的VIE架构，让境内设立的外资SPV以协议安排而非股权持有的方式来控制境内运营主体。

历史上，我国对内地企业赴境外上市的监管政策经历了较多变化，其中红筹股间接上市的政策变化尤为明显。我国民营科技企业通常采用这种方式上市，所以监管政策的变化对其有较大的影响[2][3]。

在我国证券市场起步初期，国务院就明确规定境外上市须经监管审批，并于1994年确定境外直接上市的基本规则。随后几年许多国有企业和民营企业赴境外上市，不过其中有不少是尚无监管规则的间接上市。直到香港回归前夕的1997年6月，国务院发布《关于进一步加强在境外发行股票和上市管理的通知》，首次明确提出中资红筹企业境外上市的监管框架，要求必须报证监会审核或备案、国务院证

[1] “红筹公司”是由香港投资机构京华山一（Core Pacific-Yamaichi）前研究部董事Alex Tang在1992年首创的针对来自中国内地而在香港上市的公司的专有名词。

[2] 刘铁.财务信息造假漩涡中的中国企业境外间接上市监管：历史和前景[J].证券法苑，2011，5（2）：323-358.

[3] 李寿双.中国企业境外上市：监管回溯与变革展望[EB/OL].（2021-11-05）[2024-10-10].https://news.qq.com/rain/a/20211105A03D7100.

券委员会审批。这期间，不论是国有还是民营，很多企业业绩较差。1997年底，亚洲金融危机让香港股市受到很大影响，中资企业境外上市一度几乎停滞。1999年7月，证监会发布《关于企业申请境外上市有关问题的通知》，开始大力支持各种所有制企业去境外上市，但必须符合所谓“456”的财务规范[1]。此后几年新浪、网易、搜狐、比亚迪、创维等科技企业陆续出海上市。

通常业内实践认为，国务院在1997年6月所发布的政策规范中提及的中资企业是指国有企业，即“大红筹”，对民营企业“小红筹”的监管尚属空白[2]。2000年裕兴电脑公司违规上市后[3]，证监会发文填补了这个空缺，要求民营企业在境外上市前必须拿到证监会对其律师事务所法律意见书的“无异议函”。但2003年《中华人民共和国行政许可法》出台后，因“无异议函”不符合行政许可要求[4]，证监会废止了该规定，以便利民营企业间接上市。此后三年携程、腾讯、百度、新东方等纷纷成功在境外挂牌。

不过，很多民营企业“外资化”后上市引发了社会对资本外逃等问题的担忧，2005—2006年国家从外资并购和外汇管理两方面着手，加强对民营企业境外间接上市的监管，并将相关审批权从证监会拓展到商务部等多部委。这增加了企业间接上市的各环节合规成本，实操过程中几乎没有民营企业以红筹架构上市，很多企业改用VIE架构、代持、实控人换国籍等方式以规避成本[5]。直到2023年2月，证监会发布《境内企业境外发行证券和上市管理试行办法》，才正式承认VIE架构，将各种境外上市方式纳入统一监管，并将上市从核准制改为备案制。此外，近年新颁布的

[1]　企业应符合净资产不少于4亿元、筹资额不少于5000万美元、净利润不少于6000万元的要求。

[2]　赵一帆，罗石玲.境外上市全面备案制新规观察：H股、红筹、VIE架构上市和股权激励[EB/OL].（2023-02-21）[2024-10-10].https://www.allbrightlaw.com/CN/10475/17f5790f1a9cd038.aspx.

[3]　该公司违反了《境内企业申请到香港创业板上市审批与监管指引》（证监发行字〔1999〕126号）。

[4]　《中华人民共和国行政许可法》规定只有法律法规和国务院决定可以作为行政许可的依据，但“无异议函”制度依据的72号文是证监会部门规章。

[5]　刘轶.财务信息造假漩涡中的中国企业境外间接上市监管：历史和前景[J].证券法苑，2011，5（2）：323-358.

《网络安全审查办法》《中华人民共和国数据安全法》为国外上市设置了新的审查程序，证监会也要求公司获得相关行业部门的安全审批。

二、近年来赴欧洲发行GDR的政策有重大调整

近年来，政策不确定性的另一个重要案例就是科技企业赴欧洲二次上市的审核政策。在赴美融资难度加大、香港市场出现困境的背景下，为拓宽境外上市融资渠道，赴欧洲融资成为重要的替代方案。以2018年的“沪伦通”为标志，我国开始推动企业赴欧洲发行全球存托凭证（GDR）上市，在伦敦发行GDR的企业主要是金融和电力公司。2022年证监会发布《境内外证券交易所互联互通存托凭证业务监管规定》，将赴欧洲上市的目的地范围拓展到瑞士和德国，数十家高技术制造企业纷纷提出GDR发行计划，涵盖半导体、动力电池、金融科技、新能源、精密仪器等行业。截至2024年8月初，已有23家国内上市公司在欧洲发行GDR，大部分是高技术企业[1]。

赴欧洲发行GDR本质上是上市公司的再融资行为。相较于A股再融资，尤其是程序相对简单的定向增发，2022年出台的GDR规则有诸多优点[2]。第一，发行价格较高。GDR的发行价格原则上不低于定价基准日前20个交易日基础股票收盘价均价的90%，A股定增价格是不低于80%。相比定增，GDR能让公司募得更多资金。第二，发行范围更广。GDR面向境内外广泛的投资者，而A股定增的发行对象是不超过35名境内合格投资者。第三，融资时间间隔较短。A股再融资原则上应满足两次融资之间至少间隔6个月的要求，但GDR是境外再融资行为，不受此限制。第四，审核周期较短。GDR发行只需证监会国际部审核，实践中少于半年，甚至有公司一

[1] 笔者根据瑞士、伦敦和法兰克福三地交易所数据统计。

[2] 叶彦菁.境外发行全球存托凭证（GDR）：A股上市公司再融资新选择[EB/OL].（2022-05-23）[2024-10-10].https://www.grandall.com.cn/ghsd/info.aspx?itemid=24420.

个多月就完成审核[1]；而A股增发须经交易所审核后再报证监会注册，时间相对较长。第五，资金用途更为灵活。GDR募资对资金用途无限制，而A股定增规定一般情况下用于补流和偿债的比例不超过募集资金的30%。

但是，2023年5月证监会、6月交易所相继发布境外上市存托凭证和互联互通新规，完善了赴欧洲发行GDR的监管规则，GDR相对境内增发优势不再凸显。具体而言，第一，GDR发行与之前融资的时间间隔同样不少于6个月，融资频率上没有了优势。第二，发行审核周期变长，需要先报交易所再报证监会，发行速度没有了优势。有公司因为周期变长，在股价下行过程中跌破了“申请日前120个交易日A股平均市值不低于200亿元人民币”的发行基础条件，错失了时点[2]。第三，对募集资金用途和规模加以约束，与境内发行有同样规定。第四，新规要求穿透说明实际认购对象，原来发行过程中不少GDR认购主体实际上为境内投资者所控制，有价格套利空间，真正的海外投资者不多[3]，这样就偏离了GDR面向国际资本市场的初衷。我国监管机构发布GDR新规，可能有两个原因：一是防止部分企业利用原先GDR规则进行制度套利，让真正需要境外融资的优质企业去海外发行；二是避免大量企业发行GDR，兑回A股后，境外资金对境内市场造成冲击[4]。

另外，尽管GDR可以A股的九折发行，但由于近年来A股市场较为低迷，已发行GDR解禁后兑回的价格反而要高于A股。我们计算了已发行GDR公司的解禁日A股价格，发现相比GDR的平均溢价率是-10%[5]。这也导致了中国公司GDR对投资者的吸引力大为下降，交投清淡。

[1]　郑敏芳.东方财富终止发行GDR背后，排队的10余家企业何去何从[EB/OL].（2024-05-14）[2024-10-10].https://wallstreetcn.com/articles/3714813.

[2]　同[1]。

[3]　GDR监管“补丁”立竿见影：6月5家公司终止发行[EB/OL].（2023-06-29）[2024-10-10].https://www.stcn.com/article/detail/904322.html.

[4]　财经态度丨GDR！相关新规落地！有何深意？专家分析→[EB/OL].（2023-05-18）[2024-10-10].https://3g.k.sohu.com/t/n694369744.

[5]　解禁日汇率数据来自中国外汇交易中心，其余数据来自瑞士证券交易所、伦敦证券交易所和同花顺。

境外IPO和再融资监管政策的松紧程度有过多次变化，未来在具体规则、尺度上是否还有变化，目前是未知数，再叠加地缘格局紧张带来的潜在不确定性，都会对科技企业产生重大影响。首先，科技企业在创业融资初期就需要稳定的预期，建立合适的企业股权架构，为股东将来上市退出做好准备，否则将来修改成本很高。过去很长一段时间，民营科技企业最常见的VIE架构的合法性不确定，2023年得到正式承认后仍有一定限制，要求发行人境内律师对VIE架构是否涉及外商投资限制或禁止领域进行核查说明。其次，成功IPO后，企业仍需合理进行资本规划以配合展业，如果再融资的节奏被意外的政策变化打乱，可能产生额外财务成本，也会让投资者预期落空，甚至耽误业务机会，这些都有损公司价值。最后，境内上市政策的不确定性同样间接影响科技企业的重大战略决策，包括计划到A股还是境外上市、怎样搭建与之匹配的架构和融资等。历史上，A股IPO相关政策、审核理念和规则有较多调整变化，市场也有过多次整顿。有不少实证研究表明，上市政策的不确定性对于企业创新绩效有显著的负面影响，因为上市延迟加剧了企业的融资约束，企业要付出更多未预期到的合规成本和机会成本[1][2][3]。

[1] 刘佳欣，陈欣. IPO中断有害吗?延迟上市对公司绩效的影响[J]. 上海管理科学，2022，44（2）：23-28.

[2] 宋顺林. IPO市场化改革：共识与分歧[J]. 管理评论，2021 ，33 （6）：270-279.

[3] 王正位，朱武祥. 股权融资管制与公司融资行为[J]. 投资研究，2013 ，32 （11）：3-15.

第五节

更好利用境外资本市场对中国科技企业的支持作用

一、积极支持优质科技公司赴香港和境外其他市场上市

相对于金融、地产、公用事业等“旧经济”股票，港股市场上有良好成长性的“新经济”、科技股受到海内外投资者的欢迎。2021年7月前恒生科技指数的市盈率超过40倍，不仅远高于只有15倍的“旧经济”权重较大的恒生指数市盈率，甚至明显高于同期的纳斯达克100指数市盈率，与纳斯达克中国金龙指数市盈率相近。这表明，只要科技企业的质量好，是优质资产，海内外投资者都愿意给予高估值。

所以，如果我国的优质科技企业有意愿、有需求去香港上市，建议予以大力支持，以吸引更多海内外投资人，活跃香港市场。2024年4月，证监会提出“进一步加大和有关部门的沟通协调力度，支持符合条件的内地行业龙头企业赴港上市融资”，我们建议在实际执行过程中可放宽条件、扩大支持面。

第一，适当放宽对内地企业赴港上市的备案条件，以加快上市节奏，减少企业上市成本。科技企业境外上市要经过相关部门的行业监管审查和外商投资审查等，以确保符合国家安全规定。对于赴港上市，可优化《外商投资安全审查办法》所涉审查行业范围以及对外商的界定。例如，只要赴港上市公司实控人、有较大投票权的董事和重要股东的实控人承诺在一定时期内保留中国内地公民身份（直到其持股下降到某一比例，退出董事会），即使公司是红筹架构，也可不认定其为外商。未来随着情况的变化、条件的成熟，可继续放宽其他限制，如进一步提升外汇便利度、缩减外商投资准入负面清单等。

第二，将重点支持的范围扩大到所有优质的科技企业，不局限于行业龙头企业。对科技企业赴港上市的支持宜“雪中送炭”而非“锦上添花”。内地的行业

龙头企业通常已经完成了IPO，去香港是二次上市，自身也有广泛的资源。相比之下，优秀的成长期科技企业规模不大，不一定算作行业龙头，但它们可能有很大的发展潜力，亟须上市来缓解紧迫的资金约束，且其沟通协调的能力有限，所以更需要在上市过程中得到证监会和有关部门的支持。

除了香港，其他境外市场也是我国科技企业可以争取的融资场所。在不违反国家安全有关法规政策的前提下，应支持它们赴欧洲、新加坡、澳大利亚等非美地区上市，以吸收海外资金，分散风险。

长远来看，赴欧洲上市仍然是中国科技企业出海的重要目的地。为真正达到赴欧洲利用境外资金、扩大企业国际影响力的战略目的，建议放宽赴欧洲二次上市、发行GDR的政策限制，不一定参照A股再融资管理，使有真实融资需求和迫切性的企业以更便利的条件赴欧洲上市。同时，放宽对GDR发行价格的监管要求，让市场决定发行价格，以增强对投资者的吸引力。此外，可支持有条件的企业将欧洲作为主要上市地，而不仅仅是目前互联互通机制下的二次上市。

相较于中国香港和欧洲，新加坡在上市方面展现出一些独特的优势，虽然其市场估值较低，但上市程序简便、费用较低、条件宽松，且再融资灵活，支持多币种交易[1][2]，这使新加坡成为中小民营企业上市目的地的一个重要选择。此外，在新加坡等地上市，还有助于企业在东南亚“一带一路”沿线区域扩大知名度和业务机会，进一步拓展国际市场。

二、为香港引入更多人民币资金和“一带一路”沿线国家资金活水

香港是最大的离岸人民币所在地，2022年末全球离岸人民币存款余额约1.5万

[1] 王亮亮，马盛君.证券资本市场系列（八）丨境外上市的多元选择之新加坡上市全解析[EB/OL].（2023-08-08）[2024-10-10].https://www.jingtian.com/Content/2023/08-11/1053383203.html.

[2] 【新加坡上市】中国公司到新加坡上市的好处[EB/OL].（2016-06-28）[2024-10-10].http://www.hkwei88.com/shangyezengzhifuwu/haiwaishangshifangan/129.html.

亿元，其中香港就有近8400亿元，2023年末增加到1万亿元[1]。当前香港市场外资水位下降，亟须人民币进入以继续推升交易量。可将香港打造成为全球离岸人民币投资中心，为长期以来日交易量在1000亿港元上下的香港股市注入增量资金。

香港市场的人民币来源于两个渠道。一个渠道是与中国有密切经贸关系、积累了一定顺差的国家，通常是原材料和初级产品出口的“一带一路”沿线国家，它们愿意将手中的人民币投资于香港市场，有利于推动人民币国际化进程。另一个渠道就是让更多内地资金南下，提高在香港市场的交易和持仓地位，减少投资者与上市公司之间的结构错配。如果香港市场的流动性和估值提高，外资就有可能逐利而来，从而形成良性循环。

为此，第一，应完善港币-人民币双柜台股票交易制度[2]，将人民币股票交易柜台在港股通落地，并适当扩大人民币柜台投资标的范围。港币-人民币双柜台模式已正式运行超过1年，运行平稳，人民币交易份额逐渐升温，但相比港币交易占比仍几乎可忽略[3]。双柜台模式可为离岸人民币提供更多资产配置选择，投资者可节省投资港股和收取分红的换汇成本，这对于偏好高分红、稳健型的长线投资者有积极意义。截至2024年9月，人民币柜台还只面向境外投资者，可以将其纳入港股通，让体量庞大的南向资金进入，活跃人民币柜台交易。另外，双柜台机制最初只有24家公司，若能拓展到所有恒生指数或者恒生科技指数成分股，并推出相应的ETF（交易型开放式指数基金）产品和风险对冲产品，整体交投将更活跃。第二，提高跨境理财通的使用效率，让更多境内人民币通过理财产品配置港股。目前大湾区跨境理财通业务试点总额度为1500亿元，个人投资者投资额度为300万元。

---

[1]　资料来源：中国人民银行《2023年人民币国际化报告》，同花顺。

[2]　双柜台模式下，投资者可以选择用港币或人民币买卖相关股票，并可以互换同一个发行人发行的港币柜台证券及人民币柜台证券。投资者可以在港币柜台用港币买入某股票，然后转到人民币柜台卖出，得到人民币；反过来，也可以用人民币买入股票，转到港币柜台卖出，得到港币。以前，内地投资者需要先换汇才能买入港股，承担汇率变动风险；现在可选择用人民币计价，降低了汇率风险与汇兑成本。

[3]　截至2024年4月20日，人民币柜台成交量占比仅为0.2%。参见中金公司研究部2024年4月21日的报告《五项措施以巩固香港国际金融中心地位》。

截至2025年1月9日，跨境理财通南向通已用额度为116亿元，占总额度的比重仅为7.75%，规模仍有待提升[1]。为此，可扩大试点地域范围，并在具备两地展业经验的各类多元金融机构开放试点；在已建立资金闭环汇划，加强客户前期尽职调查的基础上，进一步放宽个人投资者额度和准入门槛限制。第三，建议香港推出更多人民币流动资金补充工具，以支持重要的金融市场做市商。目前香港金融管理局认可9家银行为离岸人民币流动性一级供应商[2]。为应对离岸人民币市场可能出现短期流动资金紧张的情况，建议将离岸人民币的流动性支持工具准入限制拓宽至多元金融机构，特别是证券市场上的重要做市商。

除了人民币资金，还应积极吸引中东、东南亚等“一带一路”沿线国家的增量外币资金来港。过去，中国与中东、东南亚等新兴市场的经贸关系以贸易为主。现在投资日益成为经贸关系中的一个新亮点，能在一定程度上弥补流失的欧美资金。中东主权基金规模超过全球主权财富基金的1/3，东南亚资金总量规模不大但配置策略灵活。近年来，中东、东南亚资本抓住中国经济高质量发展的机遇，加大了对中国的投资力度，投资风格也向科技和制造业倾斜。

为此，第一，内地和香港政府应当鼓励上市公司积极到中东、东南亚等地区拜访投资机构，考虑以产业互补优势吸引中东、东南亚资本在华投资，并为投资提供一系列专门的优惠措施。第二，中东、东南亚等主权投资机构的对华投资除了直接投资以外，很大一部分来自委外投资，它们亟须得到中国管理人相关的投资者教育，包括市场生态、管理人风格、尽职调查流程等。建议定期安排不同策略的优质管理人前往中东和东南亚作路演推介，让全球投资人面对面和管理人沟通并深度了解中国资管市场机遇。香港还可以定期举办年度中国资本市场论坛，邀请头部基金管理人和投资人作全方位的市场分析和全年市场机会展望，提供联动性的Alpha捕

[1] 跨境理财通额度使用情况（截至2025年1月9日24时）[EB/OL].（2025-01-14）[2025-01-14]. http://guangzhou.pbc.gov.cn/guangzhou/129196/4332364/4332372/4332394/5312834/index.html.

[2] 金管局指定九间一级流动性提供行[EB/OL].（2022-10-26）[2024-10-10].https://www.hkma.gov.hk/gb_chi/news-and-media/press-releases/2022/10/20221026-6/.

获策略，以增进双方互动。第三，丰富金融工具箱。很多东南亚机构和实业公司有期货套保、对冲策略需求，香港监管机构可以针对期货方面提供更多优惠政策，交易所也可鼓励推出更多创新型的金融产品，提供更精细的资产类别，丰富对冲工具的选择，满足不同投资者的需求。第四，细化并落实吸引家族办公室相关政策，推动香港成为国际家族办公室枢纽。家族企业在中东地区发挥着至关重要的作用，中东有不少家族企业希望通过家族办公室多元化投资于亚洲和中国。

三、维护稳定的上市和行业监管政策环境

高技术产业发展本身就有较大不确定性，如果政策环境不可预期、不够稳定，那么投资的风险就更大了。政策透明度和稳定性对提高上市公司质量和维护投资者信心十分重要，这是国外投资者愿意配置港股科技公司的前提。与市场参与者对话和及时的信息披露有助于降低投资者对政策不确定性的担忧。党中央和国务院多次强调，要增强宏观政策取向一致性，把非经济性政策纳入宏观政策取向一致性评估，慎重出台收缩性政策。凡是对资本市场产生重大影响的政策，应事先与金融管理部门协调，保持政策预期的稳定性和一致性。在政策制定过程中，要增强与市场参与者的对话，提高相关信息披露水平，例如发表政策基调、发布相关政策制定实施程序或意见征求稿。政策发布后，及时进行解读、有效沟通，减弱担忧情绪，必要时可以与重要投资者进行点对点交流。

保持境外上市审核或备案政策的稳定性和可预期性，也有助于提高上市科技公司质量。尚未在境外上市的科技公司在较长的时间内有一个稳定良好的资本环境，从长远全局利益角度，设计与自身特点相匹配的股权架构、资本规划和融资节奏，引入合适的投资人。股权结构合规、融资估值合理、上市摩擦成本低，能降低科技企业的上市不确定性。上市不确定性降低能减少各类隐性成本，从而有助于提高创新绩效。

另外，要提高信息沟通效率，须完善信息披露机制，构建投资者交流生态，

以增强公司吸引力。企业应特别注重ESG（环境、社会和公司治理）信息披露的质量，因为欧美机构投资者高度关注ESG因素，部分投资者攻讦我国企业在ESG上不达标。为此，科技企业应及时高质量披露ESG方面的信息，突出企业社会责任，以捍卫公司声誉，增强对西方ESG投资者的吸引力。

四、打造美元基金投资中国的良好环境

为了让科技创业公司能更多地吸引到美元PE/VC基金的投资，在私募股权市场上同样要利用好“两种资源”，应重点从投资和退出环节着手。这两个环节顺畅，外资机构再向本国LP募资的难度就有望下降，从而形成良好的循环。

在投资环节，保障美元基金被投企业的公平竞争。目前在某些事关数据和技术安全、对外商较为敏感的产业领域，接受美元投资的科技创业公司和境外上市企业可能会遭遇一定的展业障碍。不少硬科技领域的创业公司对接受美元投资十分谨慎。党的二十届三中全会强调，“保证各种所有制经济依法平等使用生产要素、公平参与市场竞争、同等受到法律保护”。建议只要创业公司的美元基金投资人是纯财务投资的小股东、企业实控人是中国国籍，就不必认定其为“外商投资企业”，使之展业更为方便。

在退出环节，在香港打造高水平境外私募股权二级交易平台，支持QDLP（合格境内有限合伙人）参与香港平台上的S基金。海外私募股权二级市场较为繁荣成熟，每年交易量超过1000亿美元[1]。二级交易的主要难点之一是合理确定交易价格，匹配供需双方，同时保证交易合规。一个发达的交易枢纽有利于撮合供需、引导价格发现，并对监管提供部分支持、协助功能[2]。香港还缺乏像美国的SharesPost、SecondMarket一样的私募股权二级交易平台，只有AngelHub之类的持

[1] JEFFERIES.H1 2024 Global secondary market review[R].New York：Jefferies，2024.

[2] 金融学术前沿：我国S基金市场的多角度解析[EB/OL].（2023-05-05）[2024-10-10].https://fddi.fudan.edu.cn/_t2515/7b/a0/c18985a490400/page.htm.

牌众筹平台。建议在香港打造高水平的私募股权交易中心，基于中国创业公司和国资、外资等不同买卖方特点，开发合适产品，完善交易机制。由于S基金是二级市场主要参与者，为促进香港的S基金繁荣以带动整个私募股权交易平台的流动性，我国可健全QDLP制度，设立私募股权的互联互通机制，放宽通道上的外汇额度，鼓励QDLP参与投资香港持牌私募股权交易平台上的S基金（见图8-7）。

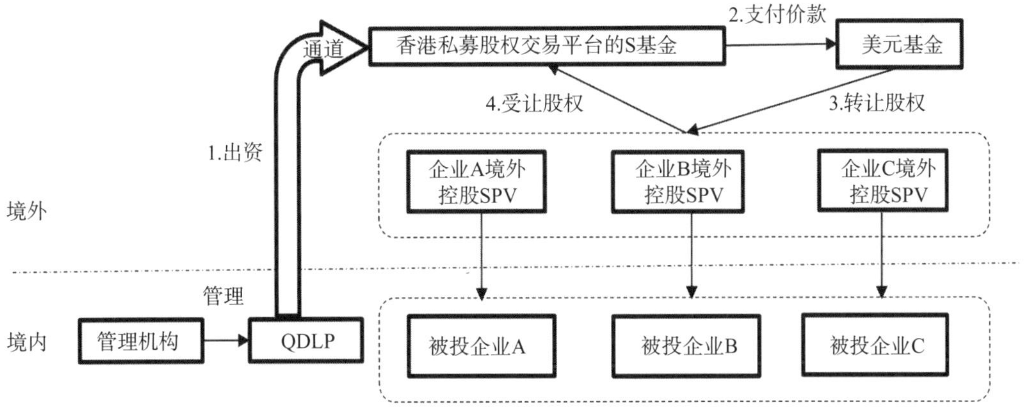

图8-7　QDLP参与香港私募股权S基金和美元基金交易的构想示意图

资料来源：中金研究院。

Chapter 9

第九章

私募股权市场问题分析与建议

私募股权投资在推动原创性颠覆性创新中起着关键作用，但目前正面临独角兽企业[1]培育能力下降等方面的挑战。当前，中国的私募股权市场在“募、投、管、退”各环节都面临着一些问题。在募资环节，国内股权市场正面临募资困难的情况，资金获取难度加大，导致创新项目的资本支持不足。在投资环节，投资方向趋于单一化和低风险化，限制了创新项目的多样性和突破性。在管理环节，产业引导基金的专业化运作水平有待提升，同时需要更多地重视企业背景风投（CVC）和独立风投（IVC）的积极作用。在退出环节，A股和境外市场的IPO退出渠道均面临一定的困难，国内并购市场尚处于初期发展阶段，股票市场的繁荣是资本市场促进创新的基础。详细分析及相关启示见下文。

第一节

消失的独角兽：私募股权市场面临转型压力

当前，中国私募股权投资市场面临挑战，一个突出的表现是作为未上市初创公司代表的独角兽企业数量增长遇到了瓶颈。这一瓶颈体现在纵向和横向两个方面。纵向来看，中国新增独角兽企业数量在2021年达到111家的历史峰值后迅速下滑，2023年仅新增33家（见图9-1），较2021年下降了70%。进入2024年，这一下降趋势并未停止，“新增独角兽企业数量下降”成为中国资本市场的热门话题。横向来看，如图9-1所示，2018年之前，中美每年新增独角兽企业的数量相差不大，但此后到2022年中国落后于美国，两者差距拉大。2021年和2022年，美国每年新增独

[1] 这里采用的独角兽企业的定义是经过风险投资支持并在某一轮融资后估值达到或超过10亿美元的初创公司，而且如果该公司不再接受风险投资支持（比如上市、被收购），或估值低于10亿美元，就不再被视为独角兽企业。

角兽企业数量几乎是中国的三倍。尽管近两年美国的新增独角兽企业数量也有所下降，但2024年上半年，美国新增独角兽企业数量已达34家，几乎与2023年持平。

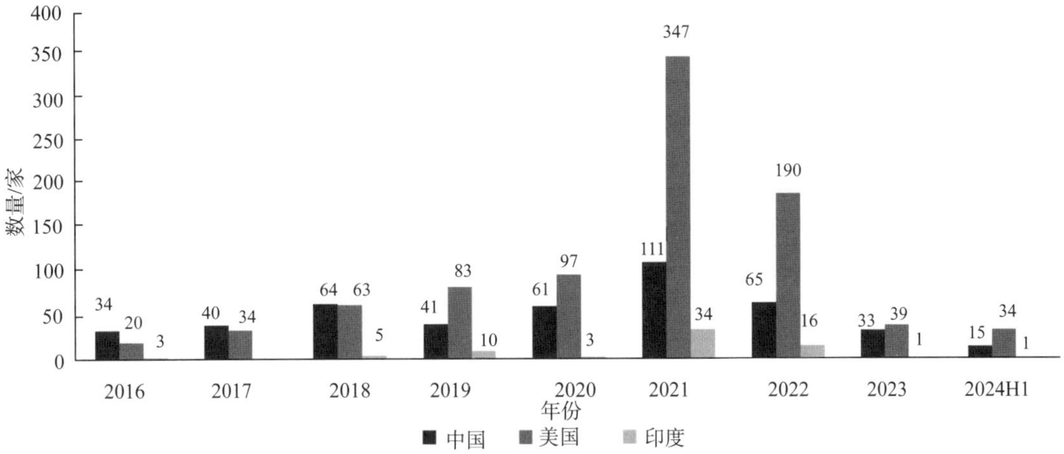

图9-1 2016—2024年中国、美国和印度新增独角兽企业数量

资料来源：PitchBook，中金研究院。

注：此处中国独角兽企业数据的统计口径仅包含中国大陆，未包含中国香港、中国澳门、中国台湾。

从结构上看，2019—2023年，中国在材料和资源、能源领域的新增独角兽企业数量仍领先于美国，在信息技术、消费者产品和服务领域却明显落后（见图9-2）。信息技术、消费者产品和服务曾是2016—2018年中国诞生独角兽企业最多的领域，2016—2018年，中国在这两个领域平均每年新增独角兽企业16.7家。2019—2023年，中国在消费者产品和服务领域的独角兽企业每年平均新增数量下降至10.8家，在信息技术领域的独角兽企业每年平均新增数量虽然升至20.8家，但仅为美国的1/4。在AI技术飞速发展的背景下，中国在信息技术领域培育初创企业的能力下降，可能影响我国在AI国际竞争中的领先地位。此外，消费者产品和服务领域的独角兽企业数量减少，既反映出消费疲弱问题，也有退出渠道不畅的影响。

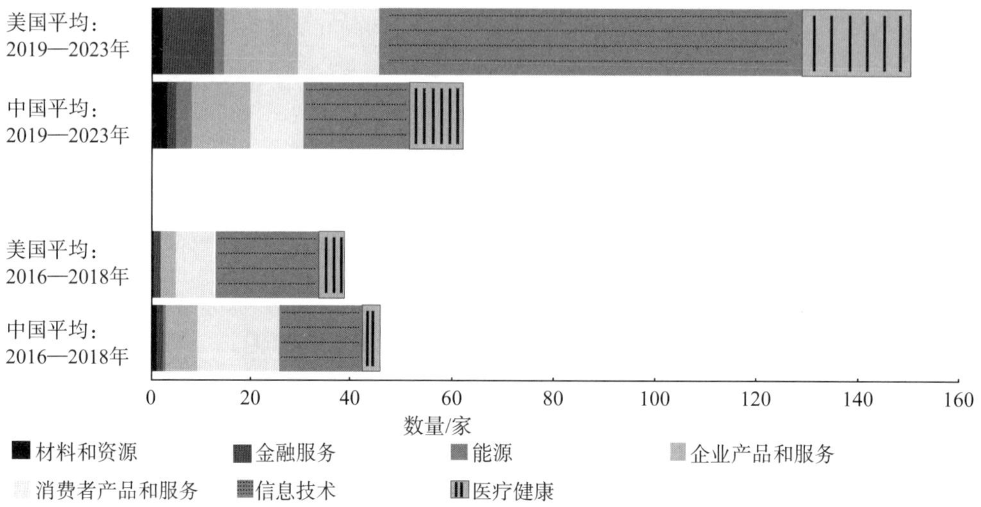

图9-2 中美各领域新增独角兽企业的数量分布

资料来源：PitchBook，中金研究院。

过去几年中国新增独角兽企业数量下降，受海内外市场环境、技术发展、金融市场及监管政策等多种因素的综合影响。下面将主要从私募股权市场的角度展开讨论。就私募股权市场而言，不同阶段面临的问题有所不同。在2018年到2021年前后，伴随着资管新规的出台，私募股权市场面临的主要挑战集中在供给侧，募资困难的问题较为突出。与此同时，随着产业引导基金在私募股权投资基金认缴出资额的比重大幅上升，产业引导基金在投资端和退出端的偏好趋于单一、运营管理方面亟待优化的问题也开始显现。自2022年以来，私募股权市场面临的主要挑战逐步转移至需求侧。一方面，受新冠疫情等因素影响，内需不足成为中国经济运行面临的主要挑战之一。另一方面，在新一轮AI技术浪潮的背景下，与美国因劳动力成本高企而拉动的大量产业AI化投资相比，中国的劳动力成本相对较低，AI替代人可以拉动的投资规模也相对有限。

总之，导致优质未上市公司培育能力下降的原因比较复杂。下文将从“募、投、管、退”四个方面对私募股权市场面临的挑战进行分析。

第二节

募资端：破解募资困难问题的关键在于重视耐心资本的财富效应

一、募资困难的主要原因在于内资

中国风投市场募资困难大致始于2018年（见图9-3）。由于这一时期中美贸易摩擦增加，有一种观点认为是美元基金撤出导致募资困难。实际上，内资自2008年起就已占到中国风投募资金额的一半以上，而且外资金额及其占募资总额的比重在2017—2020年间总体上是上升的（见图9-4）。也就是说，2018年后风投募资乏力的主要原因在于内资，而不是外资[1]。从私募股权投资基金的有限合伙人（LP）结构来看，2018年之后主要是来自金融机构的资金出现了大幅下降，这在一定程度上是受到了资管新规的影响。2018年出台的资管新规——《关于规范金融机构资产管理业务的指导意见》明确要求，“金融机构不得为其他金融机构的资产管理产品提供规避投资范围、杠杆约束等监管要求的通道服务。资产管理产品可以再投资一层资产管理产品，但所投资的资产管理产品不得再投资公募证券投资基金以外的资产管理产品”[2]。

[1]　中金公司研究部，中金研究院.创新：不灭的火炬[M].北京：中信出版社，2022.

[2]　人民银行 银保监会 证监会 外汇局关于规范金融机构资产管理业务的指导意见[EB/OL].（2018-04-27）[2024-10-10].https://www.gov.cn/gongbao/content/2018/content_5323101.htm.

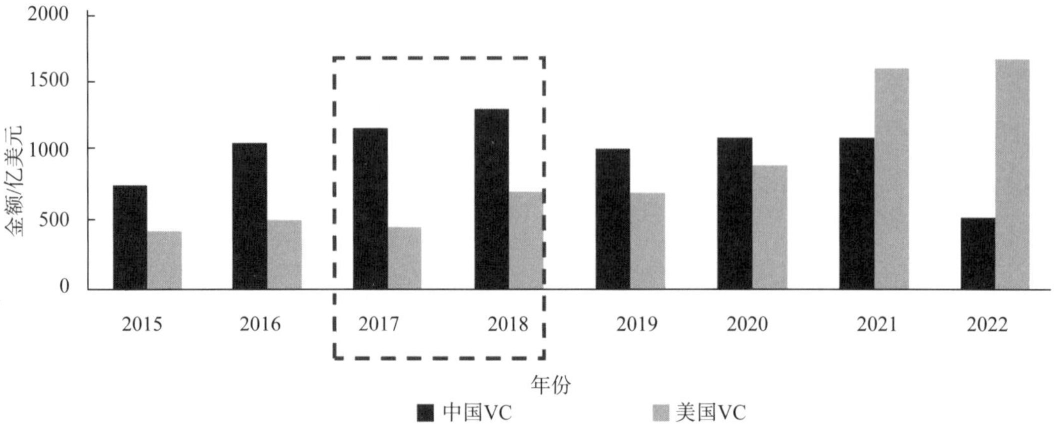

图9-3　2015—2022年中国和美国的年度VC募资金额

资料来源：PitchBook，中金研究院。

注：此处为于2023年统计的中美各年度的VC募资金额。

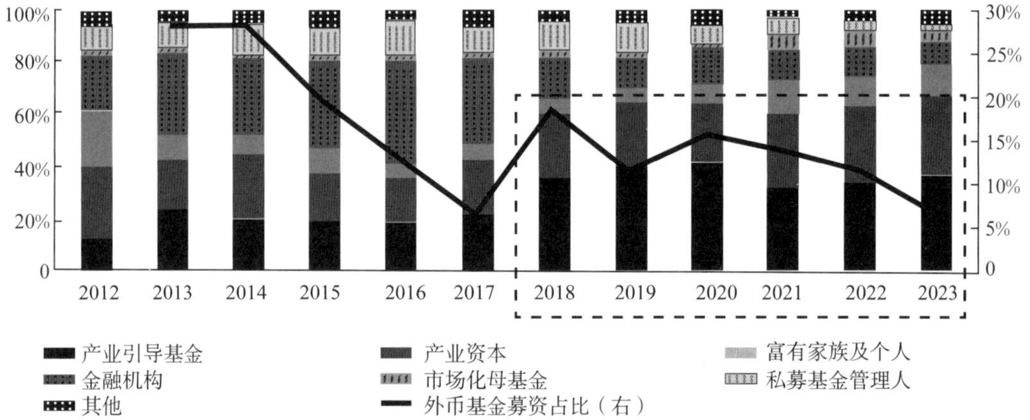

图9-4　2012—2023年不同类型资金的募资情况

资料来源：清科私募通，中金研究院。

需要强调的是，从过去几年的实践来看，资管新规起到了治理金融乱象、防范系统性金融风险的良好效果，有利于风投机构摆脱潜在金融风险较大的传统募资方式。遗憾的是未能及时建立起有效募集耐心资本的新方式，造成了风险资本日益不足的约束。以至于在2020—2022年，外资虽然不占据中国风投募资的主导地位，但其募资金额的边际下降，仍然会给风投市场带来远超其占比的募资困难问题。

二、耐心资本的核心特征是风险偏好较高，财富效应是吸引耐心资本入市的关键

为破解募资困难的问题，各界对耐心资本入市的期待很高，但对于究竟什么才是耐心资本，看法似乎并不一致。一个流行的看法是长期投资是耐心资本的核心特征。统计数据表明，2010—2023年，中国VC平均持有期限为2.8年，而美国VC平均持有期限为4.8年（见图9-5）；对科技公司投资方面，2010—2023年，中国VC对科技公司的平均持有期限为3.0年，而美国VC平均持有期限为10.5年（见图9-6）。因此，将长线资金与耐心资本等同起来有一定的合理性。

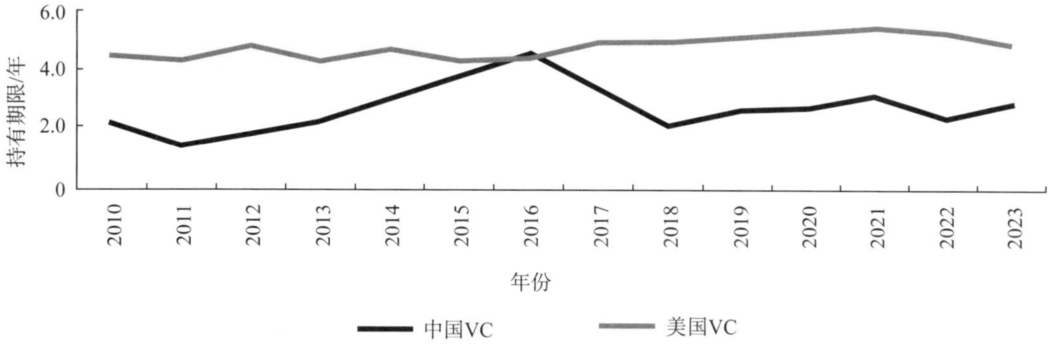

图9-5　2010—2023年中美VC持有期限对比

资料来源：PitchBook，清科私募通，中金研究院。

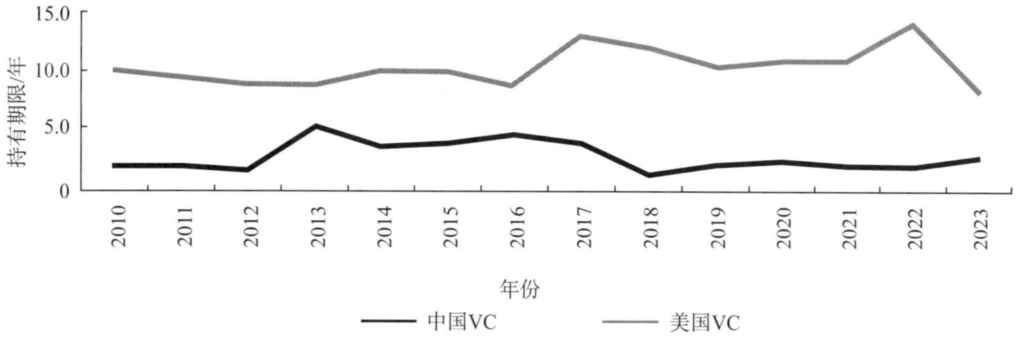

图9-6　2010—2023年中美VC对科技公司的持有期限对比（上市退出，中位数）

资料来源：Ritter（2024）[1]，清科私募通，中金研究院。

注：科技公司包含信息技术、通信、电子行业公司，不含生物医药相关公司。

[1]　RITTER J R. Initial public offerings: updated statistics. [EB/OL](2025-02-20)[2025-02-20]https://site.warrington.ufl.edu/ritter/files/IPO-Statistics.pdf.

值得注意的是，银行发放30年期房贷，从期限角度看自然是长线资金，但并不能支持风投活动；一个为30年后养老需要进行储蓄的人，为确保资金安全采取了将现金窖藏在地下的方式，如此长期推迟消费固然能够证明这笔钱是耐心资金，但它也不能支持风投活动。因此，对于风投，尤其是投早投小阶段的风投而言，“耐心”与“长线”可能均非耐心资本的核心特征。需要借鉴凯恩斯关于利率本质的阐述——利率并非“对储蓄或者等待的报酬”，而是“在一个特定时期内，放弃流动性的报酬”[1]。

从这个角度看，耐心资本的核心特征在于风险偏好较高，愿意通过放弃流动性的方式换取高风险风投行为或能带来的高回报。这意味着需要重视静态、动态财富效应与耐心资本间的关系。静态维度的财富效应是指在边际效应递减原理作用下，随着投资者财富的增加，其流动性偏好下降、风险偏好上升。基于2006—2018年美国个人投资者的实证研究发现，收入每增长10%，风险规避程度降低1.5%[2]。由此不难理解为什么在1979年美国劳工部澄清谨慎人规则[3]之前，富裕群体是美国独立风投的第一大资金来源。更重要的是，由于捐赠资金事实上也主要来自富裕群体，即便是在1979年后富裕群体也一直是风投募资的重要来源之一（见图9-7）。这给我们的启示是，应当构建有利于富裕群体体现其财富效应的友好社会环境，积极发展私人银行等财富管理业务，并探索以“遗产税+捐赠抵免”[4]的方式引导富裕群体将储蓄转化为耐心资本。

---

[1] 约翰·梅纳德·凯恩斯.就业利息和货币通论[M].魏埙，译.西安：陕西人民出版社，2004.

[2] MEEUWIS M.Wealth fluctuations and risk preferences: evidence from U.S.investor portfolios[EB/OL].（2020-07-15）[2024-10-10].https：//ssrn.com/abstract=3653324.

[3] 根据1974年美国《雇员退休收入保障法案》（Employee Retirement Income Security Act，ERISA），谨慎人规则要求私营部门养老金管理人需要像一个谨慎的人那样做谨慎的投资。在当时，这个规定一度导致相关养老金管理人对投资于小企业、初创企业等高风险标的采取了回避态度。1979年6月，美国劳工部从资产组合的角度对ERISA中的“谨慎人规则”进行了澄清阐述：单个投资的风险大小并不能决定该投资本身是谨慎或不谨慎，不应在不考虑单个投资在整个投资组合中所扮演角色的情况下判断投资决策的审慎性。

[4] 详见中金研究院《中庸策2023·双支柱金融体系与好的社会》第七章“扩张性再分配的政策理念与识别技术探讨”。

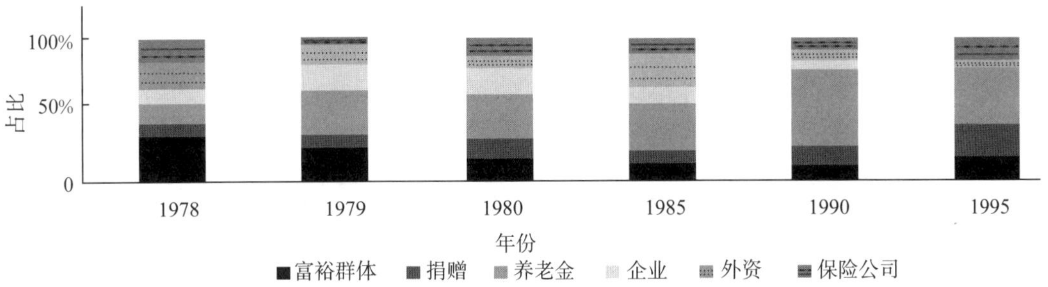

图9-7　美国独立风投募资来源占比

资料来源：Gompers et al.（1998）[1]，Gompers et al.（2001）[2]，中金研究院。

至于为什么养老金在1979年后会成为美国风投的第一大资金来源，可能需要从动态财富效应的角度去理解，也即因为风投能够带来丰厚回报才会吸引养老金介入，而不是因为养老金是耐心资本才去介入风投。如图9-8所示，对比2021年美国州和地方养老金不同类型投资的10年期年化收益率中位数，风投是美国公共养老金投资组合中回报率最高的资产类别。实证研究也发现，美国州和地方养老金之所以增加对风投等另类资产的投资，主要是由于这些资产相对股票的风险调整后收益更高[3]。基于对1989—2008年美国私人部门养老金固定缴款计划和个人养老金账户计划的研究表明，养老金资产配置的目标是盈利，否则会面临未来无法按时支付养老金福利的风险，因而如果资本市场无利可图，养老金也会撤出[4]。也就是说，即便是从养老金的角度看，是否可以扮演起耐心资本的角色，还是取决于风投能否带来丰厚回报，这在很大程度上又取决于股市是否繁荣以及退出渠道是否通畅。

[1]　GOMPERS P，LERNER J.Venture capital distributions：short-run and long-run reactions[J].The journal of finance，1998，53（6）：2161-2183.

[2]　GOMPERS P，LERNER J.The venture capital revolution[J].The journal of economic perspectives，2001，15（2）：145-168.

[3]　BEGENAU J，LIANG P，SIRIWARDANE E.The rise of alternatives[R].Boston：Harvard business school，2024.

[4]　SABELHAUS J，BOGDAN M，SCHRASS D.Equity and bond ownership in America，2008[R].Washington，D.C.：Investment company institute，2008.

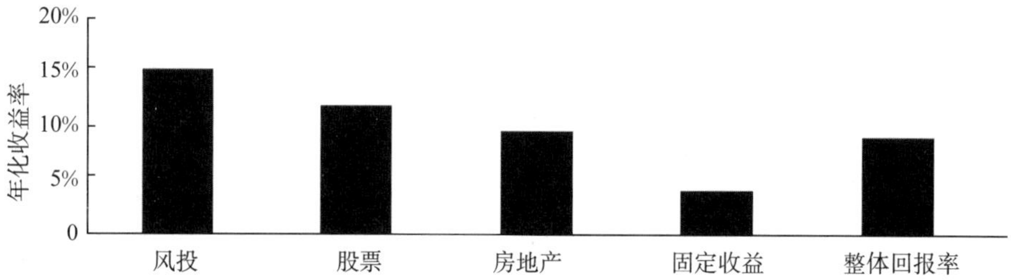

图9-8　2021年美国州和地方养老金不同类型投资的10年期年化收益率中位数

资料来源："American Investment Council 2022 Public Pension Study"，中金研究院。

第三节

投资端：亟须推动股权投资多元化，发挥多样化筛选效应

在募资困难的背景下，产业引导基金等政府背景资金越发重要。2017年，产业引导基金[1]占私募股权投资基金认缴出资额的比重仅为22%，2023年已经上升至37%。如果考虑到产业资本中还有大量国企出资人，整个政府背景的资金或已占到了广义风投市场出资额的一半以上，其中大量资金来自地方政府，这为缓解风投募资困难作出了较大贡献。但从投资端来看，这有可能影响资本市场筛选效应的发挥，进而影响促进引领式创新。

一、产业引导基金主导伴随着投资倾向单一化、低风险化

产业引导基金投资倾向单一化体现在投资区域和投资领域两个方面。在投资区域方面，很多产业引导基金承担着一定的招商引资责任。事实上，美国州政府下属的风投基金也被要求优先投资州内企业，这是地方政府愿意支持风投的重要激励所在。产业引导基金存在一些返投要求无可厚非，但如何与构建全国统一大市场的要求相协调，仍是值得探讨的问题。在投资领域方面，2018年之前，中国风投主要投向了互联网、娱乐传媒等以模式创新为主的软创新，此后硬科技占比日益上升，并在2020年超过软创新成为风投市场的主要投资方向（见图9-9）。2022年硬科技更是占到了中国风投市场投资总额的61%，其中一半投向了半导体及电子设备领域。这背后既有过去几年股市退出导向的影响，也有超经济因素导致的共识影响，最终造成产业引导基金投向越发趋同。

[1] 除了政府引导基金外，还包括政府机构、政府出资平台等的资金，这些资金的投资偏好、管理模式等比较类似。简便起见不再将其严格区分，统称为产业引导基金。

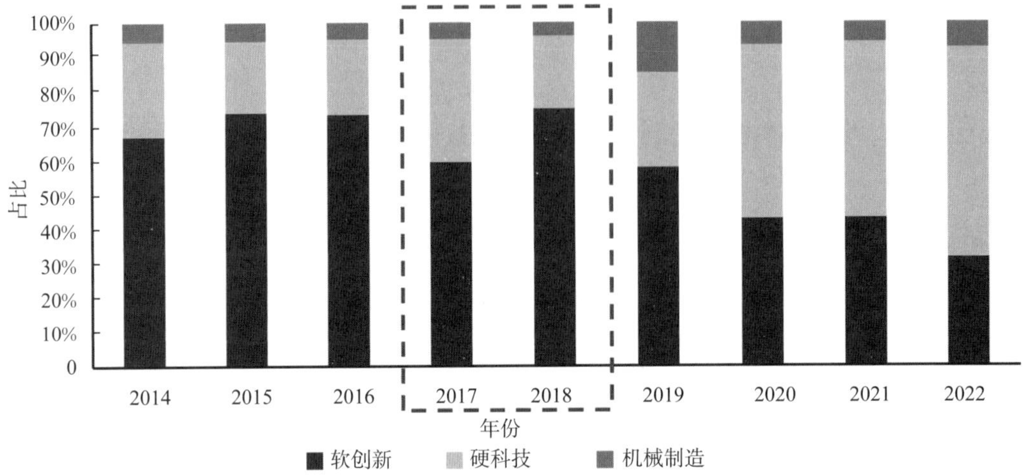

图9-9　2014—2022年，不同投资领域投资额占风投市场投资总额的比重

资料来源：清科私募通，中金研究院。

注：硬科技主要包括半导体及电子设备、清洁技术，以及生物技术/医疗健康；软创新主要包括互联网、IT、电信及增值业务、金融、娱乐传媒。

更重要的是，如前所述，耐心资本的核心特征是风险偏好较高。过去几年，随着产业引导基金日益占据主导地位，中国风投的风险偏好明显下降，投资于天使及种子期、初创期企业的占比逐渐下降（见图9-10）。原因可能有两个：一是地方政府债务压力抑制产业引导基金的风险偏好。随着金融周期下半场的调整，地方政府债务压力加大。在这种背景下，地方政府还有多少资金能够投入产业引导基金中，存在一定的不确定性，这可能会造成产业引导基金更倾向于投资那些较容易退出的项目。二是公共资金的求稳诉求抑制产业引导基金的风险偏好。产业引导基金具有公共资金属性，既不追求单个项目的高回报，也不愿意更多承担投资失败的风险。近年来，有两个因素在强化求稳偏好：一是尚未建立起能够有效厘清被投项目失败原因的机制，问责压力促使政府LP（有限合伙人）越发求稳；二是随着产业引导基金规模壮大，公众关注度快速上升，如果投资失败则容易引发负面评价，这也在强化公共资金的求稳偏好。

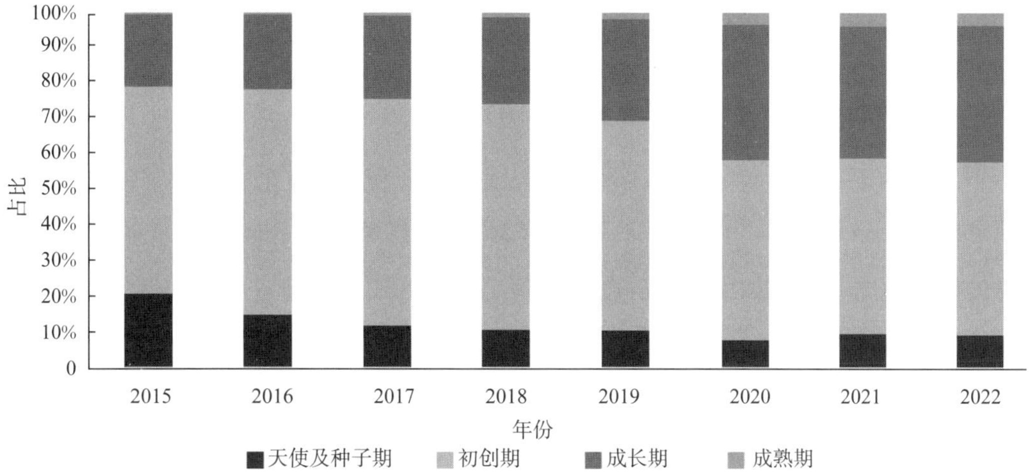

图9-10　不同投资期的投资笔数占比

资料来源：PitchBook，中金研究院。

二、资本市场促进引领式创新有赖于多样化的筛选效应

过去几年，产业引导基金在缓解募资困难方面作出了较大贡献，但在运营管理方面存在一些有待优化的空间，可考虑更多采用政府担保出资方式，以吸引各类社会资本进入。由于引领式创新具有很强的动态不确定性，这样有助于通过推动多元化股权投资的方式来提升创新效率。

所谓动态不确定性，也是来源于引领式创新的原创性、颠覆性，意味着没有人能够在事前准确预知当前技术路径与未来能否成功之间的因果联系，甚至连模糊的因果方向都难以确定。这与追赶式创新有很大不同。支持这样一种具有高度动态不确定性的引领式创新，既不适合追求精准的财政资金，也不适合追求低风险的银行资金，而是需要发挥资本市场的筛选效应。大语言模型发展史印证了这一点。

当前，各界都已经知道基于Transformer架构能够研发出大语言模型，这是因为OpenAI在2022年发布的ChatGPT已经证明了这一点。但对于2022年前有意支持大语

言模型开发而又追求精准的投资者而言，其不但面临着Transformer和非Transformer技术路线并存的研发局面，即便是在Transformer架构下，大语言模型开发也没有在2017年后形成统一的技术探索方向。如图9-11所示，2018—2020年，Transformer架构下存在三个不同的大模型具体开发方向，OpenAI的技术路径也在其中。值得注意的是，在2022年ChatGPT成功发布之前，一度更受各界青睐的并非OpenAI选择的那条道路。面对如此复杂的动态不确定性，2022年前追求精准的低风险偏好的投资者，根本无法先验地预知Transformer架构会成功，即便他们幸运地选择了支持Transformer架构，也很难无视主流偏好而在事前就精准筛选出那条最终会成功的技术路径[1]。

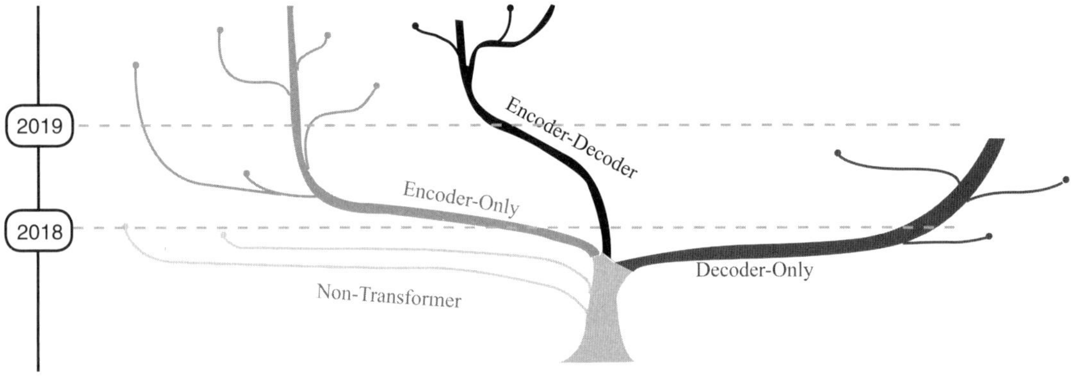

图9-11　ChatGPT开发成功之前的技术路线

资料来源：Yang et al.（2023）[2]，中金研究院。

注：图中左侧中浅灰色的分支是不基于Transformer架构的技术路线。

事实上，由于这种动态不确定性的存在，即便是资本市场也无法在事前做到对引领式创新技术路径的精准筛选。但在实践中，资本市场主导的科技金融模式确实在成功押中创新路径方面表现出了较强能力，这是资本市场筛选效应的体现。作为一种直接融资模式，资本市场的投资者高度多元化。这是与财政主导、银行

[1]　中金研究院，中金公司研究部.AI经济学：宏观、产业与治理分析[M].北京：中信出版社，2024.

[2]　YANG J Y，JIN H F，TANG R X，et al.Harnessing the power of LLMs in practice：a survey on ChatGPT and beyond[J].ACM transactions on knowledge discovery from data，2024，18（6）：1-32.

主导的科创融资模式的重要不同之一，意味着资本市场对创新路径的筛选是高度分布式的，有利于从两个方面提高促进引领式创新的效率。一方面，引领式创新风险分布高度分散，由风险偏好高度分散的资本市场投资者去筛选，能够提高各类创新路径均能获得金融支持的可能性，有利于降低筛选失败的概率，如图9-11中的各条技术路径事实上都有风险投资者在给予资金支持；另一方面，引领式创新是否能够成功最终由需求方决定，在一个投资者构成具有广泛代表性的资本市场中，投资者与需求方重叠度更高，由资本市场去筛选有利于提高筛选成功的概率。

这或许也解释了美国风投市场目前的核聚变投资热潮（见图9-12）。对于核聚变产业化应用，权威科学家抱有谨慎态度。比如2022年12月美国Lawrence Livermore国家实验室惯性约束核聚变研究装置出现重大进展，使用2.05兆焦耳的激光能量可产生3.15兆焦耳的聚变能量，首次实现从核聚变反应中产生的能量比用于触发反应的能量还要多[1]。对于这项重大科技进步，该实验室前首席能源技术专家Julio Friedmann在同年12月接受采访时表示："现在的突破离商用核聚变的距离，就好比点燃了一根火柴到造出内燃机的差距。"[2]2024年4月，曾任美国奥巴马政府总统科技事务助理、总统科技顾问委员会共同主席、科技政策办公室主管与国家科学与技术委员会主席的美国物理学会院士John Holdren也表示："我认为核聚变商业化会在2030年前或2035年前实现的说法过于乐观了……商业化路径上的技术挑战和70年来人类已经花费了天价但尚未解决的物理学问题一样困难……还有很长一段路要走。[3]"

[1] ITER applauds NIF fusion breakthrough[EB/OL].（2022-12-12）[2024-10-10].https://www.iter.org/node/20687/iter-applauds-nif-fusion-breakthrough.

[2] NILSEN E，MARSH R.Nuclear fusion：how long until this breakthrough discovery can power your house[EB/OL].（2022-12-13）[2024-10-10].https://edition.cnn.com/2022/12/12/us/common-questions-nuclear-fusion-climate/index.html.

[3] HANLON E.Is fusion commercialization in sight? Not yet,says John Holdren[EB/OL].(2024-04-03)[2024-10-10].https://www.belfercenter.org/publication/fusion-commercialization-sight-not-yet-says-john-holdren.

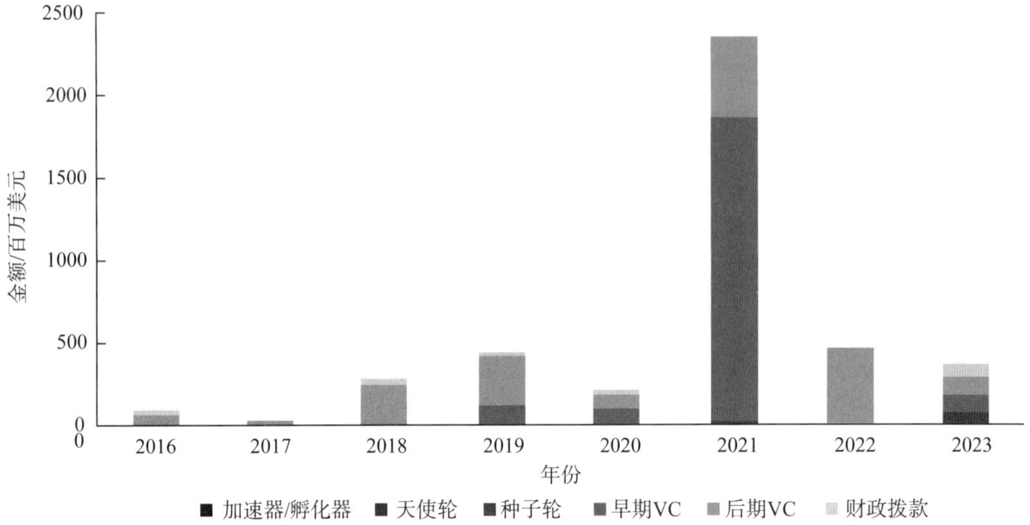

图9-12　美国风投市场在核聚变领域的投资

资料来源：PitchBook，中金研究院。

注：基于数据一致性考虑，相关风投交易涉及的美国核聚变公司名单与聚变工业协会2023年度报告保持一致。由于数据记录缺失，可能对实际情况产生低估。

但是产业界似乎乐观很多，绝大多数核聚变领域的企业认为首次并网供电时间会发生在2035年之前（见图9-13）。科学家与产业界、风投资本之间的认识差别，可以用引领式创新动态不确定性非常强来解释。由于所谓主流看法和权威看法也无法准确预知未来，因此资本市场充分尊重动态不确定性的优势得以充分发挥，使得引领式创新不至于因所谓主流看法或权威看法而被埋没。一个典型案例来自对核聚变质子-硼11（p-B11）方案的争议。核聚变专家Rider曾在1995年的文章中提出，p-B11方案因为对反应启动温度要求较高，会使制动辐射带来的能量损失超过反应本身可以产生的能量，因此p-B11方案想要实现净电能输出十分困难[1]。不久后，致力于p-B11方案的TAE公司于1998年成立，该公司成员在2019年所参与撰写的一

[1] RIDER T H. A general critique of inertial-electrostatic confinement fusion systems[J]. Physics of plasmas, 1995, 2 (6): 1853-1872.

篇文章中提到[1]，基于科研测量仪器改进以及新的物理学实证研究，对Rider的计算进行重估，结果表明p-B11方案可行性得到提升。

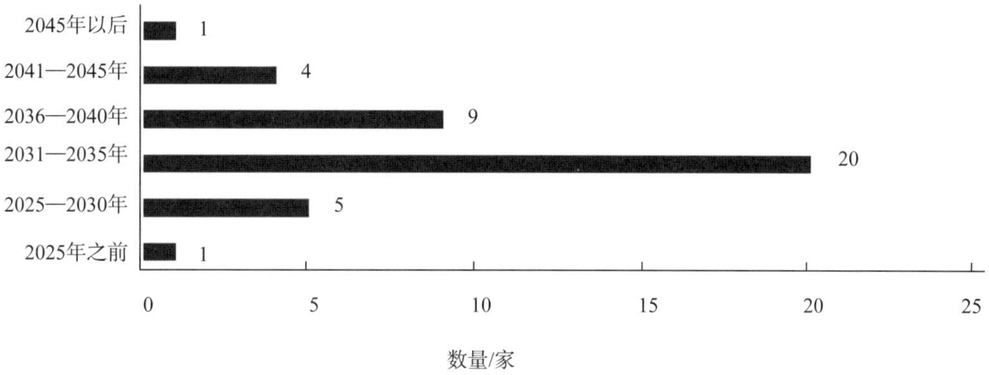

图9-13　2023年企业预测核聚变首次并网供电时间

资料来源：FIA，中金研究院。

注：FIA（聚变工业协会）是一家注册于美国华盛顿的非营利组织，会员由全球可控核聚变公司组成，分别来自美国、英国、加拿大、德国、法国、荷兰、瑞典、澳大利亚、新西兰、日本等。本调查由FIA于2023年第二季度完成，调查对象不限国别，不限会员。在发出问卷的43家公司中，FIA一共收到40份回复。

当然，这并不是说p-B11方案一定会成功，事实上它也不是目前产业界主流的技术路径，而是说在面对动态不确定性极高的引领式创新时，即便是权威专家的判断也不足以作为支持或否定投资的依据，而应该充分尊重资本市场的筛选效应，让不同投资者自由地通过货币来表达对同一事物的不同看法。除了有助于应对动态不确定性之外，筛选效应对于引领式创新还有两个好处。

第一，有利于解决耐心资本不足问题。如图9-13所示，与认为2045年以后才能并网发电的企业相比，认为2035年之前可以并网发电的企业，对核聚变商业风险的评估自然是较低的。也就是说，在局外人看来是高风险的投资行为，对于局内人而言实际上可能是低风险的。因此，当说一项投资风险高的时候，不过是在说这是主流或权威的看法。从这个角度看，所谓支撑高风险投资行为的耐心资本，实际上就

[1]　PUTVINSKI S V，RYUTOV D D，YUSHMANOV P N.Fusion reactivity of the pB^{11} plasma revisited[J]. Nuclear fusion，2019，59（7）.

是尊重不同人对于同一事物风险程度的不同评估，让与主流看法或权威看法相左的人也有表达自己投资偏好的机会，这就是尊重筛选效应对于解决耐心资本不足问题的积极意义。

第二，有利于更好地发挥生态效应。根据对核聚变企业目标市场的调查，并网发电虽然确实是受访核聚变企业的主导性目标，但并非所有企业均只追求这一目标（其他目标市场包括工业热能、制氢/清洁能源、医疗、太空推进动力、海洋推进动力等）。更重要的是，由于引领式创新存在很强的静态不确定性，人们并不清楚任一时点万事万物之间的因果联系。核聚变也有类似的问题。由于我们并不清楚核聚变与万事万物之间的所有因果联系，这意味着即使在实现并网发电这个主要目标或其他已经明确的次要目标上，目前的所有技术路径均归于失败，人们也无法准确预知在这个过程中是否会创造出其他有益于全人类的创新成果。这也是尊重资本市场多样化筛选效应可能带来的额外收益。

第四节

管理端：需重视国家级产业引导基金、外资优秀独立风投及大型科技企业风投的积极作用

深度赋能被投企业是风投市场投资者与股票市场投资者的重要差别，因而投后管理水平也是决定风险投资成败的重要因素之一。未来需要更加重视国家级产业引导基金、外资优秀独立风投和大型科技企业风投的积极作用。

一、更多发挥国家级产业引导基金作用

2021年对中国风投市场361位普通合伙人（GP）所做的调查统计表明，GP认为政府有限合伙人（LP）投资介入过多是政府资金的最大缺点（见图9-14），以至于即使政府LP能够带来监管审批和减税等支持，部分GP与政府LP进行合作的意愿可能也会有所保留。

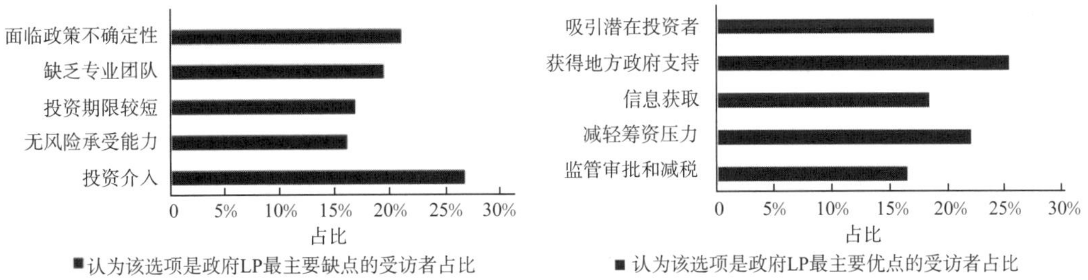

图9-14　市场化GP认为政府LP的主要优点和缺点

资料来源：Colonnelli et al.（2024）[1]，中金研究院。

与此同时，实证研究表明，国家级产业引导基金的介入对投资回报率起到了显

[1]　COLONNELLI E，LI B，LIU E.Investing with the government：a field experiment in China[J].Journal of political economy，2024，132（1）：248-294.

著提升作用，省级产业引导基金偏中性，市县级产业引导基金整体似乎不太理想。结合图9-14来看，这或许是因为产业引导基金层级越高，越能够给GP赋能，足以弥补投资介入造成的负面冲击；也有可能是因为产业引导基金层级越低，不规范的介入问题越严重，加大了基金管理困难；当然，还有可能是因为市县级产业引导基金吸引力不足，难以与高水平GP合作。因此有必要重点发展高层级产业引导基金，比如国家级产业引导基金、中央与地方合作型产业引导基金，或者京津冀、长三角、粤港澳大湾区等跨区域产业引导基金。

二、重视企业风险投资发展态势减缓的情况

相较于独立风投（IVC），企业背景风投（CVC）是指企业以其自有资金成立风投子公司或投资部门及其风险投资行为。由于CVC资金主要来自企业自有资金，只要企业本身存续不存在问题，CVC几乎不会面临硬性的投资退出约束，因而呈现出更显著的耐心资本特征，更有能力投资于研发周期长、不确定性高的创新项目。更重要的是，由于CVC通常不以赚取丰厚投资收益作为第一目标，而是更多聚焦于服务母公司整体发展战略，投资也更多倾向与母公司业务相关的初创公司，既可以帮助母公司获得行业最新技术，也可以利用母公司销售渠道等资源赋能被投企业，体现出较强的投后赋能能力。研究表明，与IVC支持的初创企业相比，CVC支持的初创企业在上市前3年内取得的专利数量平均多出27%，被引用量平均高出18%；在上市后4年内，CVC支持的初创企业所获专利数量平均多出45%，被引用量平均高出13%[1]。

在新一轮AI技术进步中，以微软为代表的美国大型科技企业的风险投资发挥了重要作用。微软提供的算力与资金支持，不但帮助OpenAI实现了在大语言模型探索方面的引领式创新，而且为AI大模型探索商业应用提供了丰富场

[1] CHEMMANUR T J，LOUTSKINA E，TIAN X.Corporate venture capital，value creation，and innovation[J].The review of financial studies，2014，27（8）：2434-2473.

景。与之相比，原本在AI风投领域非常活跃的中国大型科技企业，在本轮AI进步中的作用较为有限（见图9-15）。背后的因素比较复杂，其中一个或许与规范平台发展有关[1]。在经过初期的快速增长后，过去几年，我国持续推出了一系列旨在规范平台发展的措施。以平台反垄断为例，2021年2月我国出台了平台经济领域的反垄断指南[2]，旨在预防和制止平台经济领域的垄断行为，保护市场公平竞争，对于促进平台经济规范有序创新、健康发展具有重要意义。事实上，针对平台企业的反垄断当时也是中国、美国、欧盟三大经济体的共同动向。

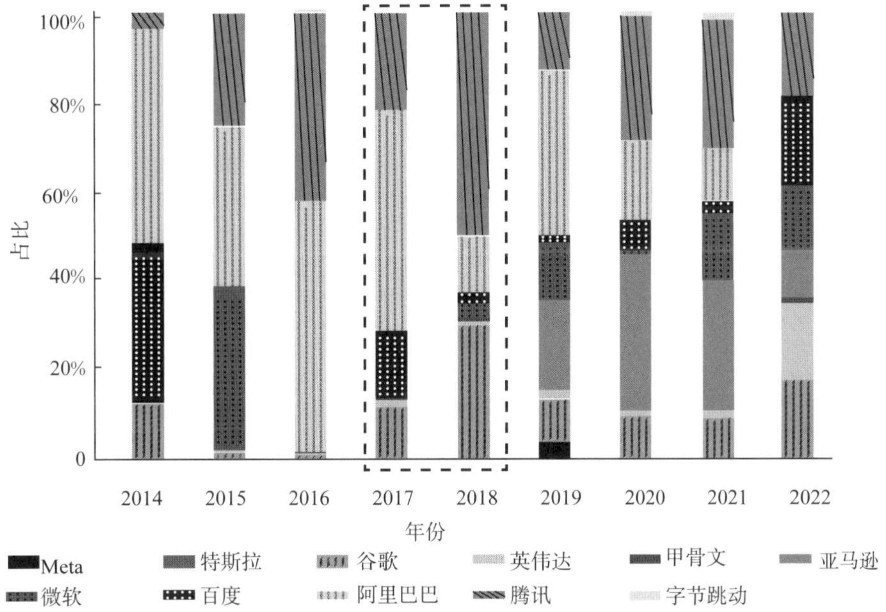

图9-15　中美大型科技企业AI风投金额结构

资料来源：Preqin，中金研究院。

[1]　中金研究院，中金公司研究部.AI经济学：宏观、产业与治理分析[M].北京：中信出版社，2024.

[2]　国务院反垄断委员会关于平台经济领域的反垄断指南[EB/OL].（2021-02-07）[2024-10-10].https://www.gov.cn/xinwen/2021-02/07/content_5585758.htm.

一项研究发现，2021年2月后平台企业进行的CVC月均投资数量开始收缩[1]（见图9-16）。这或许是因为大型科技企业的风投行为能够与被投企业实现协同效应。

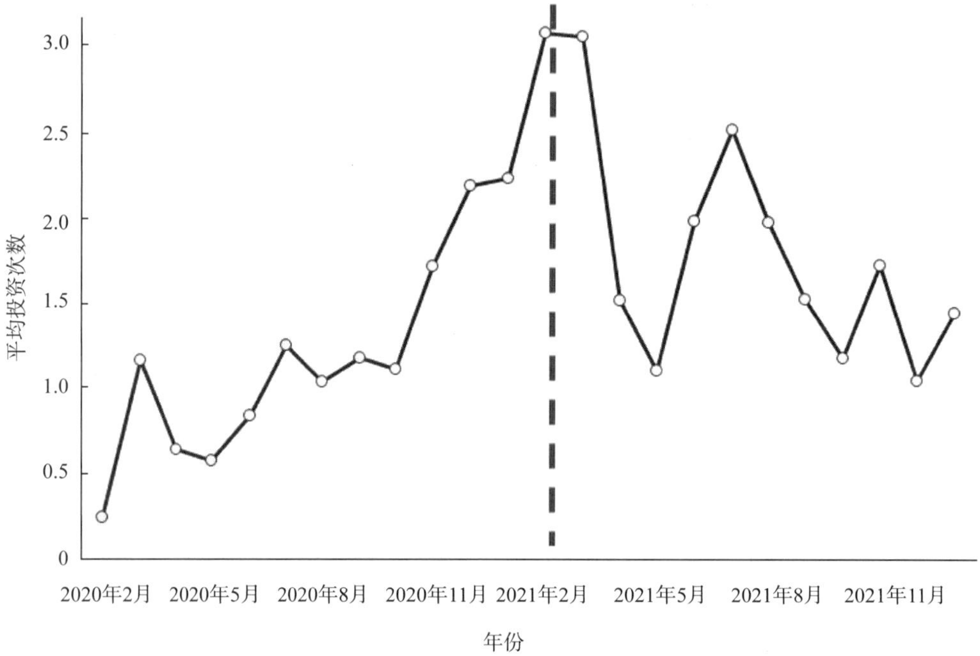

图9-16 2020—2021年平台CVC的月平均投资次数对比

资料来源：Rong et al.（2023）[2]，中金研究院。

[1] RONG K，SOKOL D D，ZHOU D，et al. Antitrust platform regulation and entrepreneurship: evidence from China[R]. Boston：Harvard business school，2024.

[2] 同上。

第五节

退出端：发展并购基金需要打通一些堵点卡点

目前，中国私募股权投资市场仍以被投企业IPO为主要退出方式。2020年以来IPO退出数量占整体退出数量的比例始终保持在60%以上，并购、股权转让等方式次之。然而，当前中国企业无论是境内市场还是境外市场的IPO，都面临着一定的困难。这一点在前文已进行了充分的讨论，这里不再赘述。

在IPO退出节奏明显放慢的当下，通过发展并购基金来疏通投早投小私募股权投资者的退出渠道，对于资本市场更好发挥科技金融功能而言越发重要。在高质量发展新阶段，并购基金还可以成为推动产业资源整合的重要抓手，以避免无效竞争，促进产业健康发展。然而我国并购基金存在规模小、数量少且成熟度不高等问题。截至2021年末，已在中国证券投资基金业协会备案的并购基金数量为4700余只，约占私募股权投资基金数量的18%；已备案并购基金规模约1.86万亿元，约占私募股权投资基金规模的20%。2019—2023年，并购基金作为买方参与或直接控股取得大股比的交易累计发生216笔，共计1262亿美元，分布于TMT（科技、传媒、通信）、大健康、大消费、房地产、制造业及其他细分行业。2023年并购交易数量和规模处于近5年低位，而且并购基金并未成为并购市场主力。如何抓住并购基金的发展机遇，仍有很多待讨论的问题。

在募资方面，缺乏长线资金是中国资本市场存在的普遍问题，并购基金也不例外。因为并购基金单笔投资规模大、投资持有期限长，需要通过对被投公司的长期主动深度管理来提升公司价值。Hamilton Lane研究显示，2002—2022年，并购基金GP持有资产的平均时间从2.9年增加至5.6年。更重要的是，并购基金并非LP优先配置的方向。随着中国经济社会高速发展与资本市场改革，股权投资行业已实现跨越式发展。从资产配置者角度看，LP更多是为了寻求高增长、高回报的投资机会，更愿意配置长期增长空间较大的创业投资基金、成长基金，而并购基金相对缺少可验证的历史投资业绩和执行经验，募集基金数量及规模也均处于发展初期。

在投资方面，并购交易财务工具不完善，专业能力待提升。对于控股型并购而言，除标的公司内生性增长之外，收益贡献的很大一部分来自财务杠杆、再资本化等金融财务工具。国外成熟的金融体系为控股型并购基金提供了垃圾债券、优先贷款、夹层融资等多样化的融资手段，并购基金杠杆率得以数倍甚至数十倍地释放，投资规模和收益率也随之获得提升；中国金融体系多以实物资产、股权等抵质押来发放贷款，杠杆使用灵活性相对受限。

对于并购交易而言，不仅需要复杂的财务工具，交易结构也很复杂，而且单笔投资规模较大，对风险识别、价值判断的专业要求较高。投资团队需要结合标的公司的实际情况和市场预期，基于对商业模式、所处行业赛道的深刻理解，建立细致的财务预测及估值模型，给出合理定价，对于可能影响收益的风险要素要做到高度量化和全面覆盖，这对国内普遍投资于成长期为主的投资人群体提出了更高标准的要求。

此外，企业家对被并购的理念认同度仍相对较低。并购基金专注于对成熟期企业的投资，其对于投资标的资质要求较高，被投公司通常具有较为清晰的商业模式、稳健的财务业绩及现金流表现。对于此类成熟期企业，若其能符合境内外上市条件，创始人、管理团队及财务股东通常倾向于选择IPO，在保持控股权稳定的前提下，获取更高估值和流动性。

并购基金的投后管理及退出方面也存在人才资源缺乏、退出路径单一的问题。投后管理能力是并购基金的核心竞争力之一。并购交易完成后，通常需对标的公司进行全方位经营改善，由具有资深管理经验和优秀整合能力的投后管理团队主导一系列资产、人员、业务重组，导入其他商业资源，提升企业经营效率和价值。因此，并购基金的投后管理团队通常包括资深职业经理人和管理经验丰富的专业顾问，国内相关人才储备较为欠缺。

需要强调的是，并购基金虽然可以作为投早投小私募股权投资基金的退出方式，但并购基金本身的退出依然是个问题，赴海外上市难度增加、港股估值及流动性表现欠佳进一步加剧了退出困难。因此，出售给产业方投资者或第三方并购基金，成为并购基金重点探索的退出方向。

第六节

思考与启示

一、完善包括私募股权投资在内的资本市场制度安排，需要加大财政投放货币力度以支撑消费

现有估值体系是在现有制度框架下形成的，推进制度完善难免会对现有估值体系造成一定冲击。尤其是公开股票市场涉及大量个人投资者，存在比较强的羊群效应，完善制度在短期可能造成股市超调。为做好科技金融这篇大文章、实现“创新驱动引领高质量发展”，公共政策有必要为完善资本市场制度安排创造一个友好的宏观环境。在高度货币化的现代经济体系中，货币非中性意味着需要构建起可持续的货币投放方式。

货币需求的波动是决定经济波动的最主要因素。当一个冲击导致民众信心下降时，流动性偏好意味着民众更愿意持有现金等安全资产。当全社会的货币需求增加时，如果货币供给不变，将会导致民众抛售风险资产或不消费，进而制约整体经济表现。为应对民众信心缺乏引发的流动性偏好（货币需求增加），需要增加货币供给[1]。从美国和日本的数据看，过去百年间经济、股市与货币的关系基本上印证了上述逻辑（见图9-17）。或者说，货币非中性意味着货币持续扩张是支撑经济增长、股市繁荣的必要条件。

[1] 彭文生.2023年展望：非典型复苏的货币经济学[EB/OL].（2022-11-28）[2024-10-10].https://opinion.caixin.com/2022-11-28/101971512.html.

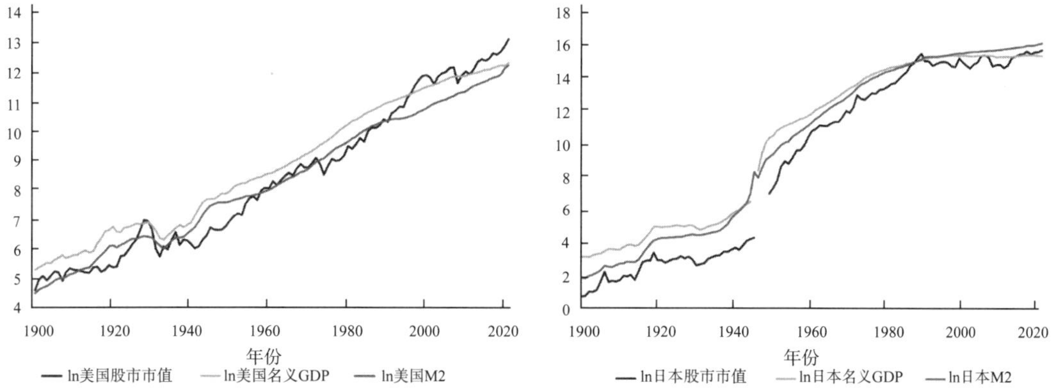

图9-17 经济、股市与货币关系的百年视角观察

资料来源：Jordà et al.（2017）[1]，Kuvshinov et al.（2022）[2]，世界交易所联合会（WFE），美联储，日本统计局，Wind，中金研究院。

注：各指标均为自然对数值。

从理论上看，信贷与财政是货币投放的两种基本方式。过去十几年，我国在一定程度上依赖信贷投放货币的方式，这对房地产市场产生了一定的影响，使其在一段时间里出现过热现象。目前，中国处在信贷过度扩张后的调整阶段[3]，不宜继续通过过度依赖信贷扩张的方式来投放货币。考虑到2022年以来中国人口形势已从“结构老化+总量增长”转向“结构老化+总量下降”，即便是想依靠信贷来投放货币也是事倍功半[4]。

依靠财政投放货币，如果做得过度了，有可能带来通胀风险。不过，短期疫情冲击、中期地产调整造成的债务通缩陷阱，以及长期人口下降趋势等内部挑战，再叠加外部的去中心化风险，对于中国的含义均是总需求不足。也就是说，无论是从

[1] JORDÀ Ò，SCHULARICK M，TAYLOR A M. Macrofinancial history and the new business cycle facts[J]. NBER macroeconomics annual 2016，2017，31：213-263.

[2] KUVSHINOV D，ZIMMERMANN K. The big bang：stock market capitalization in the long run[J]. Journal of financial economics，2022，145（2）：527-552.

[3] 彭文生.应对世界经济百年变局[EB/OL].（2022-04-13）[2024-10-10].https://news.qq.com/rain/a/20220413A05RVB00?suid=&media_id=.

[4] 详见中金研究院《中庸策2023·双支柱金融体系与好的社会》第七章“扩张性再分配的政策理念与识别技术探讨”。

内部还是外部、短期还是中长期看，总需求不足都可能是我国经济面临的主要宏观挑战。因此，我国在宏观政策抉择上应主要着眼于应对通缩风险，而不是通胀压力。更重要的是，信贷投放过多造成的地产泡沫不利于创新，财政投放货币过多带来的通胀压力却是有利于创新的。

美国新一轮AI技术进步印证了这一点。受益于财政扩张支持下的强劲消费，美国资本开支与科技创新在过去几年明显加快。因为消费是所有经济活动的唯一目的和目标，资本是不能离开消费而自我存在的事物，消费倾向的每一次削弱，都必然会引起对资本需求如同对消费需求一样的削弱[1]。

总之，为资本市场完善制度建设创造友好的宏观环境，需要革新货币投放理念，从过度依赖信贷转向加大财政投放货币力度，以支持消费扩张。具体而言，一方面，扩大财政赤字来支撑央行扩表，以增加基础货币投放；另一方面，通过央行扩表来为财政募集资金，以支持有利于促进消费的财税改革，包括但不局限于下调增值税税率和社保缴费水平、增加面向农村老年人等弱势群体的转移支付、加大旨在鼓励生育的补助力度等。

二、探索担保出资方式，提升政府背景资金市场化运营程度

提升产业引导基金的科技金融效率，首要是明确其推动科技创新的定位，而不是单纯致力于股权财政。比如北京科创基金，作为北京专注推动科技创新的母基金，其自2018年成立伊始就确定了投早、投小的科创投资定位，在具体运营模式上充分尊重市场化GP的专业能力。

同时，有必要转变政府出资方式，探索政府担保模式，放大对社会资本的撬动作用，丰富科创基金LP的结构，进而完善基金治理。这方面可以借鉴美国SBIC（小企业投资公司）的经验。SBIC是美国SBA（小企业管理局）支持下具有公私合营性质的风险投资公司，苹果、特斯拉、英特尔等美国知名科创企业在初创阶段

[1] 约翰·梅纳德·凯恩斯.就业利息和货币通论[M].魏埙，译.西安：陕西人民出版社，2004.

均得到过其支持。以债券型SBIC为例，如果SBIC无法按时支付投资人的本金或利息，则由SBA代为偿付。在当前形势下，这种担保而非直接出资的模式，一方面有助于在政府投入规模整体受限的情况下，撬动更多社会资本进入创新投资领域；另一方面，政府从直接出资人变成信用担保人，有助于更好地落实2023年中央金融工作会议“发展多元化股权融资”的要求，能够通过丰富LP结构的方式来优化科创基金治理模式。

此外，在投资及管理环节，可考虑优化政府背景资金市场化运营机制、着重发展高层级产业引导基金。事实上，投资及管理环节的许多问题与募资和退出环节息息相关。例如，投资期短、投资单一化等问题，部分原因在于募资环节缺少耐心资本和退出环节IPO市场对硬件科技的偏好。因此，解决这些问题或许还是应从募资及退出环节入手。同时，在政府背景资金的重要性日益提升的背景下，需优化运营机制，以提升投资管理质量。另外，建议重点发展高层级产业引导基金，例如国家级产业引导基金、中央与地方合作型产业引导基金，以及京津冀、长三角、粤港澳大湾区等跨区域的产业引导基金，以促进统一大市场形成，更好地发挥规模经济效应。

三、发挥企业背景风投的作用，吸引更多高水平外资风投进入中国

有必要充分重视大型科技企业风投在提升投后管理水平方面的积极作用，基于行为主义优化反垄断理念，构建有利于大型科技公司进行风险投资的友好环境。由于研发驱动的大型科技企业存在创新悖论，因而以市场份额衡量的市场势力具有内在不稳定性。对于大型科技企业的反垄断，建议摒弃结构主义的市场份额视角，更多基于行为主义的可竞争性视角进行探讨。也是从这样一个可竞争性视角出发，对于大型科技企业资本扩张行为是否无序的关注，或可更多看其是否介入了存在政府担保的存贷款业务或准银行类金融业务。因为这类业务的市场壁垒来自行政垄断，具有较高的门槛和不可竞争性。如果大型科技公司不存在这类产融结合问题，则无

须太担心其风投行为对于市场势力的增强作用。

加大对优秀外资独立风投的吸引力度，有利于提升风投整体管理水平。如果仅看募资金额，外资早已不是中国风投市场的主导力量。其撤出的影响之所以超出了募资规模占比所体现的作用，不只是因为外资撤出在边际上加剧了中国风投市场的募资困难，更重要的是由于来中国展业的美元基金基本上都是经验丰富的头部机构，外资撤出对国内风投市场投后管理能力与市场良性竞争格局会产生不利冲击。实证研究也印证了这一点，基于2001—2023年投资于中国企业的8071个风险投资退出样本，我们对内资GP和外资GP内部回报率（IRR）进行了比较分析，发现在相同基金币种（同样是人民币或美元基金）和同等投资规模下，外资GP所投项目回报率在统计意义上显著优于内资GP。因此，加大金融对外开放力度，积极吸引外资优秀独立风投进入中国，对于提升投后管理能力大有裨益。

四、完善制度保障，培育社会资本主导的中国头部并购基金

在退出环节，有必要尽快疏通IPO渠道，大力发展并购基金。可考虑“私募机构+上市公司”的并购基金模式。在这种模式下，上市公司通常会直接或由其全资子公司或控股子公司，与私募投资机构合作发起设立产业并购基金，并由私募投资机构担任管理人，或私募投资机构和上市公司一起担任管理人。

在这种双向赋能模式下，对于私募投资机构而言，可以借力上市公司产业经验对标的企业进行更全面的业务判断，并通过上市公司收购标的企业的方式获得稳定的退出渠道，形成明确的“并购—管理—退出”闭环。对于上市公司而言，不但可以利用私募机构丰富的投资经验来对投资项目进行发掘与甄选，还可以为随后的并购整合筹措更充裕的资金，也能有效应对兼并重组过程中上市公司面临的时间紧凑、监管审核和投后整合等问题，并帮助公司持续贡献业绩增长点。

要实现上述效果，需要一系列政策支持予以保障。一是减少不必要的制度卡点，比如适当简化反垄断等审查程序，以鼓励链主企业通过产业链关键环节并购投

资做大做强，同时由链主牵头上下游协同创新，以加速核心技术突破和产业转化；二是鼓励银行等金融机构围绕并购基金募资、投资等环节开发创新型产品和服务，完善杠杆及债务融资等手段，为并购基金灵活运用多种金融财务工具提供便利；三是完善失业保障等社会安全网建设，为并购基金按照市场化方式改善并购标的业绩提供必要的社会环境；四是完善股权交易中心平台功能，探索多元化退出路径，推动份额转让、基金重组及接续等私募股权二级市场发展。